金融科技50人论坛
FinTech 50 Forum

"智能＋金融"
政策与实践

POLICY AND PRACTICE OF INTELLIGENCE FINANCE

中国金融科技青年论文
（2019）

主编／杨涛　杜晓宇

社会科学文献出版社
SOCIAL SCIENCES ACADEMIC PRESS (CHINA)

编写单位简介

主编单位简介

国家金融与发展实验室（NIFD） NIFD系中央批准设立的国家级高端金融智库，遵循科学性、建设性、独立性和开放性原则，针对国内外金融发展、金融治理、货币政策、金融监管和国际宏观政策协调等广泛领域，展开高质量、专业性、系统化、前瞻性研究，为提高我国经济和金融综合研判能力、战略谋划能力和风险管理能力服务，为国家制定货币金融政策和宏观经济政策服务，为各地区金融发展服务，为推动国内外金融学术交流和政策对话服务，为国内外科研组织、金融机构和工商企业提供应用性研究成果和咨询服务。2017年底，NIFD正式成立金融科技研究中心，目标是建设成为国内外金融科技领域的理论、政策与实践研究高地。

金融科技50人论坛（CFT50） CFT50于2017年4月22日在北京发布成立。CFT50会聚了国内金融科技一线的监管层人士、专家学者和企业领袖，共同探究前沿课题、助力产业实践，为金融科技领域的发展贡献力量。论坛紧密围绕金融科技理论、实践与政策前沿，努力建设成为服务于"政产学研用"的民间独立优秀学术平台，并积极推动金融科技领域的交流协作与教育培训。参与编写的《中国金融科技运行报告（2018）》《"智能＋金融"政策与实践——中国金融科技青年论文（2019）》《CFT50金融科技资讯》《环球财经·金融科技专栏》等，在金融科技领域具有重要的影响力。

腾讯研究院 腾讯研究院是腾讯公司设立的公共战略研究机构，旨在依托腾讯公司多元的产品、丰富的案例和海量的数据，围绕互联网发展的焦点问题，通过开放合作的研究平台，汇集各界智慧，提供前沿性思考，共同推动数字经济与社会健康有序发展。坚守开放、包容、前瞻的研究视野，致力于成为现代科技与社会人文交叉汇聚的研究平台。

支持单位

中国人民大学国际货币研究所

浙江大学互联网金融研究院

中国社会科学院金融研究所《金融评论》编辑部

《中国金融学》编辑部

主要编撰者简介

杨　涛　1974年出生，研究员，博士生导师，拥有中国注册会计师与律师资格证书。现为国家金融与发展实验室副主任，中国社会科学院金融研究所所长助理、支付清算研究中心主任、产业金融研究基地主任、陆家嘴研究基地理事。主要学术兼职包括中国人民银行支付结算司外部专家、中国银行间市场交易商协会交易专委会委员、中国保险行业协会学校教育专委会副主任委员、中国支付清算协会金融科技专委会副主任委员、中国投资协会理事、互联网金融安全技术工信部重点实验室学术委员、中国人民大学国际货币研究所学术委员、北京市金融学会学术委员、金融科技50人论坛首席经济学家、文化金融50人论坛学术委员、上海立信会计金融学院特聘教授、山东省现代金融服务产业智库专家、广州市文化产业智库专家、青岛金家岭金融区财富管理智库专家等。主要研究领域包括宏观金融与政策、产业金融、金融科技、支付清算等。

杜晓宇　腾讯研究院副秘书长、腾讯金融研究中心副主任，高级经济师，金融科技50人·青年论坛成员、首席召集人，主要从事金融科技、金融政策研究，在《金融时报》《银行家》《金融发展研究》等刊物发表论文20余篇。

序一 发展金融科技，助力信用社会建设

李 扬 CFT 50 学术顾问、
国家金融与发展实验室理事长

一 信用社会建设需要金融科技

转眼金融科技 50 人论坛成立已经近两年，在学术上有了一些影响力，也出了一些成果。我想这些应该和该论坛重视基础理论研究是分不开的。我也一直非常鼓励年轻学者关注前沿问题，尤其是复合型的经济、金融问题，比如金融科技，本质是金融，但是科技的发展对其有巨大的推动力。

金融科技创新给现代金融运行带来了深刻影响，从金融机构、产品、市场到金融基础设施，都概莫能外。在金融改革与发展中，信用体系是解决众多问题的根源所在，也是能够依托新技术带来重大效率提升的领域，我们以此为例，可以厘清金融科技影响金融要素的理论与实践脉络。

很多研究者都可能记得，21 世纪初，在时任中国人民银行行长周小川和时任中国人民银行货币政策委员会秘书长易纲的支持下，我领导中国社科院的团队做了一个关于中国城市金融生态环境的研究。这个项目产出了一系列成果，其中有一部专著，名为《中国城市金融生态环境评价》。现在从内涵和外延来看金融生态这个概念，与如今热议的"信用社会"基本重合。这就是说，我们对信用社会建设问题的研究，早在十几年前就开始了。自 2005 年开始，我们每年都对中国城市的信用状况进行评估，并且根据评估结果进行排名。

接连很多年，在列入信用等级评价的 200 多个城市中，浙江省的几个城市都名列前茅，记得有一年，浙江温州还排在第一位。在我们的分析逻辑中，出现信用风险并不必然对城市信用评级产生负面影响，相反，如果出了问题，能得到及时、合理、合法、公正的解决，反而可能提升城市的信用等级。温州就是这样，那里金融经常出事，但一般都能得到公正的解决。换言之，在当时，温州的信用社会建设在全国名列前茅。

针对温州金融现象，我们还专门写了一篇大文章，探讨当地的信用制度建设问题。我们看到，温州的信用体系比较健全，主要是因为那里充分利用了"熟人社会"的优势。在"人人相熟"的社会环境下，如果从事经济和金融活动的主体人人都顾及自己的信用，爱惜自己的羽毛，都想着"还要有下一回"，则这个社会可以达到较高的信用水平。可以说，基于熟人社会的信用制度，在 20 世纪末到 21 世纪初的温州，做到了极致。

进入 21 世纪以来，随着中国工业化的突飞猛进，经济活动日益超越地区的界限，伸展到全国乃至全世界。熟人社会打开了大门，交易对手不再主要是经常能见面的"熟人"，而可能是远在千里之外，素昧平生的陌生人。这在理论上可称作"一体化"的过程，其更强烈地受到房地产市场发展的刺激。跟随我国城市化步伐，各城市房地产市场不断升温，敏锐的温州商人开始奔走于全国，甚至公然以"炒房团"名义，在全国追逐不断升高的房价。炒房团对资金的渴求日渐强烈，他们四处告贷，杠杆率因而不断提高，这样，一旦资金链断裂，整个房地产泡沫就会破灭。到这时，温州商人的信用出了问题，与房地产市场相关联的庞大且复杂的金融运作，远远超出了炒房团的理解能力，更超出他们的操控能力，以致在该地区率先出现"跑路"老板，并愈演愈烈，最终导致整个地区信用崩塌，温州成为全国信用风险最集中的地区。正是在那种环境下，为了救赎崩坏的信用，"温州市金融综合改革试验区"应运而生，算起来，2019 年已进入第 7 个年头了。

温州的例子告诉我们，在工业革命之后建立的现代经济社会中，信用制度的建设仅仅依靠"脸熟"和道德约束远远不够，为应对人口频繁且大规模流动、产业链日益延长、交易网络不断扩张的形势，信用关系必须上升到以受法律制约和保护的契约为基础，必须专业化运作，必须依托大公司、大银行、大市场、大机构、大品牌、大媒体乃至依托专业化的信用评级机构，直至行业协会或政府的信用背书，否则，囿于一隅的商人们，绝难取信于千里之外从未见过面的交易对手们。应当说，迄今为止，基于契约、围绕着机构所织就的信用网络，依然是我们社会信用体系建设的基石和主体。

然而，随着后工业化和全球化的不断深化，人们逐渐发现机构信用也有了缺陷。因为，机构再大，终有信任边界，越出该边界，大机构便鞭长莫及，其信用关系难以溢出。更重要的是，即便在其能力覆盖的范围内，由于市场变化迅速、规模巨大，大机构也有出问题的时候，从而产生组织信任危机。例如，在汽车生产领域，信誉卓著如奔驰、大众者，也有信用违约之时；在媒体领域，老牌如 CNN、BBC 者，也可能说谎话。对这种基于机构所建立的信用关系提出挑战的最典型事件发生在 2016 年美国大选之时。众所周知，在全民投票最终揭晓之前，基于传统媒体的社会调查根本就不看好特朗普。受这些媒体的影响，世界各国政府都没有做好同这位总统打交道的准备。所以，特朗普一上台，整个世界措手不及。但是，事后回溯整个过程，大家注意到，就是在基于传统媒体的网络民调众口一词支持民主党候选人的时候，基于互联网的新兴媒体——茶党却早已信心十足地预告：特朗普终将取胜。结果大家都已知晓，特朗普最终入主白宫。在这个过程中，新兴媒体战胜了传统媒体。

这就将我们的信用体系建设推到了第三个阶段，即基于现代科技的信用体系，这套信用体系的本质是什么呢？它的本质是利用大数据、云计算、区块链、人工智能、互联网等一系列最新的科学技术，建立起一个一个既彼此独立，又相互叠加、点网相连的社群。这是一个无中心、扁平化，所有公民都完全平等、自由参与，而且相互间可以不受限制地交流体验并展开互动的圈子；这是一个边界可以无限扩展的圈子。有人将这种圈子形容为"民众集体协作的利器"，它的充分利用，让我们建立起一个新型的信用社会。我理解，今天我们讨论的"运用金融科技来建设信用社会"主题，心里确认的对标，就是这个方向。

二 现代信用社会建设要从基础做起

实在地说，运用金融科技来改造传统信用社会、创造现代信用社会，有太多的事情要做。这应了一句老话"一部二十四史，不知从何说起"。不过，我想，沿着数据采集、数据处理、数据分析和挖掘，以及数据服务等四个环节展开分析，我们或许能理出个头绪来。

1. 数据采集

为了建设信用社会，我们需要收集大量信息。传统的金融机构拥有很多信息。但是，用现代的眼光看，它们收集和积累的信息是有限的。首先，它们局限于自己的圈子，信息面不够广；其次，信息单一，除了那些传统的存贷汇兑信息之外，所知无多。我们要建立的现代信用社会，需要收集更多的信息，除了传统的信用、债务信息外，我们还要有反映客户行为特征的信息，如包括诉讼、抵押、专业许可、驾驶、联络等在内的公共记录信息，包括医疗、健康、其他商业活动在内的专有信息等。谈到收集信息，有一个问题必须强调，就是信息的数字化。这个问题之所以重要，是因为在现代社会条件下，信息之多，更新之迅速，只有用"爆炸"来形容。然而，来自各个领域的信息，其存在状态是不一样的。如果我们不能用统一的"语言"系统去描述它、存储它，缺乏统一的基准和框架去计算它，庞大的信息就可能成为一堆垃圾。换言之，在来自各个领域的信息能够使用之前，我们必须用统一、简单的语言系统地把它们记录、存储下来，并加以整理。显然，数字就是这样的统一且简单的语言。通过这个数字化过程，我们得以将来自不同领域、不同规范的信息标准化为数字语言。显然，数字化是一切金融科技得以发挥作用的前提和基础。毋庸讳言，在这方面，我们与世界发达经济体的差距还十分巨大。

数字化这个问题十分重要，但往往被人忽视。近几个月来，我参加了若干讨论"大资管"的会。这些会讨论的问题很多，观点也不尽一致，但是有一个看法是共同的，就是大资管这个行业恐怕绝大部分的机构不适合参与其间，其中一个很重要的原因就是，在有效展开大资管业务之前，必须提供一些基础设施，数字化就是必要一环。这些基础设施都是必须先期去做的，但也是十分"烧钱"的。显然，绝大多数机构不拥有足够的人力、物力和财力来提供这最初的投入。

2. 数据处理

我们知道，通过多种渠道收集到的信息可能五花八门，有基于各种算法的信息，有基于各种架构的信息，有存在于各种文本之中的信息，有很多结构化的信息，更大量的则是非结构化的信息，我们必须具有处理、组织、分析跨越多运行系统、跨越多数据库、跨越多文件类型数据的能力，并将它们统一加以表述。

3. 数据分析和挖掘

这个过程就同我们一般所说的人工智能（AI）连在一起了。我们知道，人工智能由三大要素构成：一是大数据，二是算法，三是算力。就中国的情况而言，我们的数据是有的，但是，恰如我前面所指出的那样，由于数字化不够，我们掌握的大量数据其实不能使用。另外，由于部门分割，中国存在大量的信息孤岛，大数据也变成小数据了。所以，进一步对数据进行整合是发展金融科技的必要条件。当然，这需要政府认可并切实加以组织。关于算法，客观地说，与发达国家相比，我们尚存在较大的差距。其原因就在于，我国的科学比较落后。经过 40 年改革开放，我国的技术以及与之相关的工程比较发达，与之对应，我们拥有大量一流的工程师。说起来，这正是我国教育体制追求的结果。我国教育体制的取向自中华人民共和国成立以来基本没有变化，即在全部科学中，侧重自然科学；在自然科学中，侧重技术和工程。遗憾的是，算法恰恰是以科学为基础的，我国的科学相对落后，算法就难以在世界领先。对于这个缺陷，我们必须有清醒认识，最近中国人民银行有研究者发文，论证今后的经济将是"算法经济"，今后的金融则是"算法金融"，可见算法之关键地位。必须清醒地认识到，算法是科学的产物，今后，我们需要大量优秀人才，去从事那些在短时期内不见经济成效甚至永远不见成效的科学研究。聊以自慰的是，由于工程导向、技术导向，近年来我国的技术水平突飞猛进，表现在算力上，我国已经在世界上处于领先地位，目前全球计算速度最快的计算机在我国就有好几台。

4. 数据服务

这是最后一个环节，是面对市场、面对客户的环节。我们需要的解决方案必须尽可能简单、明了、可触达、可视化，必须针对不同客户需求，量体裁衣。要做到这一点，显然也必须有大量的科技、人力和资金投入，同时，我国的金融业必须完成一个在发达经济体几十年前就已完成的转变，即金融业要从金融产品生产商全面转变为金融服务提供者。

总之，建设现代信用社会，我们必须建立在最新科技基础上，而要做到这一点，则必须有大量艰苦细致的基础性投入。其中，有一些是需要企业投入的，还有一些则是需要政府组织的公共投入。比如大数据、数字化，作为金融科技发展的基础设施，本质上就需要政府投入。我们注意到，在发达经济体，这样一些属于现代社会发展的技术基础设施都是由政府出面投入建设，搭建公共基础平台，搭建共用技术平台，然后交由私人部门无偿或者低成本使用的。发达国家的经验值得学习。

通过对信用社会的回顾与拥抱技术带来的变化，可以看到，未来金融科技在推动金融效率提升、促进金融健康发展方面确实大有可为。希望CFT 50组织推动中国金融科技青年论文征集的活动不断持续下去，为监管、行业、学界提供更多有价值的研究成果。

序二 金融科技助力中小企业走出困境大有可为

刘元春　中国人民大学副校长

近些年，我国围绕金融科技和普惠金融实现了一系列跨越式的发展。在百年一遇的大挑战面前，金融科技和普惠金融未来将呈现什么样的发展态势是我们在新起点、新时期所需要思考的重要问题。

1. 从更为广阔的视角看金融科技的作用潜力

刚刚过去的 2018 年，在中美贸易中发生的摩擦，不仅宣告了中国外部环境的质变，同时也说明后危机时代世界经济结构与秩序已经发生裂变。这种变化也是 2018 年中国宏观经济运行出现"超预期回缓"的关键。在世界经济结构与秩序的裂变期，外部风险的恶化具有趋势性、阶段性与结构性的特征。事实上，像过去 20 多年那样超长期的全球经济、世界政治相对平和稳定的一个阶段已经过去。眼下必须认识到，过去长期的大缓和景象实际上不是正常态，而是超常态，未来的持续冲突才是一个正常态。从世界格局的时代背景上看，未来将逐步远离超常态，而步入一个冲突、摩擦与重构的正常态。

回首过去 20 年世界所经历的高增长、大合作、小冲突的时代，实际上是人类短暂超常态的平稳期，其中有两个核心力量发挥了很重要的支撑作用。一是 1995 年成立 WTO。在 WTO 体系下，中国和印度高达 10 亿名剩余劳动力加入全球化生产和贸易体系，使得整个世界的要素价格发生了革命性的变化，从而引领世界资源发生根本性的重构，这个重构所带来的结果就是全球化红利。二是 IT 革命。从 20 世纪 80 年代中后期逐渐发展起来的 IT 革命，使我们在各行各业都感受到信息化带来的生产力的快速进步，其结果就是全球共享的新一轮技术革命的创新红利。这两大红利，构建了过去 20 年的世界格局呈现"你好我好"的多赢局面，出现了在美国主导的全球经贸体系下共融、共享的格局。

这个格局使人类的繁荣达到了历史的最高点，但是也增加了很多的成本。在过去 20 年间，每个民族国家内部的收入分配没有出现根本性的缩小，反而在持续扩大；国与国之间的差距也没有进一步缩小，实现所谓的"收敛效应"；全球收入分配的基尼系数、财富分配的基尼系数都在进一步地拉大。由此，全球在纵向和横向两方面不平衡的拓展所带来的金融繁荣，使全球的金融风险上升到前所未有的历史高度。在金融创新工具越多、市场越发展而收入分配差距却越来越大的时代，试图利用金融工具来抹平收入分配的鸿沟，最后带来的却是金融风险的全面转移和集聚。

2008 年全球金融危机的爆发，宣告了过去的时代已经结束。在解决全球化产生的深层次的问题的过程中，我们所采取的一系列举措总体上是用宽松的货币政策来治理危机，结果导致上一轮全球金融危机的深层次结构问题不仅没有得到解决，反而在全球新保护主义、地缘政治等因素的作用下进一步恶化。2008 ~ 2018 年，全球金融资源配置不平等、全球各民族国家内部收入分配的不平等，不仅没有被消除，反而急剧扩大。近两年来，各国的民粹主义全面上台，国与国之间"你好我好"的多赢局面在红利急剧消失的背景下出现新的博弈格局，冲突与对抗成了一种常态。世界裂变时代的大幕已经拉开，一个充满了"对抗与冲突，在对抗与冲突中进行合作，在合作中不断衍生出新的对抗与冲突"的时代已经到来。

2. 解决中国目前深层次的结构性问题和体制性问题需要采用怎样的战略，必须要考虑世界裂变时代的大背景

在世界裂变时代，金融科技能做什么？很重要的一点就是金融赶超。在当前的世界格局中，金融科技将进一步地融合和深化，促进银行业进一步发展。过去 10 年，中国互联网金融在赶超欧美的金融体系方面已经取得了明显的成效。近期最能凸显金融体系赶超的就是全球支付体系的重构。过去在美元货币体系下，石油输出国组织只与美国之间产生冲突，并引发一系列中美冲突及中欧冲突。但在 2018 年 3 月，我国主导构建了以人民币进行石油交易结算的体系，欧洲跟俄罗斯也已经签订了非美元石油交易大纲，用美元以外的货币进行结算。欧洲在应对美国制裁伊朗的体系下宣布

全面启动以欧洲为主体的新的支付体系，避免美国利用这种体系形成对全球大宗商品贸易的制约。在现代科技迅猛发展的条件下，支付系统的革命使得主权之间的冲突上升到一个前所未有的高度。这种科技使原来一体化的支付体系很轻易地出现分裂状态，未来世界有可能会出现几个支付体系并行的状态。这是大家从来没有想到过的。

3. 在解决一些历史性问题、全球性问题上，金融科技可能会有新的空间

世界结构裂变的过程中，各个国家结构性的大调整将出现一种前所未有的新动态。我国结构性的调整也绝对不会像在 2008 年前后所制定的结构调整的模式，我们的战略也会与过去 20 多年所制定的全方位融合的战略具有根本性的区别。大家会看到，目前世界范围内所讨论的就是到底是持续地融入还是全面地脱钩。中国希望进一步改变现有世界体系所面临的一些缺陷。但是，我们必须进行思考，很多问题可能回避不了，良好的愿望也代替不了整个世界格局历史性的变化。在历史上，许多情况是人们不愿看到的，但人们也只能眼睁睁地看着它滑向深渊。用美国总统特朗普的话说："这个世界正在越变越糟，但我也没有办法。"理性的我们应当在这样的格局下进行一些新的思考，这样我们的金融格局以及我们对金融化的态度就会发生新的变化。

4. 我们要利用金融科技赶超性的发展，来进一步缩小这样的鸿沟和差距

目前中国必须重视在金融战略上的一些缺陷，要清晰地看到，结构性问题里面最为深层次的就是在收入分配上的差距不断拉大、在财富分配上的差距不断拉大，金融资源可得性的缺口甚至鸿沟在进一步扩大。因此，我们要利用金融科技赶超性的发展，来进一步缩小这样的鸿沟和差距。当前我们还面临民营企业和中小企业融资难、融资贵的问题，这个问题到底怎么解决？能否根据我们所看到的新的支付体系、新的交易信息披露、新的风险控制模式，利用金融科技来解决人类所面临的前所未有的难题？我们正在进行探索，正在深入分析现有的技术条件、结构条件、风险条件，正在不断地进行创新来弥补我们在结构上的一系列问题。金融科技使我们对这些过去束手无策的问题有了新的解决方法。

5. 同时，我们也需要进行一系列基础性的改革和引领性的改革

在基础性改革的基础上，使金融科技能够拥有新的发展空间，同时解决一些结构性问题的困扰。近几年来大量的政策工具聚焦在了结构性问题方面，但同时也要清楚地看到，很多政策本身是一种总量性政策，比如货币政策，必须关注总量性问题，而不能过度持续地关注结构性问题。我们进行精准性、结构性的渗透，但在现代流动性管理的模式下，必定会产生总量性的问题，从而使结构性的导向和总量性的导向都不明确。中小企业应该利用现代的科技手段，即利用大数据、人工智能，利用新的交易链、价值链、行为链，来弥补传统货币政策工具所面临的不足。只要有经济活动主体的行为，只要能够在现代互联网信息体系中留下痕迹，就会产生有价值的信息，就会形成潜在的交易模式。中小企业完全可以利用新技术释放的市场空隙，解决结构调整中所面临的多目标困局，走出当前比较困难的状态。

当今时代处于世界经济结构与秩序的裂变期、中国经济结构转换的关键期、深层次问题的累积释放期以及中国新一轮大改革的推行期。这几大时代特征决定了金融科技助力中小企业走出困境和实现长远发展大有可为。

论文征集活动说明

　　2018 年度中国金融科技青年论文征集活动由国家金融与发展实验室金融科技研究中心主办，金融科技 50 人论坛、腾讯研究院承办，中国人民大学国际货币研究所、浙江大学互联网金融研究院作为学术支持单位，中国社会科学院金融研究所《金融评论》编辑部与《中国金融学》编辑部协办的"2018 金融科技青年论文征集"活动，在"新技术对金融的影响与变革"2019 新春论坛上落下帷幕，近 30 位金融科技青年学者获得表彰。

　　本次论文征集，从 2018 年 7 月 6 日发布征集通知开始，经过论文初审、专家打分、集中评审、论文查重等环节，优选出 18 篇文章入围，同期入选本年度由社会科学文献出版社出版的《"智能 + 金融"政策与实践——中国金融科技青年论文（2019）》一书。全国社会保障基金理事会原副理事长王忠民、中国人民银行支付结算司司长温信祥、中国人民大学国家发展与战略研究院执行院长严金明、中国银保监会创新监管部处长蒋

图书揭幕仪式

则沈、腾讯副总裁江阳、国家金融与发展实验室副主任杨涛、中国人民大学法学院副院长杨东、国家金融与发展实验室学术委员会秘书长程炼、中国人民大学财政金融学院院长助理宋科共同为图书揭幕。

　　国家金融与发展实验室学术委员会秘书长、《金融评论》编辑部主任程炼对论文征集活动进行了简要介绍并指出，当前的金融科技研究存在"观点、建议多，证据、分析框架少"的问题，并指出今后的研究应注重以下三点：首先，应注重证据分析及验证过程的严谨性；其次，应拓展研究深度并用计量方法加以证明；最后，应当更多地阅读一线学术文献，在此基础上进行更深入的研究。

国家金融与发展实验室学术委员会秘书长、
《金融评论》编辑部主任　程炼

　　本次活动旨在进一步发掘青年金融科技研究人才，培养未来金融科技领域的重要力量，为其提供研究与交流的高端平台，开展高质量的学术与政策、市场与趋势的学习与交流。"2019金融科技青年论文征集"活动还将继续。

目　录

Contents

Part I First Prize Paper

Part II Second Prize Paper

Part Ⅲ   Third Prize Paper

第一部分
一等奖论文

一等奖获得者与颁奖嘉宾合影

P2P 网络借贷、金融稳定与宏观审慎[*]

P2P 网络借贷、金融稳定与宏观审慎[*]

李建强　　张淑翠　　赵大伟^{**}

摘　要　近期 P2P 网络借贷平台问题频出，许多平台发生"提现困难""清盘退出""停业跑路"等现象，被业界形象地称为"爆雷潮"。"爆雷潮"导致投资者信心大减，P2P 网络借贷行业流动性风险剧增，未来 P2P 网络借贷行业如何控制风险、合理健康发展已成为不可忽视的重要问题。鉴于此，本文将抵押约束机制引申为信贷约束机制，刻画客观现实普遍存在的 P2P 与银行贷款清算技术的差异，进而模拟分析 P2P 网络借贷、金融稳定与宏观审慎之间的关系。结果表明，第一，P2P 对宏观经济具有积极影响，促进了信贷流动性增加，为经济中更富生产力的活动提供融资支持。但在金融稳定方面可能存在取舍，P2P 网络借贷经营受监管力度较小，一定程度上存在过度冒险行为。第二，在 P2P 网络借贷部门达到一定比例后，福利增加出现反转，取而代之的是福利下降。这意味着有关 P2P 行业的金融整顿规范，尽管提升了合规成本，压缩了平台利润空间，但也减少了靠高息吸金的不少劣质平台，保护了消费者权益，加快了行业合规进程，实际上提高了社会福利。第三，LTV 直接影响 P2P 网络借贷部门占比。然而，这并不意

---

* 本文是国家社会科学基金一般项目"双支柱调控框架下货币政策与宏观审慎政策协调机制研究"（批准号：18BJY237）的阶段性成果。

** 李建强，中国人民银行金融研究所副研究员，经济学博士、博士后。张淑翠，中国电子信息产业发展研究院副研究员，经济学博士、博士后。赵大伟，中国人民银行金融研究所副研究员，经济学博士。

味着对银行的资本监管完全不影响借贷居民的选择，而是以一种间接方式决定借贷居民融资的可获得性。第四，由于监管的非对称性，紧缩性货币政策引发贷款结构调整等套利行为，对银行信贷和 P2P 信贷影响是非对称的，削弱了货币政策有效性。从审慎工具使用效果看，当经济过热时，LTV 约束比资本要求更能有效抑制信贷波动。

关键词：P2P 网络借贷；宏观审慎；量化模拟

一 引言

随着中国经济步入新常态，供给侧结构性改革对金融市场也提出了更高要求。中国融资结构的优化，最重要的方式是提高直接融资占比。供给侧管理一向强调降低企业成本，而融资难、融资贵是一个世界经济难题。尤其是对于创业创新型企业而言，直接融资在满足其资金支持的同时，通过分散投资的方式降低风险，避免经济杠杆率的高企以及金融风险过于集中在银行体系之内。与此同时，随着金融市场体系的丰富发展，家庭财富管理需求不断增加，互联网技术日新月异发展，更多人开始熟知 P2P 网络借贷，并积极运用于经济生活中。从发达国家经验来看，正规的 P2P 是传统金融的有效补充，尤其是在解决中小企业及长尾客户融资需求方面，P2P 网络借贷被看作一个亲民平台。借款人通过 P2P 网络借贷平台发布自己借款的相关信息，如金额、时间等，出借人参考了借款人发布的借款信息之后结合自己的实际经济情况，决定是否出借以及借出金额的大小，最后双方协商确立借贷关系。在 P2P 网络借贷模式中，分散式运营方式替代了传统集中式的银行柜面模式，匹配借款人与投资人，相当程度上填补了传统银行信贷覆盖面的一个空白。P2P 具有小额、便捷的特征，在资金使用数量和期限方面，借款人和出借人可以进行直接交易，融资更加简单、快捷，既有效地缩短了中小企业融资周期，又降低了融资难度。从长远来看，P2P 发展对改善小微企业融资现状，优化金融资源配置，促进经济发展，完善多层次资本市场建设，促进我国金融体系的包容性都有重要的意义。

但是，近期 P2P 网络借贷平台问题频出，仅仅两个月就有 316 家平台发生"提现困难""清盘退出""停业跑路"等现象，被业界形象地称为"爆雷潮"。"爆雷潮"导致投资者信心大减，P2P 网络借贷行业流动性风险剧增，未来 P2P 网络借贷行业如何控制风险、合理健康发展已成为不可忽视的重要问题。另外，随着国家政策支持网贷互联网金融健康规范发展，营造公开、公平、公正的市场环境，持续打击违法违规行为，保护投资者合法权益成为金融市场持续健康发展的题中之义。《"十三五"现代金融体系规划》提出，"逐步扩大宏观审慎政策框架的覆盖范围……实现宏观审慎管理和金融监管对所有金融机构、业务、活动及其风险全覆盖"。对此，本文从金融稳定和宏观审慎角度辩证分析 P2P 客观存在的基础，以及其对经济、金融的影响机制，模拟评估不同审慎工具和监管范围的政策效果。

二　基本模型

本文考虑一个由储蓄居民、借贷居民、商业银行、厂商共同组成的经济体，其中储蓄居民和借贷居民向厂商提供劳动力，消费最终产品和住房服务，而借贷居民可选择直接向储蓄居民通过 P2P 网络借贷或向商业银行贷款。在信贷方面，银行信贷受银行资本金约束，而 P2P 网络借贷未受中央银行监管（见图 1）。为了揭示 P2P 与实体经济的动态关系，本文弱化企业抵押贷款行为，这与 Iacoviello（2005）研究框架的核心不同。同时，本文将 Kiyotaki 和 Moore（1997）研究中的抵押约束机制引申为信贷约束机制，刻画客观现实普遍存在的 P2P 与银行贷款清算技术的差异。由于无法观察借款人使用资金的过程，资金出借方承担可能违约成本，所以一般要

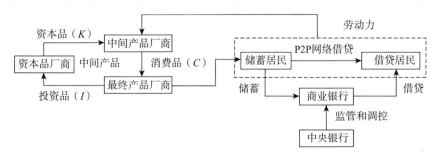

图 1　模型结构框架

求借款人以一定抵押物作为保证，譬如房产、车辆、票据以及股权等。事实上，据网贷之家统计，在中国数千家网贷平台中，采用抵押贷款的很多。就抵押品而言，房产无疑是最为稳定、变现能力最强的抵押资产。而且，借款金额应低于抵押物价值，这就是抵押率或贷款价值比（Loan to Value，LTV）问题。抵押率或 LTV 越高，对应风险敞口越大。相对于银行贷款，P2P 贷款抵押率较高，借贷门槛低，更倾向于向个人或小微主体贷款。因此，本文设定 P2P 的 LTV 值高于银行，体现二者清算技术的差异。

（一）家庭

家庭中存在两类居民：储蓄居民和借贷居民。居民效用函数为：

$$\text{Max} E_0 \sum_{t=0}^{\infty} (\beta^i)^t \left[\ln C_t^i + j \ln H_t^i - \frac{(L_t^i)^{1+\eta}}{1+\eta} \right] \tag{1}$$

其中，$i \in (s, b)$，s 表示储蓄居民，b 表示借贷居民。β 是主观贴现因子，$\beta^s > \beta^b$ 表示借贷居民比储蓄居民缺乏耐心。E_0 是预期，η 是劳动供给弹性的逆。j 是房屋持有偏好，刻画居民购房需求。

储蓄居民预算约束条件为：

$$C_t^s + q_t^h (H_t^s - H_{t-1}^s) + B_t^L + D_t = R_{t-1}^L B_{t-1}^L + R_{t-1}^d D_{t-1} + w_t^s L_t^s \tag{2}$$

C_t^s 表示储蓄居民的消费，q_t^h 表示房屋相对价格，H_t^s 表示住房服务，D_t 表示储蓄，B_t^L 表示储蓄居民通过中介平台 P2P 放贷的规模，R_t^d 表示储蓄利率，R_t^L 表示 P2P 贷款利率，w_t^s 表示储蓄居民工资率，L_t^s 表示储蓄居民劳动力供给。储蓄居民最优一阶条件分别是：

$$\frac{1}{C_t^s} = \beta^s E_t \left(\frac{R_t^L}{C_{t+1}^s} \right) \tag{3}$$

$$\frac{1}{C_t^s} = \beta^s E_t \left(\frac{R_t^d}{C_{t+1}^s} \right) \tag{4}$$

$$\frac{q_t^h}{C_t^s} = \frac{j}{H_t^s} + \beta^s E_t \left(\frac{q_{t+1}^h}{C_{t+1}^s} \right) \tag{5}$$

$$w_t^s = C_t^s (L_t^s)^{\eta} \tag{6}$$

式（3）和式（4）是关于两类资产的欧拉方程，消费跨期条件表明储蓄居民追求平滑一生中的消费。式（5）衡量储蓄居民住房服务跨期条件，住房消费的边际效用等于放弃消费成本。式（6）是储蓄居民劳动力供给方程。

借贷居民预算约束条件为：

$$C_t^b + q_t^h (H_t^b - H_{t-1}^b) + R_{t-1}^F B_{t-1}^F + R_{t-1}^L B_{t-1}^L = B_t^F + B_t^L + w_t^b L_t^b \tag{7}$$

$$B_t^F \leqslant m^F \alpha q_{t+1}^h H_t^b \tag{8}$$

$$B_t^L \leqslant m^L (1 - \alpha) q_{t+1}^h H_t^b \tag{9}$$

借贷居民通过两种贷款方式，即 P2P 贷款和商业银行贷款，平滑一生中的消费 C_t^b 和住房服务 H_t^b。借鉴 Rubio（2017）的研究设置二分法抵押贷款，外生设定两类不同 LTV，这也意味着两类不同机构的清算技术是不对称的。m^F 是商业银行贷款 LTV，m^L 是 P2P 贷款 LTV。α 表示借贷居民抵押品在银行信贷与 P2P 信贷中分配比例，其大小也间接反映 P2P 信贷的相对比重。借贷居民最优一阶条件分别是：

$$\frac{1}{C_t^b} = \beta^b E_t \left(\frac{R_t^F}{C_{t+1}^b} \right) + \lambda_t^F \tag{10}$$

$$\frac{1}{C_t^b} = \beta^b E_t \left(\frac{R_t^L}{C_{t+1}^b} \right) + \lambda_t^L \tag{11}$$

$$\frac{j}{H_t^b} = E_t \left(\frac{q_t^h}{C_t^b} - \frac{\beta^b q_{t+1}^h}{C_{t+1}^b} \right) + \lambda_t^F m^F \alpha q_{t+1}^h + \lambda_t^L m^L (1 - \alpha) q_{t+1}^h \tag{12}$$

$$w_t^b = C_t^b (L_t^b)^\eta \tag{13}$$

λ_t^F 和 λ_t^L 分别表示商业银行贷款和 P2P 贷款约束的拉格朗日乘数，式（10）和式（11）表示消费欧拉方程，式（12）表示借贷居民房产需求，式（13）表示借贷居民劳动力供给方程。

（二）银行

储蓄居民是银行股东，委托经理人经营管理银行，银行经理人最大化其在任期间贴现利润。

$$\text{Max} E_0 \sum_{t=0}^\infty (\gamma \beta^s)^t \ln (C_t^F) \tag{14}$$

其中，γ 是银行经理人每期留任概率，C_t^F 是银行利润全部消费，不考虑资本净值积累。银行预算约束和资本约束分别是：

$$C_t^F + R_{t-1}^d D_{t-1} + B_t^F = D_t + R_{t-1}^F B_{t-1}^F \tag{15}$$

$$D_t \leq (1 - CRR) B_t^F \tag{16}$$

CRR 表示中央银行对商业银行资本金的要求，即银行负债不能超过其资产规模的一定比例。商业银行最优一阶条件分别是：

$$\frac{1}{C_t^F} = \gamma \beta^s E_t \left(\frac{R_t^d}{C_{t+1}^F} \right) + \lambda_t \tag{17}$$

$$\frac{1}{C_t^F} = \gamma \beta^s E_t \left(\frac{R_{t+1}^F}{C_{t+1}^F} \right) + (1 - CRR) \lambda_t \tag{18}$$

λ_t 表示银行资本约束的拉格朗日乘数。由于 $0 < \gamma < 1$，式（4）和式（17）表明 $\lambda = \frac{1}{C^F}(1 - \gamma) > 0$，这保证了在稳态下，中央银行对商业银行的资本约束是紧约束。

（三）厂商

1. 最终产品厂商

最终产品 Y_t 由中间产品 $Y_t(z)$ 加总生产，最终产品生产函数为：

$$Y_t = \left[\int_0^1 Y_t(z)^{\frac{\varepsilon-1}{\varepsilon}} \mathrm{d}z \right]^{\frac{\varepsilon}{\varepsilon-1}} \tag{19}$$

其中，$\varepsilon(\varepsilon > 1)$ 表示中间产品替代弹性。最终产品厂商利润最大化可得中间产品需求函数：

$$Y_t(z) = \left[\frac{P_t(z)}{P_t} \right]^{-\varepsilon} Y_t \tag{20}$$

2. 中间产品厂商

中间产品厂商生产决策分两个阶段。一是在生产函数约束下成本最小化，决定要素需求比例。

$$\mathrm{Min} \, w_t^s L_t^s + w_t^b L_t^b + q_t K_t - q_t (1 - \delta) K_{t-1}$$
$$\mathrm{s.t.} \; Y_t = A_t (K_{t-1})^\mu \left[(L_t^s)^v (L_t^b)^{1-v} \right]^{1-\mu} \tag{21}$$

A_t 表示全要素生产率，q_t 是资本价格，K_t 是资本。中间产品厂商最优一阶条件分别是：

$$w_t^s = mc_t v(1-\mu)\frac{Y_t}{L_t^s} \tag{22}$$

$$w_t^b = mc_t(1-v)(1-\mu)\frac{Y_t}{L_t^b} \tag{23}$$

$$q_t = \beta^s \frac{C_t^s}{C_{t+1}^s}\Big[mc_t\mu\frac{Y_t}{K_{t-1}} + q_{t+1}(1-\delta)\Big] \tag{24}$$

二是利润最大化，进行产品定价。在式（20）市场对中间产品的 Dixit-Stiglitz 加总需求形式约束下，厂商采用 Rotemberg 定价方式。

$$\mathrm{Max}E_t\Big[\sum_{j=0}^{\infty}(\beta^s)^j \frac{C_{t+j}^s}{C_{t+1+j}^s}\Pi_{t+j}(z)\Big] \tag{25}$$

$$\mathrm{s.\,t.}\ \Pi_{t+j}(z) = \frac{P_t(z)}{P_t}Y_t(z) - mc_tY_t(z) - \frac{\varphi_p}{2}\Big[\frac{P_t(z)}{\pi P_{t-1}(z)}-1\Big]^2 Y_t \tag{26}$$

π_t 表示通货膨胀率，φ_p 是价格调整成本系数。中间产品厂商的最优定价方程为：

$$(1-\varepsilon) + \varepsilon mc_t - \varphi_p\Big(\frac{\pi_t}{\pi}-1\Big)\Big(\frac{\pi_t}{\pi}\Big) + \beta^s\varphi_p E_t\Big[\frac{C_t^s}{C_{t+1}^s}\Big(\frac{\pi_{t+1}}{\pi}-1\Big)\Big(\frac{\pi_{t+1}}{\pi}\Big)\Big(\frac{Y_{t+1}}{Y_t}\Big)\Big]=0 \tag{27}$$

3. 资本品厂商

完全竞争资本品厂商使用投资品 I_t 和折旧后资本品 $(1-\delta)K_{t-1}$ 生产新资本 K_t，并返售给中间产品厂商。资本品厂商利润最大化为：

$$\mathop{\mathrm{Max}}_{I_t} E_0\sum_{i=0}^{\infty}(\beta^s)^i \frac{C_{t+i}^s}{C_{t+1+i}^s}[q_tK_t - q_t(1-\delta)K_{t-1} - I_t] \tag{28}$$

$$\mathrm{s.\,t.}\ K_t = (1-\delta)K_{t-1} + [1-\Phi(I_t/I_{t-1})]I_t \tag{29}$$

$$\Phi(I_t/I_{t-1}) = \frac{\varphi_k}{2}(I_t/I_{t-1}-1)^2 \tag{30}$$

φ_k 是投资调整成本系数，资本品厂商的最优一阶条件是：

$$q_t - q_t\frac{\varphi_k}{2}\Big(\frac{I_t}{I_{t-1}}-1\Big)^2 - q_t\varphi_k\Big(\frac{I_t}{I_{t-1}}-1\Big)\frac{I_t}{I_{t-1}} + \beta^s\frac{C_t^s}{C_{t+1}^s}q_{t+1}\varphi_k\Big(\frac{I_{t+1}}{I_t}-1\Big)\Big(\frac{I_{t+1}}{I_t}\Big)^2 = 1 \tag{31}$$

（四）中央银行

借鉴 Gertler 和 Karadi（2010）的研究，定义 Fisher 方程，即名义利率和实际利率关系为：

$$1 + i_t = R_t^d \pi_{t+1} \qquad (32)$$

目前，中国货币政策调控正处在从以数量型为主向以价格型为主的逐步转型过程中，探索构建"利率走廊"，稳定市场预期，疏通传导机制（中国人民银行，2016）。不失一般性，中央银行货币政策规则为泰勒规则（Taylor Rule），即：

$$i_t = (1 - \rho)\left[i + \kappa_\pi (\log \pi_t - \log \pi) + \kappa_y (\log Y_t - \log Y_t^*) \right] + \rho i_{t-1} + \varepsilon_t \qquad (33)$$

i_t 表示净名义利率，Y_t^* 表示自然产出，ρ 衡量利率操作连续性，ε_t 是外生货币政策冲击。

2016 年，中国人民银行将差别准备金动态调整和合意贷款管理机制"升级"为"宏观审慎评估体系"（Macro Prudential Assessment，MPA），LTV 和资本充足率就是其中两大工具。国际上通常要求资本充足率、LTV盯住整体信贷和 GDP 的比值与趋势值的偏离程度。但在考察信贷偏离程度时，我国盯住的是信贷增速与名义目标 GDP 增速的偏离，更重视信贷增长要满足实体经济发展的合理需要（张晓慧，2017）。

$$CRR_t = CRR + \varphi_b \left[\frac{(B_t^F + B_t^L) / (B_{t-1}^F + B_{t-1}^L)}{Y_t / Y_{t-1}} \right] \qquad (34)$$

$$m_t^F = m^F + \varphi_q \left[\frac{(B_t^F + B_t^L) / (B_{t-1}^F + B_{t-1}^L)}{Y_t / Y_{t-1}} \right] \qquad (35)$$

（五）市场出清

在房地产市场上，房屋供给是给定的，正则化为单位 1，则有：

$$H_t^s + H_t^b = 1 \qquad (36)$$

在商品市场上，最终产品被私人消费、投资以及政府购买，则有：

$$Y_t = C_t^s + C_t^b + C_t^F + I_t + G_t \qquad (37)$$

为考察 P2P 网络借贷对社会福利的影响，定义两类居民福利和社会福利分别为：

$$W_t^s \equiv E_0 \sum_{t=0}^{\infty} (\beta^s)^t \left[\ln C_t^s + j\ln H_t^s - \frac{(L_t^s)^{1+\eta}}{1+\eta} \right] \tag{38}$$

$$W_t^b \equiv E_0 \sum_{t=0}^{\infty} (\beta^b)^t \left[\ln C_t^b + j\ln H_t^b - \frac{(L_t^b)^{1+\eta}}{1+\eta} \right] \tag{39}$$

依据 Mendicino 和 Pescatori（2007）的做法，定义社会总福利为不同居民福利加权，即：

$$W_t = (1 - \beta^s) W_t^s + (1 - \beta^b) W_t^b \tag{40}$$

设定所有外生冲击满足 AR（1）的过程，ζ_t 服从独立同分布的 N（0，1），即：

$$\log(A_t) = \rho_a \log(A_{t-1}) + \sigma_a \zeta_t \tag{41}$$

$$\log(j_t/j) = \rho_j \log(j_{t-1}/j) + \sigma_j \zeta_t \tag{42}$$

$$\log(\varphi_{k,t}/\varphi_k) = \rho_k \log(\varphi_{k,t-1}/\varphi_k) + \sigma_k \zeta_t \tag{43}$$

三　参数校准估计和适用性分析

DSGE 模型参数取值常用方法有校准和估计两类。前者根据已有研究或矩匹配确定参数取值，但受参数普适性质疑；后者则根据待估参数先验信息进行贝叶斯估计，但受是否能完全识别和维度诅咒影响。目前，文献研究较为普遍的做法是，综合利用参数校准和贝叶斯估计来确定模型结构参数（童中文等，2017；李天宇等，2017）。鉴于此，本文对具有明确经济含义或 DSGE 模型常用参数采用校准或矩匹配取值，以降低待估参数维度，而对涉及模型动态关系的结构参数或无法直接观测的参数，采用贝叶斯估计方法确定取值。

（一）结构参数校准

储蓄居民主观贴现因子取 0.99，借贷居民主观贴现因子取 0.98，银行经理人每期留任概率取 0.975（Iacoviello, 2005；侯成琪、刘颖，2015；张婧屹、李建强，2018）。劳动供给弹性的逆，文献中认为该参数较为合理取值在 2 左右（胡永刚、郭长林，2013；陈小亮、马啸，2016），本文取 2。中国资本产出份额引用许志伟和林仁文（2011）研究中的数据，取值为 0.45，资本折旧率取 0.025（Christiano et al.，2005；庄子罐等，2018），两类居民劳动投入份额占比取 0.64（Gerali et al.，2010；周俊仰等，2018）。我国网贷之家调查显示[①]，P2P 网络借贷房产抵押率上限是七成。截至 2017 年 5 月末，金融业本外币贷款余额中约 60% 为抵押质押贷款，房地产为主要押品，占押品比重约为 50%。[②] 因此，本文 P2P 贷款抵押率取 0.7，商业银行贷款抵押率取 0.5。根据 Wind 数据统计，样本期内我国商业银行资本充足率季度值取 12.67%。我国零售品厂商平均每四个季度调整一次价格（王文甫，2010；张婧屹、李建强，2018），再根据 Calvo 与 Rotemberg 定价匹配原则，中间产品替代弹性取 6，价格调整成本系数取 72.01。参数校准结果如表 1 所示。

表 1 参数校准结果

符号	参数描述	取值	符号	参数描述	取值
β^s	储蓄居民主观贴现因子	0.99	β^b	借贷居民主观贴现因子	0.98
γ	银行经理人每期留任概率	0.975	η	劳动供给弹性的逆	2
μ	中国资本产出份额	0.45	δ	资本折旧率	0.025
v	两类居民劳动投入份额占比	0.64	m^L	P2P 贷款抵押率	0.7
m^F	商业银行贷款抵押率	0.5	CRR	商业银行资本充足率季度值	12.67%
ε	中间产品替代弹性	6	φ_p	价格调整成本系数	72.01

（二）结构参数估计

考虑到 2007 年我国才出现以拍拍贷和宜信为代表的 P2P 网络借贷平台，选择 2009 年第一季度至 2017 年第四季度为样本时期。引入全要素生产率、住房偏好、投资调整成本以及货币政策外生冲击，观测变量选择实际 GDP、投资、7 天隔夜拆借利率和通胀。根据与模型变量匹配原则（Pfeifer，2013），对数据进行相应的季节调整和单边滤波去趋势处理，数

---

① 参见 https://www.wdzj.com/zhuanlan/licai/7 - 1122 - 1.html。

② 参见 https://www.51rzy.com/xuetang/diya_21/1370.html。

据来源于 Wind 数据库和 CQER 数据库①。参考国内外的相关研究确定待估参数的先验分布，使用贝叶斯估计得到相关参数。参数估计结果如表 2 所示。

表 2　参数估计结果

参数	变量含义	先验分布			后验分布	
		分布类型	均值	标准差	均值	90% 置信区间
j	房屋持有偏好	Beta 分布	0.1	0.1	0.1012	[0.0889, 0.1465]
φ_k	投资调整成本系数	Gamma 分布	4	0.1	4.0599	[3.6821, 5.2810]
κ_π	名义利率对通胀反馈系数	Normal 分布	1.5	0.1	1.6823	[1.4428, 1.7467]
κ_Y	名义利率对产出反馈系数	Normal 分布	0.125	0.1	0.3564	[0.1395, 0.5474]
φ_b	资本充足率反馈系数	Normal 分布	1.2	0.1	1.5241	[1.1341, 1.6419]
φ_q	抵押率反馈系数	Normal 分布	-1.2	0.1	-1.3816	[-1.6512, -1.0397]
ρ	货币政策冲击自回归系数	Beta 分布	0.9	0.1	0.9242	[0.9127, 0.9579]
ρ_a	生产技术冲击自回归系数	Beta 分布	0.9	0.1	0.9534	[0.9366, 0.9788]
ρ_j	住房偏好冲击自回归系数	Beta 分布	0.7	0.1	0.6207	[0.4690, 0.7528]
ρ_k	投资调整冲击自回归系数	Beta 分布	0.9	0.1	0.9537	[0.9275, 0.9846]
σ	货币政策冲击标准差	Inv Gamma 分布	0.01	INF	0.0021	[0.0016, 0.0031]
σ_a	生产技术冲击标准差	Inv Gamma 分布	0.01	INF	0.2319	[0.2191, 0.2741]
σ_j	住房偏好冲击标准差	Inv Gamma 分布	0.01	INF	0.0135	[0.0108, 0.0220]
σ_k	投资调整冲击标准差	Inv Gamma 分布	0.01	INF	0.0141	[0.0124, 0.0173]

（三）模型适用性分析

为确保模型较好地描述中国现实经济特征，通过匹配比较模型和现实经济样本中主要宏观变量的一阶矩和二阶矩条件，交叉验证模型对现实经济的拟合效果。模型经济与现实经济样本匹配比较如表 3 所示。表 3 结果显示，尽管由于模型为封闭经济体，未包含净出口市场，模型经济与现实经济样本存在稍许偏差，但从经济结构角度看，模型经济与现实经济样本较接近，这说明决定模型稳态的结构参数校准较合理。从经济波动角度看，模型经济对现实经济样本高度拟合，这说明观测变量数据已充分识别待估参数。因此，整体上本文模型对现实经济的拟合效果较好。

①　参见 https://www.frbatlanta.org/cqer.aspx 的中国宏观数据。

表3　模型经济与现实经济样本匹配比较

变量	描述	现实经济样本	模型经济
$(C^s + C^b + C^F) / Y$	消费份额	45%	48%
I/Y	投资份额	55%	52%
B^F/Y	个人信贷产出比	40%	42%
σ_Y	产出标准差	0.0231	0.0323
$(\sigma_{Cs} + \sigma_{Cb} + \sigma_{CF})/3$	消费标准差	0.0217	0.0354
σ_I	投资标准差	0.0342	0.0435
σ_π	通胀标准差	0.0153	0.0235

四　P2P 网络借贷对经济、金融和社会福利的影响

1. P2P 网络借贷对经济、金融的影响

由于整个模型经济中仅有个人借贷，而式（8）和式（9）中 α 不同取值本质上就决定 P2P 在经济中的规模给 α 取 1、0.25 和 0.75，分别对应模型经济中无 P2P、25% P2P 和 75% P2P。考察技术冲击下，不同 P2P 规模对经济的影响。具体技术冲击下脉冲响应如图 2 所示。图 2 显示，受技术冲击的影响，经济繁荣，信贷扩张。随着 P2P 网络借贷规模的增加，经济中流动性迅速增加。显然，P2P 发挥类似传统银行的功能，产生更大的信贷规模。通过拓展金融服务的广度与深度，P2P 提供更广泛的金融服务帮助偏远、落后地区或人群。借款人能够消费更多产品和住房，增加经济活动，随之而来的是银行利润增加。作为镜像反馈，面对融资需求增加，储蓄者减少消费和住房购买。从模型动态性看，P2P 对宏观经济具有积极影响，促进信贷流动性增加，为经济中更富生产力的活动提供融资支持。

尽管如此，P2P 网络借贷既有经济效益，也存在成本。从积极方面看，P2P 支持借贷居民消费和购房需求。由于较高抵押率，较低借贷门槛，P2P 提供传统银行无法遍及的金融服务。然而，考虑到监管不足，P2P 可能会增加金融稳定风险，这也是如今高度关注 P2P 的主要原因。P2P 固然可以通过降低金融服务成本、扩大服务范围刺激经济增长，但在金融稳定方面可能存在取舍。这是因为与 P2P 网络借贷可能选择持有的资本和流动性相比，银行通常被监管要求持有较高比重。此外，P2P 网络借贷通常向

风险更高客户或以风险更高形式放贷，比如放弃银行需要抵押品保护。P2P 网络借贷经营受监管力度较小，一定程度上存在过度冒险行为。因此，P2P 网络借贷往往远不如银行稳定。考虑到金融稳定与信贷规模密切相关（IMF，2014），本文使用信贷规模标准差作为金融稳定衡量指标。金融稳定与 P2P 规模情况如表 4 所示。

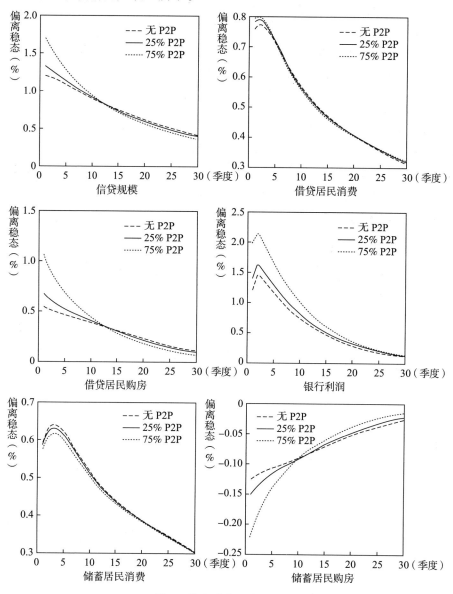

图 2 技术冲击下脉冲响应

表 4　金融稳定与 P2P 规模

单位：%

情景	信贷规模标准差
无 P2P 网络借贷	1.15
25% P2P 网络借贷	2.38
75% P2P 网络借贷	4.65

　　表 4 显示了不存在和 25%、75% 的 P2P 网络借贷时，对应的信贷规模
标准差。显然，随着 P2P 网络借贷规模的增加，信贷规模标准差也在增
加。这是因为，P2P 网络借贷占比越大，整个模型的信贷就越依赖一个不
需要资本金约束的部门。也就是说，P2P 网络借贷不存在资本金要求。相
反，对银行资本金的约束在资本要求与信贷和借款人消费波动之间建立了
直接联系。因此，在模型中，P2P 网络借贷对金融稳定构成风险，被理解
为信贷市场更大的波动。P2P 网络借贷规模占比与信贷规模波动情况如图
3 所示。图 3 则描述了 P2P 网络借贷规模连续增加时对信贷市场波动的影
响。P2P 网络借贷规模在经济中占比的增加，增大了金融波动。因此，该

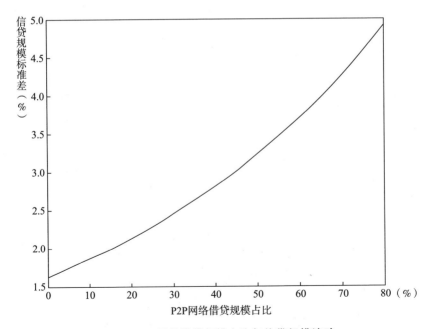

图 3　P2P 网络借贷规模占比与信贷规模波动

模型揭示了 P2P 网络借贷规模存在权衡：它增加了对经济增长的信贷支持，使借款人更有能力消费，但这是以牺牲金融稳定为代价的。

2. P2P 网络借贷对社会福利的影响

Schmitt-Grohe 和 Uribe（2004）提出，用补偿方差（Compensation Variation，CV）比较不同体制之间的福利差异。所谓"补偿方差"是指用等量消费表示家庭在一种体制初始稳态下每期必须放弃的消费比例，以达到另一种体制可获得的值函数。也就是说，补偿方差衡量了不同体制前后，家庭必须承受（或受益）多少比例消费损失（或消费获得）。本文将有无 P2P 网络借贷作为两种不同体制的分水岭，假设基准情景下，不存在 P2P 网络借贷，储蓄居民和借贷居民福利分别为 W^{s*} 和 W^{b*}，而存在 P2P 网络借贷时，福利差异可分别表示为 CE_s 和 CE_b，即：

$$CE_s = 1 - \exp[(1 - \beta^s)(W^s - W^{s*})] \tag{44}$$

$$CE_b = 1 - \exp[(1 - \beta^b)(W^b - W^{b*})] \tag{45}$$

相应地，总社会福利差异可表示为 CE，即：

$$CE = (1 - \beta^s)CE^s + (1 - \beta^b)CE^b \tag{46}$$

将模型在二阶矩条件下展开，并根据式（44）至式（46）求解福利差异。P2P 网络借贷规模占比与福利情况如图 4 所示。图 4 显示，P2P 网络借贷规模的增加可延伸金融服务有效范围，促进借贷居民消费和住房购买，改善他们的福利，但这对于不受抵押约束的储蓄居民而言，他们的福利无疑在下降。由于未受监管的 P2P 网络借贷部门比重提高，储蓄居民需要增加储蓄，满足借贷居民融资需求，从而减少消费，降低他们的福利。由于前者福利增加远大于后者福利损失，所以整体上社会福利在改善。然而，对借贷居民而言，尽管 P2P 网络借贷规模占比提高代表着更多信贷服务和消费，但也意味着更高的金融波动。借贷居民受到抵押约束，不能通过常规的欧拉方程顺利平滑消费，这表明借贷波动会引起消费波动。因此，尽管借贷居民受益于信贷流动性增加，但当金融稳定风险成为一种额外负担时，P2P 网络借贷部门带来的福利改善的边际效应在下降，而风险过度积累影响逐渐居于主导。最终，这种与金融稳定有关的权衡，在 P2P 网络借贷部门达到一定比例后，福利增加出现反转,取而代之的是福利下降。同时,从图 4 中可推断出,在本模型结构参数设定下,最大化社会福利的 P2P 网络借贷部门占比约为 36%。这意味着目前有关 P2P 行业的金融整顿规范,尽管提升了合规成本,压缩了平台利润空间,但也减少了靠高息吸金的不少劣质平台,行业集中度有所提升,行业利息收益回落至正常区间,实际上提高了社会福利。

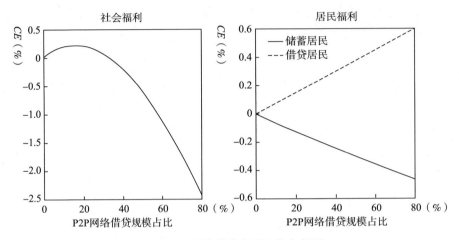

图 4　P2P 网络借贷规模占比与福利

五　P2P 网络借贷规模与宏观审慎政策

1. P2P 网络借贷规模决定的内生因素

从金融监管角度看,一个自然的后续问题是,影响 P2P 网络借贷部门占比的关键因素是什么?借鉴 Iacoviello 和 Minetti(2003)的研究,抛弃借贷居民抵押品在银行信贷与 P2P 信贷中分配比例 α 是外生给定的假设,进行清算技术内生设置。对传统银行而言,考虑到贷款偿还违约,预期违约成本是 $(1 - m^F) E_t (\alpha_t q_{t+1}^b H_t^b)$,有望收回的贷款则是式(47):

$$E_t [\alpha_t q_{t+1}^h H_t^b - (1 - m^F) \alpha_t q_{t+1}^h H_t^b] = E_t (m^F \alpha_t q_{t+1}^h H_t^b) \tag{47}$$

P2P 网络借贷平台预期支付违约成本是 $(1 - m^L) E_t [(1 - \alpha_t) q_{t+1}^h H_t^b]^2 / q^h H^b$[①],这表明清算技术是边际收益递减的。通过假设 P2P 网络借贷技术不符合规

---

① 分母中的 $q^h H^b$ 仅是正则化表达式,暗示着仅在稳态时固定 q^h 和 H^b 使得交易成本是 $1 - m^L$。

模收益,来捕捉这种事实:与传统银行相比,P2P 网络借贷平台在收回和清算借款人资产方面的经验可能有限,有望收回的贷款则是 $E_t\{(1-\alpha_t)q_{t+1}^h H_t^b - (1-m^L)[(1-\alpha_t)q_{t+1}^h H_t^b]^2/q^h H^b\}$。相应地,借贷居民面临的预算约束式(9)和式(12)将分别改写为式(48)和式(49):

$$B_t^L \leqslant (1-\alpha_t)q_{t+1}^h H_t^b \left[1 - (1-m^L)\frac{(1-\alpha_t)q_{t+1}^h H_t^b}{q^h H^b} \right] \tag{48}$$

$$\frac{j}{H_t^b} = E_t \left(\frac{q_t^h}{C_t^b} - \frac{\beta^b q_{t+1}^h}{C_{t+1}^b} \right) + \lambda_t^F m^F \alpha_t q_{t+1}^h + \lambda_t^L m^L (1-\alpha_t) q_{t+1}^h \left[1 - \frac{2(1-m^L)(1-\alpha_t)q_{t+1}^h H_t^b}{q^h H^b} \right] \tag{49}$$

关于抵押分配比例 α_t 的一阶最优条件是:

$$\lambda_t^F m^F = \lambda_t^L E_t \left[1 - \frac{2(1-m^L)(1-\alpha_t)q_{t+1}^h H_t^b}{q^h H^b} \right] \tag{50}$$

联立式(10)、式(11)和式(50)可得在稳态条件下,抵押分配比例 α 是:

$$\alpha = 1 - \frac{1 - (\lambda^F/\lambda^L)m^F}{2(1-m^L)} \tag{51}$$

式(51)表明模型中 P2P 网络借贷部门的占比主要取决于银行贷款约束式(8)和 P2P 贷款约束式(9)的拉格朗日乘数松紧程度,以及各自抵押率或 LTV 监管程度。由于 P2P 网络借贷资金配置是借款居民市场决策的结果,其信贷需求直接受到 LTV 大小的影响,这种约束或多或少随着 LTV 收紧而收紧。因此,LTV 直接影响 P2P 网络借贷部门的占比。然而,这并不意味着对银行的资本监管完全不影响借贷居民的选择,而是以一种间接方式决定借贷居民融资的可获得性。譬如,如果资本充足率下降,那么社会可用信贷总量增加,借贷居民从银行获得信贷的概率增加,P2P 网络借贷的替代重要性无疑将下降。P2P 网络借贷部门占比与 LTV 和资本充足率的关系如图 5 所示。

在图 5 中,Z 轴表示给定其他条件下,随着银行资本充足率从 0.08 到 0.12 改变,P2P 网络借贷部门占比的变化。X 轴表示给定其他条件下,随着 P2P 网络借贷部门 LTV 从 0.500 到 0.800 改变,P2P 网络借贷部门占比的变化。Y 轴表示给定其他条件下,随着银行的 LTV 从 0.50 到 0.80 改变,

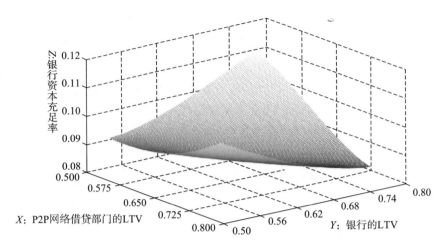

图 5　P2P 网络借贷部门占比与 LTV 和资本充足率的关系

P2P 网络借贷部门占比的变化。显然，随着银行的 LTV 约束放松，信贷将以线性方式集中在银行，P2P 网络借贷部门占比将下降。反之，如果收紧银行的 LTV 约束，将促使信贷集中在 P2P 网络借贷部门。尽管银行资本充足率并没有直接影响 P2P 网络借贷部门占比，但其决定银行 LTV 松紧程度 λ^F 的大小，随着资本充足率提高，银行放贷成本增加，P2P 网络借贷替代的重要性凸显。另外，如果 P2P 网络借贷部门受到严格监管，譬如增加 LTV 约束，则 P2P 网络借贷部门占比同样将缩减。需要强调的是，这种缩减是非线性的，即通过 P2P 网络借贷部门向借贷居民进行贷款的边际能力在迅速下降。这意味着内生调整 P2P 网络借贷部门占比有两种方式：一是限制 P2P 网络借贷的 LTV；二是放松银行贷款的 LTV 约束或银行的资本充足率要求。从金融稳定角度看，以放松银行贷款约束方式来限制 P2P 网络借贷部门占比似乎有悖于金融监管初衷，相反，增加对 P2P 网络借贷部门的信贷约束，与金融稳定目标是一致的。

2. P2P 网络借贷监管与宏观审慎政策

众所周知，对银行资本监管是巴塞尔协议Ⅲ的重要内容。尽管如此，巴塞尔资本监管只适用于传统银行，P2P 网络借贷作为金融创新不在监管范围内。那么，在现有金融监管下，面临不确定性外部冲击，P2P 网络借贷对宏观经济和社会福利有哪些影响？未来 P2P 网络借贷审慎监管应注意什么？这些问题都值得深入思考。对此，本文通过模型二阶展开，进行 5 种情景政策模拟试验，其中Ⅰ表示无 P2P 网络借贷部门，无任何逆周期调

控；Ⅱ表示存在 P2P 网络借贷部门，银行资本逆周期调控；Ⅲ表示存在
P2P 网络借贷部门，银行 LTV 逆周期调控；Ⅳ表示存在 P2P 网络借贷部
门，银行资本与 LTV 逆周期调控；Ⅴ表示存在 P2P 网络借贷部门，P2P 网
络借贷 LTV、银行资本与 LTV 逆周期调控。通过提高生产技术 1% 的正向
冲击模拟经济繁荣时期，提高政策利率 1% 的正向冲击模拟经济过热时期。
不同情景下政策模拟情况如表 5 所示。

表 5　不同情景下政策模拟

变量指标	提高生产技术 1% 的正向冲击（%）					提高政策利率 1% 的正向冲击（%）				
	Ⅰ	Ⅱ	Ⅲ	Ⅳ	Ⅴ	Ⅰ	Ⅱ	Ⅲ	Ⅳ	Ⅴ
调控工具	—	银行 CRR	银行 LTV	银行 CRR + LTV	P2P LTV、银行 CRR + LTV	—	银行 CRR	银行 LTV	银行 CRR + LTV	P2P LTV、银行 CRR + LTV
产出	0.5059	0.5056	0.5056	0.5056	0.5058	− 0.3430	− 0.3253	− 0.3251	− 0.3244	− 0.3191
消费	0.4808	0.4784	0.4783	0.4784	0.4786	− 0.9439	− 0.9970	− 0.9979	− 0.9972	− 0.9910
投资	1.2161	1.2128	1.2128	1.2130	1.2142	− 1.6987	− 1.6041	− 1.6036	− 1.6006	− 1.5737
银行信贷	2.5375	6.5053	6.5449	6.5678	6.4999	− 7.1043	− 3.6331	− 3.4942	− 3.3138	− 2.6763
P2P 信贷	—	− 0.0760	− 0.0777	− 0.0790	− 0.0679	—	− 1.0518	− 1.0363	− 1.0338	− 1.0443
社会福利	4.2611	4.6426	4.6427	4.6434	4.6441	− 5.2472	− 6.0075	− 5.9849	− 5.9667	− 5.9151
P2P 网络借贷部门占比	—	5.9519	5.9839	6.0064	5.9353	—	− 1.7664	− 1.6583	− 1.4997	− 0.9174
信贷标准差	1.15	1.18	1.11	1.09	0.92	1.15	1.18	1.11	1.09	0.92

注：信贷标准差是模拟 30 期的总信贷标准差，其余变量都是对相应冲击脉冲响应 30 期的平均值。

表 5 显示，第一，技术冲击对经济是扩张性冲击，促进了传统银行信
贷扩张，但降低了 P2P 网络借贷规模。在经济繁荣时，受现有金融监管非
对称性影响，技术冲击放松了对传统银行的资本要求和 LTV 约束，更多地
补充市场流动性，P2P 网络借贷替代的相对重要性趋弱，表现为 P2P 信贷
规模下降。同时，宽松经济也放松了市场对借贷居民的内生抵押约束，通
过风险承担渠道促进 P2P 网络借贷增长，由于前者效应小于后者，总体上
P2P 网络借贷部门占比表现为增长。第二，随着金融监管范围拓展，产出、
消费和投资等实体经济增长放缓，为避免技术冲击造成经济过热，增加了

对 P2P 网络借贷的 LTV 逆周期调控约束，代表金融稳定的信贷标准差下降，P2P 网络借贷部门占比上升趋缓，抑制了信贷过度扩张，促进了社会福利的提高。第三，从审慎工具使用效果看，当经济过热时，LTV 约束比资本要求更能有效抑制信贷波动。究其原因，在微观层面，LTV 既抑制银行和 P2P 不审慎放贷动机，又降低借贷居民不审慎借款风险，促进银行审慎经营和保护消费者。在宏观层面，LTV 约束事关抵押品贷款乘数效应，有利于抑制信贷过度扩张和资产价格过度上涨，缓解金融体系顺周期性。第四，由于监管的非对称性，紧缩性货币政策引发贷款结构调整等套利行为，对银行信贷和 P2P 信贷影响是非对称的，削弱了货币政策有效性。尽管提高政策利率，增加了银行放贷成本，收紧了银行资本约束，但是借款居民仍可能通过 P2P 获得相等或更大的信贷规模。这种单纯依靠调控银行信贷供给规模，而不是限制信贷整体供应的方式，只是简单地把借贷居民从银行贷款转向 P2P 贷款，用更加昂贵的成本达到相同总杠杆水平，提升贷款组合的实际风险水平，实际上背离了货币政策调控和金融监管初衷。这些调控直接关系借贷居民能够获得信贷规模的大小，从而影响随后他们的消费和住房购买，自然造成社会福利下降，但通过对称性调控，产出、投资以及福利下降有所减少。

六 结论与政策建议

P2P 发展对改善小微企业融资，优化金融资源配置，促进经济发展，完善多层次资本市场建设，促进我国金融体系包容性都有重要的意义。本文将 Kiyotaki 和 Moore（1997）研究中的抵押约束机制引申为信贷约束机制，刻画客观现实普遍存在的 P2P 与银行贷款清算技术的差异，模拟分析 P2P 网络借贷、金融稳定与宏观审慎之间的关系。结果发现，第一，P2P 对宏观经济具有积极影响，促进了信贷流动性增加，为经济中更富生产力的活动提供融资支持。但在金融稳定方面可能存在取舍，P2P 网络借贷经营受监管力度较小，一定程度上存在过度冒险行为。第二，在 P2P 网络借贷部门达到一定比例后，福利增加出现反转，取而代之的是福利下降。这意味着有关 P2P 行业的金融整顿规范，尽管提升了合规成本，压缩了平台利润空间，但也减少了靠高息吸金的不少劣质平台，保护了消费者权益，加快了行业合规进程，实际上提高了社会福利。第三，LTV 直接影响 P2P 网络借贷部门占比。然而，这并不意味着对银行的资本监管完全不影响借贷居民的选择，而是以一种间接方式决定借贷居民融资的可获得性。第四，由于监管的非对称性，紧缩性货币政策引发贷款结构调整等套利行为，对银行信贷和 P2P 信贷影响是非对称的，削弱了货币政策有效性。从审慎工具使用效果看，当经济过热时，LTV 约束比资本要求更能有效抑制信贷波动。

针对这些结论，我们提出以下几点建议。第一，监管需注重短期引导与长期规范相配合，有效平衡金融创新与风险的关系。既要有效防范网贷风险，实现网贷机构优胜劣汰，守住不发生系统性风险底线，又要继续坚守普惠金融的本质，鼓励业务合规的优质平台运用科技手段有效地降低交易成本和进入门槛，提高普惠金融服务的可持续性。第二，建立互联网金融监管模式和准则，合理把握互联网金融监管力度，准确划分互联网金融监管范围。真正做到监管有法可依、行业有章可循。第三，为更有效发挥 LTV 作为逆周期宏观审慎工具的作用，应坚持整体设计原则，综合考虑对 P2P 和银行 LTV 设置上限。第四，合规管理是有效防范和化解风险的重要抓手。P2P 合规管理不仅仅需要外部监管和约束，更要有内在机制和文化的培养与渗透。自律自觉、主动合规是 P2P 行业健康可持续发展的根本，有关自律组织应积极培育行业合规文化，强化行业自律约束，有效维护公平有序的市场竞合秩序，积极引领网贷行业科学稳健运营。

参考文献

陈小亮、马啸：《"债务－通缩"风险与货币政策财政政策协调》，《经济研究》2016 年第 8 期。

侯成琪、刘颖：《外部融资溢价机制与抵押约束机制——基于 DSGE 模型的比较研究》，《经济评论》2015 年第 4 期。

胡永刚、郭长林：《财政政策规则、预期与居民消费——基于经济波动的视角》，《经济研究》2013 年第 3 期。

李天宇、冯叶、张屹山：《宏观审慎政策的信号识别、规则确立与传导路径分析》，《经济评论》2017 年第 5 期。

童中文、范从来、朱辰、张炜：《金融审慎监管与货币政策的协同效应：考虑金融系统性风险防范》，《金融研究》2017 年第 3 期。

王文甫：《价格粘性、流动性约束与中国财政政策的宏观效应——动态新凯恩斯主义视角》，《管理世界》2010 年第 9 期。

许志伟、林仁文：《我国总量生产函数的贝叶斯估计》，《世界经济文汇》2011 年第 2 期。

张婧屹、李建强：《房地产调控、金融杠杆与社会福利》，《经济评论》2018 年第 3 期。

张晓慧：《宏观审慎政策在中国的探索》，《中国金融》2017 年第 11 期。

中国人民银行：《2016 年第三季度中国货币政策执行报告》，中国人民银行官网，2016 年 11 月 8 日。

周俊仰、汪勇、韩晓宇：《去杠杆、转杠杆与货币政策传导》，《国际金融研究》2018 年第 5 期。

庄子罐、贾红静、刘鼎铭：《货币政策的宏观经济效应研究：预期与未预期冲击视角》，《中国工业经济》2018 年第 7 期。

Christiano, L. J., Eichenbaum, M., and Evans, C. L., "Nominal Rigidities and the Dynamic Effects of a Shock to Monetary Policy", *Journal of Political Economy*, 2005, 113 (1).

Cipriani, Giam Pietro, "Population Aging and PAYG Pensions in the OLG Model", *Journal of Population Economics*, 2013, 27 (1).

Curtis, Chadwick C., Steven Lugauer, and Nelson C. Mark, "Demographic Patterns and Household Saving in China", *American Economic Journal: Macroeconomics*, 2015, 7 (2).

Gerali, A., Neri, S., Sessa, L., and Signoretti, F. M., "Credit and Banking in a DSGE Model of the Euro Area", *Journal of Money, Credit and Banking*, 2010, 42 (6).

Gertler, M., and Karadi, P., "A Model of Unconventional Monetary Policy", *Journal of Monetary Economics*, 2010, 58 (1).

Iacoviello, M., and Minetti, R., "Domestic and Foreign Lenders and International Business Cycles", *Boston College Working Papers in Economics*, 2003, 554.

Iacoviello, M., "Financial Business Cycles", *Review of Economic Dynamics*, 2015, 18 (1).

Iacoviello, M., "House Prices, Borrowing Constraints, and Monetary Policy in the Business Cycle", *American Economic Review*, 2005, 95 (3).

IMF, Monetary Policy in the New Normal. IMF Staff Discussion Note, 2014.

Kiyotaki, N., and Moore, J., "Credit Cycles", *Journal of Political Economy*, 1997, 105.

Mankiw, N. Gregory, and David N. Weil, "The Baby Boom, the Baby Bust, and the Housing Market", *Regional Science and Urban Economics*, 1989, 19 (2).

Mendicino, C., and Pescatori, A., "Credit Frictions, Housing Prices and Optimal Monetary Policy Rules", *Departmental Working Papers of Economics-University*, 2007.

Modigliani, Franco, and Shi Larry Cao, "The Chinese Saving Puzzle and the Life-Cycle

Hypothesis", *Journal of Economic Literature*, 2004, 42 (1).

Muto, Ichiro, Takemasa Oda, and Nao Sudo, "Macroeconomic Impact of Population Aging in Japan: A Perspective from an Overlapping Generations Model", *IMF Economic Review*, 2016, 64 (3).

Oh, Sechan, James Rhodes, and Ray Strong, "Impact of Cost Uncertainty on Pricing Decisions under Risk Aversion", *European Journal of Operational Research*, 2016, 253 (1).

Pfeifer, J., "A Guide to Specifing Observation Equations for the Estimation of DSGE Models", Manuscript, University of Mannheim, 2013.

Rubio, M., "Shadow Banking, Macroprudential Regulation and Financial Stability", *University of Nottingham Working Papers*, 2017.

Schmitt-Grohe, S., and Uribe, M., "Optimal Fiscal and Monetary Policy under Sticky Prices", *Journal of Economic Theory*, 2004, 114 (2).

Takáts, Előd, "Aging and House Prices", *Journal of Housing Economics*, 2012, 21 (2).

比特币价格是否符合一价定律？

——新兴市场国家与发达国家的比较[*]

赵　鹂　马　伟^{**}

摘　要　近年来，比特币作为一种新生事物，越来越受到各国政府和投资者的关注，也引起了许多研究者的注意。特别是新土耳其里拉暴跌期间，比特币价格出现了大幅的波动。本文尝试从比特币价格和汇率的联系角度，采用最近两年全球 18 个比特币交易平台关于 19 种法定货币的每日收盘价格（以比特币的美元价格为基准），检验比特币是否符合一价定律和购买力平价。研究发现，比特币同一种法定货币的不同交易平台的交易价格符合一价定律，特别是比特币的人民币价格关于 CNY 和 CNH 汇率也都保持购买力平价。进一步，文章对比分析了英国脱欧期间英镑汇率大跌以及新土耳其里拉和人民币自 2018 年以来贬值期间，比特币价格反应的不同，从而揭示了新兴市场国家和发达国家面临的加密货币交易风险的不同。本文的启示在于，对于新兴市场国家来说，当国际环境与外汇市场剧烈波动时，比特币符合一价定律的特性使其已经成为对冲本币贬值风险的工具甚至本国资金外逃的渠道，且已成为新的金融风险源头，因此新兴市场国家对于比特币等虚拟货币交易应采取更为务实的态度与方法。

关键词：比特币；汇率；一价定律；购买力平价

---

　*　本文系国家社会科学基金重大项目课题"人民币加入 SDR、一篮子货币定值与中国宏观经济的均衡研究"（批准号：16ZDA031）子课题的中间阶段成果。

**　西　吴师范大学经济与工商管理学院博士研究生。马伟，北京师范大学经济与工商管理学院博士研究生。

一　引言

2018 年 8 月 10 日，新土耳其里拉（TRY）突然暴跌 18%，如此近乎崩溃的汇率立即引起以新土耳其里拉报价的比特币价格的跳涨。当天，比特币的土耳其价格上涨超过 18%，其后数个交易日，比特币的土耳其价格与其汇率同涨同跌，呈现明显的同步运动特征（见图 1）。与此同时，土耳其的比特币成交额迅速放大，当日交易量达到 2800 枚比特币，创下阶段性峰值（见图 2）。作为比较的是，在新土耳其里拉暴跌之前，比特币的土耳其价格与其汇率并没有展现出这样的同步性，甚至有轻微的负相关。无独有偶，阿根廷比索（ARS）兑美元汇率于 2018 年 8 月 30 日盘中暴跌超过 15%，再创历史新低，比特币的阿根廷价格在当天跳涨，从约 18 万 ARS 跳涨为 23 万 ARS，涨幅逾 27%，并在 9 月 4 日创下历史新高，约 29 万 ARS。[①] 然而，土耳其、阿根廷这些新兴市场国家的法定货币兑美元汇率与其比特币价格的高度同步现象尚未引起学术界的高度关注。

事实上，比特币这样一种虚拟货币与汇率这一重要的实体经济变量有密切的联系。长期以来，比特币的暴涨一直引发各方面对它的争论。舆论方面，主流媒体及专家都认为比特币暴涨是典型的投机泡沫，狂热的投机日益脱离实体经济发展的需要，比特币成为类似郁金香的投机资产。[②] 监管方面，美国商品期货交易委员会（CFTC）2015 年宣布比特币为大宗商品，与原油或小麦的归类一样[③]；英国央行表示比特币是一种货币，英国税务局则裁定比特币就是一种货币；中国人民银行等五部委于 2013 年发布文件认定比特币是"虚拟商品"[④]。理论上，比特币的设计原理使其边际供给递减，如果市场的需求曲线右移必定引起比特币价格上涨；随着"挖

---

① 参见 https://www.coingecko.com/en/price_charts/bitcoin/ars。
② 《比特币价格再现暴涨　狂热背后谨防泡沫风险》，新华网，http://news.xinhuanet.com/finance/2017-05/27/c_1121050599.htm，最后访问日期：2018 年 7 月 15 日。
③ 2015 年 9 月 17 日，美国商品期货交易委员会（CFTC）在一份监管指令文件中指出比特币及其类似虚拟货币是一种商品（Commodity），其交易适用于美国商品期货交易法（Commodity Exchange Act）。
④ 2013 年 12 月 3 日，中国人民银行、工业和信息化部、中国银行业监督管理委员会、中国证券监督管理委员会、中国保险监督管理委员会发布了《关于防范比特币风险的通知》。

图1 比特币的土耳其价格与新土耳其里拉汇率

注：本文里拉均指新土耳其里拉。

资料来源：Investing. com；Wind 数据库。

图2 比特币的土耳其价格及交易量

资料来源：Investing. com。

矿"的难度越来越大，对比特币有需求的人们更青睐于在交易平台上购买和交易比特币。也正是投机炒作比特币使其被用于消费支付的案例不多。①

---

① 《澳大利业业界呼吁认可比特币货币地位》，中国商务部，网址：http：//www. mofcom. gov. cn/article/i/jyjl/l/201410/20141000750899. shtml，最后访问日期：2017 年 5 月 13 日。

不可否认的是，比特币无论是作为投机资产还是支付手段，与实体经济的联系在逐渐加强。考虑到比特币的虚拟形态与跨国交易便利，我们可以认为关于可贸易商品（Tradeable Goods）的一价定律（the Law of One Price，LOOP）与购买力平价（Purchasing Power Parity，PPP）理论可用于比特币与汇率的研究，从而能够揭示土耳其发生的比特币与汇率高度联动的内在机制。

如本文第三部分所述，国内目前还没有使用比特币交易数据进行购买力平价研究的相关文献，在国际上也仅有一篇通过黑市大麻交易的比特币价格进行购买力平价的简单检验（Roure and Tasca，2014）的文献。本文采用了更加全面的比特币交易数据，进行了相同货币的跨市场的一价定律检验，以及覆盖主要交易国家的购买力平价检验，不仅为购买力平价的检验提供了新的视角，而且也检验了比特币"虚拟交易"是怎样受传统经济规律影响的以及分析了新兴市场国家的比特币等虚拟货币与其法定货币之间的交易在客观上存在成为资金外逃渠道的可能。

本文结构如下：第二部分是对比特币这样一种虚拟货币的简单介绍；第三部分是文献回顾，介绍近期有关比特币和一价定律、购买力平价的研究进展；第四部分是计量模型与数据说明；第五部分是实证结果与对比分析；第六部分是结论与政策建议。

二　比特币简介

比特币（Bitcoin）是一种加密货币（Cryptocurrency）和数字支付系统。据悉，其概念与理论最初由一批程序开发人员以中本聪（Satoshi Nakamoto）的名义发表于2008年的一篇技术文章，并于2009年以开源软件方式在互联网上运行。至此，作为数字支付系统的比特币是由以互联网匿名或假名用户为网络节点所组成的没有中介参与的点对点网络（Peer to Peer Network）与系统。这种交换系统的核心技术是被称为区块链（Blockchain）的公共分布式账簿（Public Distributed Ledger）技术。这种账簿所记载的则是由加密算法与计算机程序运算（业界称之为"挖矿"）产生的一串加密字符代码（亦称加密货币）。由于生成这串代码的概率随着运算量的增长以指数速率边际递减，并且人为设定了生成这串代码——"比特币"的总上限（约2100万枚），因此，比特币具有某种程度上的"稀缺性"。又由于交易系统没有中心化的数据存储设施和单一的发行者、管理者，因此这种"稀缺"数字代码又被业界称为分布式（或去中心化）数字货币（Decentralized Digital Currency），简称数字货币（Digital Currency）。可见，比特币等数字货币具有三个基本特征：一是加密技术与公共分布式账簿；二是脱离中央银行管控；三是不依赖商业银行的去中介化的点对点支付与转账（Peer to Peer Payment & Transfer）。比如比特币持有人 A 向 B 转账 1 枚比特币（或者 B 向 C），流程如图 3 所示，与传统的依赖商业银行转账不同的是，A 向 B（或者 B 向 C）转账是在没有中心节点（比如商业银行）的点对点网络中通过非对称加密（签名）生成记录转账信息的区块，并经所有比特币网络节点用工作量证明（Proof of Work）验证后由"矿工"记账确认，将该 1 枚比特币记入持有人 B 的"钱包"——匿名或者假名的数字地址。

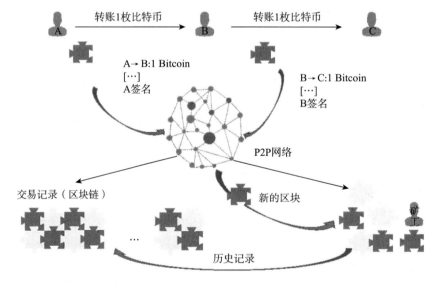

图 3　比特币转账原理

资料来源：作者绘图。

近几年，特别是在后全球金融危机的大背景下，比特币等数字货币①

---

① 据剑桥大学《2017 年全球加密货币基准研究报告》（2017 Global Cryptocurrency Bench-marking Study），截至 2017 年 3 月，全球的加密货币（数字货币）有 144 种，其中比特币占据 72% 的市场份额，成为全球规模最大、受众最多的加密货币（数字货币）。

被世界广泛关注，不仅吸引了众多技术人员，而且越来越多的投资机构和投资人将大量法定货币兑换成比特币，以期获得比特币"升值"的巨大收益。目前，全球形成了完整的"挖矿"、钱包、交换和支付比特币等数字货币的行业分工（见表1），其中交换比特币成为人们关注的焦点。

表1　数字货币行业分工

行业细分	职能	盈利模式
交换（Exchanges）	购买、出售和交易比特币等数字货币	向交易者和经纪机构收取交易手续费
钱包（Wallets）	存储数字货币	向数字货币持有人收取存储管理费
支付（Payments）	使用数字货币购买商品和服务	赚取支付服务费用
"挖矿"（Mining）	生成数字货币并在区块链上记账	赚取记账费用；直接出售数字货币，获得囤积数字货币的升值收益

资料来源：作者自行搜集整理。

比特币等数字货币交换服务进一步细分为：挂盘交易（Order-book Trading），即买方和卖方采用证券委托交易的方法向交易平台下达以法定货币为单位的买/卖价格（Bid/Ask）交易指令，由交易平台匹配双方交易指令，形成数字货币的市场价格，也即比特币等数字货币价格[①]；经纪服务（Brokerage Service），即与证券经纪服务一样，由中介机构代理买卖双方在交易平台买卖比特币等数字货币；交易平台（Trading Platform），还开展类似场外证券交易的数字货币交易，开发有关衍生品并提供交易服务。

目前，全球除了南北极地区外，北美、拉美、欧洲、亚太、非洲和中东地区均有数字货币交易平台（所），合计51个交易平台（所），其中英国的交易平台数量最多（占比18%），其次是美国（12%）、加拿大（6%）、中国（6%）、日本（6%），剩下52%分布在其他国家和地区。根据比特币交易量的市场份额，交易平台（所）的集中度较高，75%的交易量集中于8家大型数字货币交易平台，这些集中式交易平台依据所在国家和地区的法律提供一种或多种国家法定货币定价的比特币交易（见表2）。截至2017年3月，全球65%的比特币交易以美元定价，欧元、英镑、日

[①]　也有文章称之为比特币等数字货币汇率，意思与价格一样，都是指1枚比特币等数字货币兑换特定法定货币的数量，如比特币美元价格、比特币欧元价格等。

元、人民币分别占比 49% 、39% 、18% 和 14% 。

表 2　全球主要比特币交易平台（所）

平台	注册地	定价货币	市场份额	手续费水平
Bitfinex	中国香港	美元	16%	0.1% ~ 0.2%
bitFlyer	日本	日元	15%	免费
Kraken	美国	美元、欧元	10%	0% ~ 0.16%
OKCoin（币行）	中国	人民币	9%	平均 0.2%
Coinbase	美国	美元、欧元、英镑	7%	0% ~ 0.1%
Bitstmap	卢森堡	美元、欧元	7%	0.1% ~ 0.25%
BTCC（比特币中国）	中国	人民币	6%	0.1% ~ 0.2%
Huobi（火币网）	中国	人民币	5%	0.1% ~ 0.2%
LocalBits	芬兰	当地货币	—	0.5 ~ 200 欧元

注：不同于集中式交易平台，在 LocalBits 上来自不同国家的人们可以用本国货币购买到比特币。网站上的卖家发布出售比特币的广告，并说明付款方式和汇率。买家可根据广告内容选择直接在线交易或当面现金交易比特币。

资料来源：各平台官网、CoinDesk 及作者自行搜集整理。

自 2009 年以来，遍布全球的比特币交易活动不断推升比特币在当地的价格，使其急速上升，从比特币刚开始出现的时候 1 美元可兑换 1300 枚比特币，到 2017 年 5 月 1 枚比特币可兑换约 1700 美元，8 年时间比特币兑美元的汇率暴涨 221 万倍！[①]

三　文献回顾

（一）比特币

2008 年，中本聪的《比特币：一种点对点的电子现金系统》开创了比特币的研究。5 年后，比特币快速兴起，并吸引着经济学家和法学家研究比特币的经济与法律属性。Yermack（2013）认为比特币不符合货币定义中的交易媒介、储藏价值和记账单位的标准；比特币价格的波动性明显高于其他被广泛使用的货币，包括黄金，且比特币与这些货币和黄金的相关

---

① 《8 年暴涨 221 万倍　比特币价格是中国人炒上去的？》，新浪财经，http://finance. sina. com. cn/money/forex/bitcoin/2017 – 05 – 16/doc-ifyfeius8006658. shtml，最后访问日期：2017 年 7 月 13 日。

系数为零，表明比特币不能作为风险管理和对冲的工具；用比特币定价的消费品价格是 6 位小数，这无疑令零售商崩溃；比特币持有人当面临网络黑客盗窃比特币的风险时，却没有类似银行那样的存款保险机制，同时比特币也无法用于信贷领域，因此 Yermack 认为比特币是投机资产（Specu-lative Assets）而非货币。Glaser 等（2014）指出比特币供应量存在上限使得其作为一般交易媒介存在困难，他们发现多数的比特币用户将比特币视为投机资产而非支付手段。Böhme 等（2015）发现比特币交易时滞可能长达 1 小时，故极大地降低了比特币作为货币的可能性。

Kristoufek（2013）发现比特币价格与谷歌趋势（Google Trends）和维基百科（Wikipedia）搜索热度存在协整关系，潜在表明比特币价格与由好奇心驱动的投机泡沫存在稳健联系。Halaburda 和 Gandal（2014）的研究表明，比特币等数字货币在其早期阶段的价值由它们的竞争状况决定，由此造成初始阶段价格的波动，但后期的定价行为特征与金融资产无异，同时他们认为这也解释了 Kristoufek（2013）的发现。Dwyer（2015）认为区块链等新技术的应用和有限的比特币产量能够形成均衡并产生正的比特币价格（汇率）。Ciaian 和 Rajcaniova（2016）认为产生这种均衡的条件是交易成本低，并且发现宏观经济与金融发展并不支持比特币长期维持高价。Li 和 Wang（2017）研究了由技术因素与经济基本面决定美元定价的比特币价格的动态关系，认为短期内比特币价格有向经济基本面和市场状态调整的趋势，但从长期看比特币价格对经济基本面更为敏感，而对技术因素不敏感，特别是比特币价格对"挖矿"难度不敏感。

（二）购买力平价

购买力平价是国际金融领域的一个经典理论，可以说某种程度上每个国际经济学者内心深处都存在购买力平价理论（Dornbusch et al.，1976；Rogoff，1996）。长期以来关于购买力平价的实证检验也是学者的研究热点。检验的方法是通过两国的物价水平和名义汇率构造实际汇率，通过检验实际汇率的平稳性来进行购买力平价检验。采用的价格水平分为消费者价格指数（CPI）和生产者价格指数（PPI），采用的数据样本分为短期、中期和长期，还可根据数据类型细分为时间序列、横截面和面板数据。与理论的完美不同，购买力的实证检验表现并不好。Rogoff（1996）提出了"购买力平价之谜"。Alan M. Taylor 和 Mark P. Taylor（2004）指出现代宏观经济学中主要的谜题（Puzzles）就是购买力平价理论不能被完全证实。他们总结了三个"谜题"：一是长期购买力平价缺乏有力的证据，特别是布雷顿森林体系崩溃之后的时期；二是即使长期购买力平价成立，但实际汇率向购买力平价汇率（PPP Exchange Rate）调整的速度极其缓慢；三是实际汇率在短期和长期行为的不一致性（短期波动，长期均衡）。一般认为实证中购买力平价不成立的主要原因是交易成本，具体表现为信息不对称、关税和非贸易壁垒、运输成本、不同的税收制度等一系列阻碍跨国（地区）套利均衡的制度和非制度因素。

为了解决这些问题，学者们采用了各种办法。有些学者着眼于检验购买力平价的微观机制——一价定律。Parsley 和 Wei（1996）对 1975～1992 年美国 48 个城市的 51 种商品和服务的价格进行了检验，发现一价定律是成立的。Crucini 等（2005）通过对欧盟 13 个国家超过 1800 种商品和服务的绝对数据进行了一价定律和购买力平价检验，研究发现不同国家的价格差异和商品本身的不可贸易成本投入的比例相关。最近的研究还包括购买力平价的非线性检验（Taylor，2006），聚焦于金融危机之后的结构突变研究（Iyke and Odhiambo，2017）等。

比特币数据交易的特点理论上也要符合购买力平价，让我们产生了检验其价格数据是否符合购买力平价的动机。同时，比特币也是用来进行购买力平价检验的很好的"商品"。目前，采用比特币数据进行购买力平价检验的文章只有 Roure 和 Tasca（2014）。该文章采用美国的大麻交易市场的比特币价格、美元价格以及比特币的美元价格数据，用简单线性模型检验绝对购买力平价，认为不同的信息传播速度导致比特币市场存在套利均衡，而美国市场（美国大麻交易市场）不存在这样的均衡。因此，在比特币这样的无摩擦经济中，购买力平价是成立的，并且套利的速度取决于市场中信息传播的速度。

四　模型与数据说明

（一）模型简介

对于购买力平价检验的一个思路是先检验其微观机制一价定律（Crucini 等，2005），使用商品的绝对价格数据，检验商品的绝对价格在不同地区的价格偏离情况。检验公式是：

$$d^t = \frac{std(P_i^t)}{E(P_i^t)} \qquad (1)$$

其中 $std(P_i^t)$ 描述的是 t 时刻，某商品的价格在不同地区的标准差，衡量整体偏离程度，除以 t 时刻该商品的价格在不同地区的均值 $E(P_i^t)$，剔除了商品本身的价格因素，用于衡量商品价格在不同地区的偏离程度（即变异系数）。d^t 越小，表示商品在不同地区的价格差异越小，一价定律在更强的意义上成立。

更一般的，购买力平价由式（2）表示：

$$R_t = \frac{E_t P_t^*}{P_t} \qquad (2)$$

其中，R_t 是一国的实际汇率，E_t 是一国直接标价法下的名义汇率，P_t 和 P_t^* 分别表示国内和国外的价格水平。对式（2）两边取对数，可以表示如下：

$$r_t = e_t + p_t^* - p_t \qquad (3)$$

如果实际汇率的对数值 r_t 是一个平稳的时间序列，那么说明实际汇率是一个均值回归（Mean-reversion）的过程，购买力平价在较弱的意义上成立；如果 r_t 是一个有单位根的序列，则意味着实际汇率是一个随机游走的过程，购买力平价就不成立。因此，对购买力平价的检验主要就在于对实际汇率的平稳性（单位根）检验。关于价格水平的选取，相关的研究主要分为选取消费者价格指数和生产者价格指数等。在实证检验中表现较差，很多学者发现数据很难拒绝实际汇率的非平稳性，被称为"购买力平价之谜"（Rogoff，1996）。Christin（2013）对比特币进行深入分析后发现，在 2012 年 2 月至 8 月观察区间内，9% 的比特币交易发生在"丝路"①（Silk Road）上，认为丝路上用比特币定价的大麻可以近似代表真实世界的价格

---

① "丝路"是一个利用 Tor 网络的隐秘服务来运作的黑市购物网站，Tor 的服务保证了网站用户的匿名性。你能想到的东西都有可能在里面找到。只要你情我愿，就可以形成一笔买卖。毒品、性奴、儿童色情、私人杀手，这里没有"非法交易"，用比特币结算还使得交易变得无法追踪，从而受到了大量毒贩的青睐。2013 年，美国联邦调查局（FBI）捣毁了丝路，并且逮捕了该网站的持有人 Ross Ulbricht。

指数。

本文选取的比特币价格是这样一种特殊的价格，即把比特币看作一类特殊的商品，它不存在运输成本，交易成本很低，而且可以随意跨境流动（不存在关税和非关税壁垒），采用比特币交易数据进行购买力平价实证检验有很大的优势。从理论上来说，是进行上述一价定律和检验的很好的对象。

（二）数据说明

本文选取了全球范围内主要国家的比特币交易数据。其中，有些国家存在多个比特币交易平台①，不同交易平台的报价会有不同；不同国家的交易平台也可能相同，那么相同的交易平台就会有多种货币定价的比特币交易。本文采纳的各个国家比特币交易平台的情况如表 3 所示。

表 3　本文采纳的各国比特币交易平台

序号	货币	名称	交易平台
1	ARS	阿根廷比索	LocalBits
2	AUD	澳大利亚元	BTC Markets
3	BRL	巴西雷亚尔	LocalBits
4	CAD	加拿大元	Kraken
5	CHF	瑞士法郎	LocalBits
6	CNY	人民币	BTChina, OKCoin
7	CZK	捷克克朗	LocalBits
8	DKK	丹麦克朗	LocalBits
9	EUR	欧元	BTCDE, BTC-e, HitBTC, itBit, LocalBits, RockBit
10	GBP	英镑	Coinfloor
11	HKD	港币	LocalBits
12	IDR	印度尼西亚卢比	Biciod
13	ILS	以色列新谢克尔	Bit2C
14	INR	印度卢比	LocalBits
15	JPY	日元	Coincheck

---

① 在本文的样本中，中国、欧盟、新加坡和美国都存在这样的情况。

续表

序号	货币	名称	交易平台
16	NZD	新西兰元	BitNZ
17	SGD	新加坡元	FYB-SG，itBit
18	THB	泰铢	LocalBits
19	USD	美元	BitKonan，Bitstamp，HitBTC，itBit，Kraken，LocalBits，RockBit

资料来源：作者自行搜集与整理。

本文采用的时间区间是 2015 年 3 月 24 日 ~ 2017 年 3 月 23 日的每日交易数据，选取比特币每日交易的加权平均价格。各国比特币价格的描述性统计见表 4。在样本期内，各个币种的比特币价格都有大幅度的上涨，波动幅度也很大。同时，由于汇率的原因，各个币种的比特币价格有显著的差距。

表 4 本文采纳的各国比特币价格的描述性统计

序号	货币	均值	标准差	最大值	最小值
1	ARS	7833	4444	20719	2565
2	AUD	621	267	1499	285
3	BRL	1827	822	4040	670
4	CAD	908	289	1696	531
5	CHF	544	288	1630	180
6	CNY	3778	1999	8327	1351
7	CZK	12703	6574	33724	5212
8	DKK	3727	1871	10638	1286
9	EUR	470	231	1209	194
10	GBP	378	222	1048	140
11	HKD	4099	2044	10238	1541
12	IDR	6765366	3395239	16858968	2873989
13	ILS	1951	967	4561	826
14	INR	34549	19029	94464	13798
15	JPY	57740	28843	148945	25723
16	NZD	668	301	1648	290
17	SGD	712	369	1838	284
18	THB	17690	9013	45049	6801
19	USD	516	250	1272	222

资料来源：作者自行搜集与整理。

图 4 显示了美国和中国各自的最大交易平台（Bitstamp 和 OKCoin）的比特币交易价格在样本期间内的价格走势。在两年时间内，比特币价格虽然有波动，但是有明显的上升趋势，以人民币价格为例，1 枚比特币兑人民币的汇率从 1500 元人民币上升到 7200 元人民币，上升了约 4 倍。本文还用到相关的名义汇率数据，采用样本期间内各货币兑美元的汇率，汇率数据来自美联储网站。

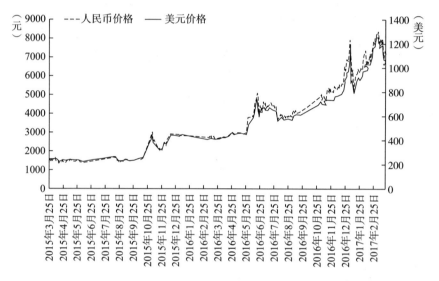

图 4　2015 年 3 月 24 日~2017 年 3 月 23 日比特币的价格走势
资料来源：比特币交易平台及作者整理。

五　购买力平价的实证检验：来自比特币交易的证据

本文通过最近两年比特币在不同国家的交易价格（汇率）数据，以及各货币兑美元的名义汇率，构造实际汇率，并对实际汇率进行单位根检验，来实证检验购买力平价在这个意义上是否成立。

（一）比特币价格的一价定律检验

如前所述，同一个国家可能存在多个比特币交易平台，并提供不同的交易报价，这一部分首先检验比特币同一货币不同交易平台的报价是否符合一价定律。比特币的美元报价和欧元报价都存在上述情况。① 对于比特币的美元价格，有 7 个交易平台的报价：BitKonan，Bitstamp，HitBTC，it-Bit，Kraken，LocalBits，RockBit。去除没有交易报价的日期，把 7 个交易平台价格进行匹配之后，共有 663 个观测值。对于比特币的欧元价格，有 6 个交易平台的报价：BTCDE，BTC-e，HitBTC，itBit，LocalBits，RockBit。去除没有交易报价的日期，6 个交易平台价格进行匹配之后，共有 688 个观测值。根据式（1）分别计算它们的变异系数。比特币的美元价格变异系数见图 5，比特币的欧元价格变异系数见图 6。

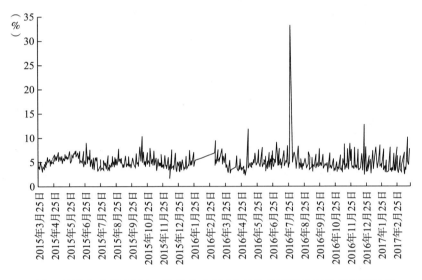

图 5　2015 年 3 月 24 日~2017 年 3 月 23 日比特币的美元价格变异系数
资料来源：作者整理计算。

从图 5 和图 6 可以看出，除个别日期外，无论是对于比特币的美元报价还是对于比特币的欧元报价，多个交易机构的价格的偏离幅度大都在 10% 以下，可以认为其很好地符合一价定律。其中美元和欧元都出现了个别日期的极端值情况，美元的极端值出现在 2016 年 7 月 30 日（33.0%），欧元的极端值出现在 2016 年 3 月 31 日（24.4%）、2016 年 4 月 3 日（18.7%）和 2016 年 4 月 4 日（21.2%）。这些极端值的出现是因为个别

---

① 对于比特币的人民币和新加坡元报价，因为只存在两个交易平台，所以此处没有进行下述的一价定律检验。

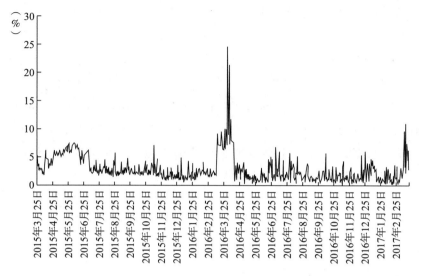

图 6 2015 年 3 月 24 日 ~ 2017 年 3 月 23 日比特币的欧元价格变异系数
资料来源：作者整理计算。

交易所出现了报价异常。

（二）比特币价格的购买力平价检验

利用比特币的多种货币价格，可以进行传统的购买力平价检验。在式
（3）中，把美国作为"外国"，比特币的美元价格作为外国价格水平，分
别选取除美国以外的其他国家的比特币价格作为本国价格水平，进行传统
的购买力平价检验。

1. 同一交易平台美元和欧元报价的检验

同一交易平台可能存在多种货币的比特币报价，对同一交易平台不同
货币报价进行购买力平价检验，可以规避不同交易平台交易机制不同对比
特币价格可能产生的影响。有 4 个交易平台，即 HitBTC，itBit，LocalBits，
RockBit 同时提供比特币的美元和欧元报价。选取欧元兑美元的名义汇率，
对汇率数据以及 4 个交易平台进行数据匹配之后，共有 499 个观测值。根
据式（3），构造实际汇率，并用 ADF 检验、PP 检验以及 KPSS 检验三种
方法进行单位根检验，检验结果见表 5。

表 5 单位根检验的结果显示，除了 itBit 交易平台价格所构造的实际汇
率没有通过 KPSS 检验之外，其他 3 个交易平台价格构造的实际汇率都通
过了三种形式的单位根检验，即实际汇率的平稳性检验。可以认为，对于

同一交易平台的不同货币定价的比特币价格,排除了交易平台交易机制不同可能带来的影响,比特币交易价格是符合购买力平价的。

表 5　同一交易平台美元和欧元报价的检验

平台	ADF 检验	PP 检验	KPSS 检验
HitBTC	− 5.68 ***	− 13.02 ***	0.205
itBit	− 18.48 ***	− 18.40 ***	0.050 ***
LocalBits	− 14.92 ***	− 16.18 ***	0.149
RockBit	− 17.56 ***	− 17.60 ***	0.274

注:*、** 和 *** 分别表示在10%、5% 和 1% 的水平下显著。ADF 检验的最优滞后阶数采用 AIC 准则。KPSS 检验的原假设是序列平稳,与 ADF 检验和 PP 检验相反。下面的表格注释同此处。

2. 全球主要国家的报价检验

把上述检验方法进一步扩展到多个国家的比特币报价数据。这里,不同国家的交易数据可能来自相同的交易平台,也可能来自不同的交易平台。考虑到美元和欧元的数据前述部分已经进行了详细的检验,并且继续把美元报价作为"外国"价格,所以没有继续讨论欧元报价。在进行数据匹配过程中,港币、加拿大元和新西兰元由于报价缺失数据较多,在此并未采用。中国的比特币报价数据将在下一部分进行专门讨论,这一部分共选取了剩下的 13 种货币定价的比特币报价进行检验。如果一国存在多个交易平台的价格数据,选取交易量最大的交易平台的数据,如美国选取的是 Bitstamp 交易平台数据,新加坡选取的是 FYB-SG 交易平台数据。所有的名义汇率都选取各国货币兑美元的汇率,进行数据匹配之后,共有 400 个观测值(澳大利亚元价格数据在 2017 年 1 月 23 日后缺失,共 364 个观测值)。根据式(3)利用上述数据构造实际汇率,并用 ADF 检验、PP 检验和 KPSS 检验方法进行了单位根检验,检验结果见表 6。

表 6　多国比特币报价数据的检验

序号	货币	ADF 检验	PP 检验	KPSS 检验
1	ARS	− 1.49	− 1.633 *	1.64 ***
2	AUD	− 2.99	− 2.90	0.14
3	BRL	− 2.03 **	− 3.59 ***	0.26

续表

序号	货币	ADF 检验	PP 检验	KPSS 检验
4	CHF	− 3. 21 ***	− 13. 98 ***	0. 095
5	CZK	− 18. 13 ***	− 19. 11 ***	0. 28
6	DKK	− 2. 67 ***	− 12. 12 ***	0. 18
7	GBP	− 3. 13 ***	− 13. 90 ***	0. 10
8	IDR	− 5. 18 ***	− 9. 15 ***	0. 21
9	ILS	− 4. 54 ***	− 8. 30 ***	0. 13
10	INR	− 3. 13 ***	− 4. 61 ***	1. 30 ***
11	JPY	− 3. 88 ***	− 7. 47 ***	0. 45
12	SGD	− 9. 88 ***	− 16. 71 ***	0. 11
13	THB	− 6. 80 ***	− 12. 39 ***	0. 08

表 6 显示，阿根廷比索价格构造的实际汇率仅在 10% 的显著性水平下通过了 PP 检验，澳大利亚元价格构造的实际汇率仅通过了 KPSS 检验，印度卢比没有通过 KPSS 检验。其他 10 种货币价格构造的实际汇率都通过了三种形式的单位根检验。多国货币的比特币价格也可以通过购买力平价检验。

3. 中国的比特币交易数据检验

考虑到我国的资本市场目前还没有完全开放，资本流动还受到很多限制，所以，本节把中国数据单独进行检验。采用的方法与上面相同，仍然以美元价格为基准。中国存在两个较大的比特币交易平台，BTChina 和 OKCoin，下文对这两个平台的报价进行检验。在与汇率数据进行匹配之后，OKCoin 交易平台报价共有 327 个观测值；BTChina 交易平台报价进行匹配之后共有 463 个观测值。仍然根据式（3）构造实际汇率，并用 ADF 检验、PP 检验和 KPSS 检验方法进行了单位根检验，CNY 的检验结果见表 7。

表 7 人民币比特币报价数据的检验 （CNY 汇率）

平台	ADF 检验	PP 检验	KPSS 检验
BTChina	− 4. 73 ***	− 7. 08 ***	0. 27
OKCoin	− 5. 50 ***	− 5. 38 ***	0. 23

当名义汇率采用 CNH 汇率时，实际汇率的单位根检验结果见表8。

表8　人民币比特币报价数据的检验（CNH 汇率）

平台	ADF 检验	PP 检验	KPSS 检验
BTChina	− 4.85 ***	− 8.95 ***	0.10
OKCoin	− 4.89 ***	− 6.54 ***	0.46

从表7和表8可以看出，国内两个交易平台的比特币价格数据构造的实际汇率都可以通过三种形式的单位根检验；采用 CNH 汇率构造的实际汇率，结果没有显著变化。人民币的比特币价格数据也可以通过购买力平价检验。

（三）汇率剧烈波动时期比特币价格的购买力平价检验

2018 年以来，由于美联储加息等因素的影响，许多新兴市场国家的货币出现了显著的贬值，比较显著的有引言中提到的新土耳其里拉，人民币也曾出现较大幅度的贬值。与此同时，相应的比特币价格也同步出现大幅的波动。在这样的背景下，比特币价格是否仍符合购买力平价呢？本部分使用 2018 年 4 月 1 日到 2018 年 9 月 19 日的数据，采用上述同样的方法，根据式（3）构造实际汇率，并用 ADF 检验、PP 检验和 KPSS 检验方法进行了单位根检验，对新土耳其里拉和人民币的检验结果见表9。

表9　里拉和人民币比特币报价数据的检验

货币	ADF 检验	PP 检验	KPSS 检验
TRY	− 5.22 ***	− 5.22 ***	0.09
CNY	− 6.09 ***	− 6.34 ***	0.70

注：此处的比特币价格数据来自"英为财情"，https://cn.investing.com/，其中，比特币的美元价格数据为 Bitfinex 平台数据，里拉价格数据为 Paribu 平台数据，人民币价格数据为 ANX 平台数据。里拉和人民币兑美元汇率数据来自美联储网站。

从表9可以看出，2018 年 4 月以来，尽管里拉和人民币兑美元汇率出现了较大幅度的贬值，特别是里拉，相应的比特币价格也都出现了大幅的波动（见图1），即比特币的里拉和人民币价格出现了相应幅度的上涨，利用相应数据构造的实际汇率仍然可以通过三种形式的单位根检验。

作为与新兴市场国家的一个对比，我们注意到在此前英国脱欧公投时，英镑兑美元汇率也曾在 2016 年 6 月 24 日出现超过 10% 的跌幅。图 7 给出了 2016 年 1 月到 9 月英镑兑美元的汇率，比特币的英镑价格及交易量情况。通过图 7 可以看到，在英镑汇率出现大幅贬值时，比特币的英镑价格有一定程度的上涨，但是其上涨幅度相对于其汇率变动来说，相对较小。

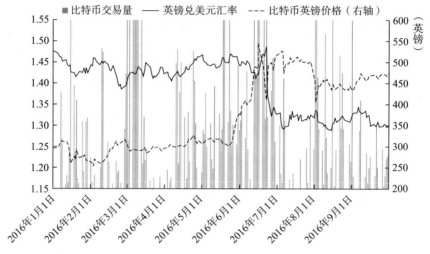

图 7　英国脱欧期间英镑汇率及比特币交易情况

注：左轴比特币交易量单位是 1000 枚。
资料来源：作者整理计算。

上述对新兴市场国家（土耳其和中国）和发达国家（英国）发生汇率大幅波动时候的分析，从侧面证明了在一国汇率出现大幅波动时，比特币价格会迅速做出反应，信息在比特币市场的传播是非常及时和充分的。在汇率出现大幅波动，特别是出现显著的贬值趋势时，比特币可以作为某种程度上的"外汇中介"。对于新兴市场国家来说，特别是对于资本管制的国家来说，通过将比特币作为中介，居民可以将本币转换为外币以对冲本币贬值的汇率风险。在这个意义上，比特币可能成为资金外逃的工具。但是对于发达国家，特别是资本完全自由流动的国家来说，当发生汇率贬值时，由于居民可以直接把本币兑换为外币，比特币的这种"外汇中介"作用则明显微弱，特别是对于以英镑价格购买比特币的交易者而言，此时更需要以美元价格卖出比特币，这成为比特币英镑价格在英镑汇率暴跌时同步下跌的一个理论解释。

六　结论与政策建议

（一）基本结论

本文首次使用了全球主要国家的比特币交易价格数据，进行购买力平价检验。这是第一次采用如此丰富的比特币价格数据进行购买力平价检验。文章使用跨市场的变异系数来检验一价定律，用实际汇率的单位根检验（ADF 检验、PP 检验、KPSS 检验）来检验购买力平价。文章还使用英镑在"脱欧"贬值期间以及最近的"里拉危机"期间的数据来对比分析了新兴市场国家和发达国家面临的加密货币交易风险的不同。

本文分析表明，若将比特币视为特殊商品，在不同交易市场上的同种货币定价的价格是符合一价定律的；加入了汇率因素之后，无论是对于同一交易平台的欧元和美元报价，还是采用了多个国家货币的报价，以美元为基准进行检验，都发现符合购买力平价。比特币作为一种"虚拟资产"，它的交易并不完全是一种投机，同样要受到真实经济（汇率）的影响。比特币作为一种"数字货币"，它作为货币支付功能所能"购买"的商品目前还非常有限。比特币的"价值"主要还是体现在它的"交换价值"上，即它与各国货币的比价上，并最终体现在各国货币的购买力上。所以，比特币的价格是符合购买力平价的。

比特币交易虽然符合购买力平价，某种程度上可以为外汇市场上的交易提供参考。但是，本文也并非认为可以通过比特币价格完全预测外汇市场的交易汇率。比特币交易并不能决定真实的外汇交易，而是通过比特币交易的套利机制对外汇市场做出反应。同时，作为虚拟交易，某些情况下还会出现极端的偏离情况。目前，比特币的全球交易量与外汇市场相比，还非常小。

中国作为全球比特币交易最为活跃的国家，检验结果发现，中国的数据也是符合购买力平价的。在我国资本市场尚未完全开放的背景下，这一方面反映了人民币汇率波动性增强，市场化程度提高。另一方面也说明，中国市场交易的投机性更强。本文认为，中国的比特币市场投资者很多，换手率也很高。为了使货币资产增值保值，同时规避外汇管制，很多市场参与者选择进行比特币投资。所以，中国市场的比特币交易，某种程度上更能反映市场对于人民币汇率的预期。与 NDF 市场反映的人民币汇率相比，中国的很多比特币交易者同时也是国内外汇市场的参与者，而 NDF 市场的参与者主要是境外投资者。所以比特币交易所反映的汇率预期会提供更多的信息，这也是未来使用比特币数据研究的一个可能的方向。

（二）政策建议

使用汇率大幅贬值期间的数据研究从一个侧面揭示了土耳其发生的汇率崩溃期间比特币的本币交易高度同步的经济学原理，且与英镑汇率暴跌期间比特币的英镑交易形成鲜明对比，这一发现对于中国防范金融风险，特别是汇率风险有以下政策启发。

第一，现阶段，新兴市场国家对于比特币这样的数字货币或虚拟货币，监管政策不应对标发达国家的态度与标准。尽管国内有不少人对于中国政府禁止比特币等虚拟货币（代币）发行、交易与融资持有异议，声称监管部门应该对标发达国家的"包容"态度以鼓励创新，但本文的分析表明，对于新兴市场国家无论是否存在外汇管制，国际环境与外汇市场的剧烈波动使得比特币已经成为对冲本币贬值风险的工具甚至本国资金外逃的渠道，并完全脱离监管，这无疑成为新的金融风险源头。作为对比的是，对于货币可自由兑换的发达国家，富有弹性的汇率制度与成熟的金融市场足以吸收比特币等虚拟货币交易的波动性与风险。因此，国情的巨大差异决定了新兴市场国家对于比特币等虚拟货币交易应采取更为务实的态度与方法。

第二，对于中国而言，党中央与国务院提出"防范化解重大风险"是"三大攻坚战"的第一任务。防范跨境资金流动风险，严厉打击各类外汇违法违规活动，维护外汇市场健康良性秩序是防范化解外汇领域重大风险的基本要求。比特币等虚拟货币与外汇市场高度联动，已经成为跨境资金流动的一个难以管理的"暗道"，因此，短期内相关监管部门与地方政府应坚持监管定力，加大落实最近银保监会、中央网信办、公安部、中国人民银行和市场监管总局联合发布的《关于防范以"虚拟货币""区块链"名义进行非法集资的风险提示》等系列监管文件，切实切断比特币等虚拟货币与外汇的交易渠道，这也是预期管理的一个抓手。

第三，前述的英镑案例对于中国扩大金融市场开放，有序推进人民币资本项目可自由兑换有重要启示：只有继续深化金融改革，扩大金融服务市场开放，特别是持续深化外汇管理改革，扩大外汇市场开放，有序实现人民币资本项目可兑换，才能从根本上消除比特币等虚拟货币作为对冲本币汇率风险的"地下"需求，进而截断比特币等虚拟货币与汇率的真实联系。

参考文献

Alba, D., and Papell, H., "Purchasing Power Parity and Country Characteristics: Evidence from Panel Data Tests", *Journal of Development Economics*, 2007, 83 (1).

Böhme, Rainder, Nicolas Christin, Benjamine Eedelman, and Tyler Mooer, "Bitcoin: Economics, Technology and Governance", *Journal of Economic Perspectives*, 2015.

Christin, N., "Traveling the Silk Road: A Measurement Analysis of a Large Anonymous Online Marketplace", Proceedings of the 22nd International Conference on World Wide Web ACM, 2013.

Ciaian, P., and Rajcaniova, M., "The Economics of Bitcoin Price Formation", *Journal of Applied Economics*, 2016, 48 (19).

Crucini, M. J., Telmer, C. I., & Zachariadis, M., "Understanding European Real Exchange Rates", *The American Economic Review*, 2005, 95 (3).

Dornbusch, R., Krugman, P., Cooper, R.N., "Flexible Exchange Rates in the Short Run", *Brookings Papers on Economic Activity*, 1976, (3).

Dwyer, Gerald P., "The Economics of Bitcoin and Similar Private Digital Currencies", *Journal of Financial Stability*, 2015, 17.

Glaser, F., et al., "Bitcoin-Asset or Currency? Revealing Users' Hidden Intentions", *ECIS*, 2014.

Halaburda, H., and Gandal, N., "Competition in the Cryptocurrency Market", *NET Institute Working Paper*, 2014.

He, H., Ranjbar, O., and Chang, T., "Purchasing Power Parity in Transition Countries: Old Wine with New Bottle", *Japan and the World Economy*, 2013, 28.

Iyke, Bernard Njinda, and Nicholas M. Odhiambo, "Foreign Exchange Markets and Purchasing Power Parity Theory: Evidence from Two Southern African Countries", *African Journal of Economic and Management Studies*, 2017, 8 (1).

Kristoufek, L., "Bitcoin Meets Google Trends and Wikipedia: Quantifying the Relationship between Phenomena of the Internet Era", *Scientific Reports*, 2013, 3.

Li, Xin, and Chong Alex Wang, "The Technology and Economic Determinants of Cryptocurrency Exchange Rates: The Case of Bitcoin", *Decision Support Systems*, 2017, 95.

Parsley, D. C. , Wei, S. J. , "Convergence to the Law of One Price without Trade Barriers or Currency Fluctuations", *Quarterly Journal of Economics*, 1996, 111 (4) .

Rogoff, K. , "The Purchasing Power Parity Puzzle", *Journal of Economic Literature*, 1996, 34 (2) .

Roure, C. , and Tasca, P. , "Bitcoin and the PPP Puzzle", *SRC Discussion Paper*, 2014.

Taylor, Alan M. , and Mark P. Taylor, "The Purchasing Power Parity Debate", *Journal of Economic Perspectives*, 2004, 18 (4) .

Taylor, Mark P. , "Real Exchange Rates and Purchasing Power Parity: Mean-reversion in Economic Thought", *Applied Financial Economics*, 2006, 16.

Yermack, David, "Is Bitcoin a Real Currency? An Economic Appraisal", *NBER Working Paper*, 2013.

金融科技发展对传统金融机构的影响

——基于我国 25 家上市商业银行的分析

代杨龙[*]

摘　要　本文以金融共生理论、产业融合理论为基础，探讨了金融科技发展水平持续提升环境下，传统商业银行盈利水平受金融科技的影响。首先，构建金融科技发展指数指标体系；其次，以我国 25 家上市商业银行作为样本，利用面板数据构造多元回归模型进行假设检验。结果表明：金融科技发展水平与传统商业银行的盈利水平之间存在显著的"U"形关系。研究提出了衡量金融科技发展水平的新视角，有利于分析当前经济环境下传统金融机构与新兴金融科技企业间的竞争合作关系。为提高银行绩效、规避金融风险，商业银行应主动应用金融科技，同时政府等监管机构应采取相应监管模式，并出台政策促进银行与金融科技企业间的产业融合。

关键词：金融科技；金融共生理论；产业融合理论

一　引言

作为近年来金融业的一项新兴产业，金融科技（FinTech）是金融（Financial）和技术（Technology）相融合的产物，其旨在将以 IT 技术为核

---

*　代杨龙，西北大学公共管理学院 2016 级本科生，研究方向为公共政策管理、产业结构调整。

心的网络信息技术运用于金融服务业，强调利用前沿技术重塑金融行业。近年来，金融科技公司已将其业务范围从网上支付系统拓展至更前沿的金融服务，包括货币市场基金、借贷服务、互联网金融产品以及以互联网为基础的私人银行等。金融科技的进步与经济社会的高度融合，一方面对传统金融业产生巨大的影响；另一方面也重塑了消费者的支付、购买、投资方式（Sun et al.，2017）。因此研究金融科技对传统金融机构的影响路径，从而得到相应的对策，是目前应重点研究的方向。

中国信息通信研究院认为金融行业的信息科学技术应用分为三个阶段。第一阶段是金融电子化发展，其以通信网络和数据库为基础，运用 IT 软硬件实现办公电子化。金融电子化提升了金融业服务和管理水平，提高了业务处理效率。此阶段代表性的产品和服务有银行的核心交易系统、账务系统、信贷系统等。第二阶段是互联网金融发展，其将互联网技术和金融服务深入融合，实现渠道网络化。互联网技术的发展催生出金融业大量新的业务模式、载体，此阶段代表性的产品和服务有网上银行、互联网基金销售、互联网借贷等。第三阶段则是金融科技发展，金融科技是互联网金融更侧重于新兴科技、更面向普惠金融的发展形式，金融机构将大数据、云计算、人工智能和区块链等前沿技术深度应用于金融领域，通过变革业务流程以推动服务创新。其将传统金融业务进行分解，提供自动化、精细化和智能化业务运营，有效降低成本，提升效率。此阶段代表性应用包括大数据征信、智能投顾、风险定价、量化投资等（中国信息通信研究院金融科技研究团队，2018）。

金融科技作为当前时期应用在金融行业最前沿的信息科技，随着人工智能、区块链、云计算、大数据等新兴技术的发展与应用，正迅速地重塑金融产业生态。在当前我国经济发展新常态下，针对金融科技发展对传统商业银行盈利水平的作用机制进行研究，分析商业银行在金融科技企业规模不断扩大背景下的应对方式以及政府的政策导向，对进一步促进我国金融领域健康发展，降低金融风险具有一定的理论意义和现实价值。

基于此，本文首先对金融科技发展原因、金融科技发展指数指标体系构建、金融科技与传统金融关系的诸多观点进行梳理与综述。在金融科技发展指数指标体系的构建中，从多维度甄选了技术因素、经济因素与产出水平等指标以客观反映金融科技发展水平。同时，本文以建立的金融科技发展指数作为解释变量，以我国沪深两市 A 股 25 家上市商业银行为样本，并根据上述商业银行 2013～2017 年财务报表数据，以总资产收益率和总资本收益率这两项商业银行的主要收入指标作为商业银行盈利水平的替代变量，即被解释变量，分析金融科技发展与商业银行盈利水平之间的关系，从而探究金融科技对传统金融的影响。

二 文献综述

（一）金融科技发展原因分析

综合相关文献，本文将已有文献对金融科技发展原因总结为三类：技术驱动因素、内生需求因素和环境利好因素。

从金融科技的本质来看，金融科技的实质是科技，其运用尖端技术给金融业带来重大变革，自 1990 年以来的互联网革命对金融市场产生了深刻的影响，其中最重要的影响结果就是降低了金融交易成本。由互联网革命驱动的技术发展改变了金融服务产业的结构，并进一步导致了电子金融的技术发展（Lee and Shin，2018）。电子金融的技术发展提高了金融服务的效率，极大程度地释放了社会资源，有利于扩大金融市场规模（崔子腾等，2017）。

从金融科技的时代背景来看，在经济增长的过程中，其他领域的新技术通过促进组织创新、专业化及生产创新，提升了全要素生产率。信息化改变当前社会现有分工模式，改变了经济配置方式，导致了产业结构转型升级，从而产生了新的经济增长点，转变了经济发展方式，从内生需求层面深刻影响金融业的发展（曹越，2017）。

从宏观经济环境来看，金融科技的发展与当下全球互联网金融盛行以及发展普惠金融的需要密切相关。世界银行认为充分享有金融服务是一国居民的基本权利，因此为突破传统金融机构与客户之间的时间差、空间差和信息不对称等障碍，有效地提供普惠金融服务（钟鸣长，2017），金融科技的发展具备适宜的客观环境。也有国内学者从供给侧改革角度出发，认为金融科技的发展填补了我国传统金融供给不足的空白，为普惠金融和共享金融提供了新的解决方案，起到促进实体经济健康发展的作用（王淳，2017）。

在上述文献的基础上，本文引用生物学中的反馈调节模型，认为金融科技发展的原因与结果构成了正反馈调节系统：技术驱动、内生需求和环境利好作为信息起到促进金融科技发展的作用，而金融科技发展的结果反过来又作为信息调节该系统的运作，即金融科技发展的新兴技术产业要求一系列与之匹配的或在原有基础上进一步优化的技术的产生与发展，不同技术之间存在协同性和互补性，从而形成范围经济；金融科技发展过程中产生了连带效应，金融系统为了拓展连带效应中的积极因素与克服连带效应中的消极因素，从内部需求层面刺激金融科技不断优化发展；金融科技产生的新兴产业带来的巨大利益增长点使各国和各企业从战略和管理层面对其重视认可，金融科技从被动地响应宏观经济环境要求进行发展，转变为主动进行革新发展以改变经济环境，从而促进金融科技企业的发展。

明确金融科技发展的原因可以更准确地建立金融科技发展指数指标体系，为后续研究金融科技领域发展具有一定意义。

（二）金融科技发展对传统金融的影响

金融科技作为新兴产业，目前国内关于其发展对传统金融业影响的研究相对较少，此外新领域下相关数据的匮乏使得现有文献大多采用定性推理的研究方法，采用定量分析与实证检验的文献较少。当前学术界普遍认为金融科技发展对传统金融来说是典型的"破坏式创新"，即金融科技发展对传统金融兼具促进和抑制二重性。

基于金融体系视角，以数字化为核心的金融科技打破了金融业内部长期形成的明确分工与合作体系，在个人银行业务、中小企业信贷业务与支付业务领域引领整个金融业的革命，对现有传统金融机构，特别是银行机构产生较大冲击，迫使金融业迈入重塑进程（巫云仙，2016）。谢治春等（2018）以企业战略管理理论为基础，采用多案例研究方法分析了金融科技对商业银行战略转型的影响，其研究结果表明金融科技会推动不同规模和资金实力的商业银行进行差异化发展和战略转型，其中大中型银行倾向于闭环生态型或开放性银行战略，小型银行倾向于细分市场型或垂直分工型。

基于产业结构视角，朱俊杰等（2017）运用动态计量模型分析了金融科技发展对我国产业结构升级的影响，研究指出金融科技发展与我国第三产业内部结构优化存在先促进、后抑制、再促进的长期均衡关系。短期内，金融科技的发展促进金融服务业的效率和规模迅速提升，对第三产业结构优化产生积极影响；从长期看，金融科技发展会在一定程度上颠覆传统经营模式，造成传统服务业营业收入的锐减，对第三产业结构优化具有较大的负向影响，该负向影响直至新主导产业产生并存在稳定的经济利润后开始减弱。

基于传统金融业务视角，金融科技对传统商业银行业务的冲击主要集中于支付领域、资管领域与借贷领域。在支付领域中，金融科技产生的技术革新使我国支付体系由现金支付占主导逐渐转变为非现金支付，尤其是第三方支付占主导。这一变革对货币政策实施机制产生的影响受到了经济学家的广泛关注。周金黄（2007）指出现金支付比重的下降会导致社会资金周转速度明显加快，增强了商业银行流动性，从而削弱商业银行增加准备金的动力。第三方支付虽未完全脱离商业银行而运行，但其利用金融科技进行资金传输和转移，对传统金融机构产生巨大的负面影响。姚梅芳和狄鹤（2017）的研究通过建立 VAR 模型并在其修正模型下运用脉冲响应分析等计量方法分析了第三方支付和传统商业银行间作用方向与作用机制，指出第三方支付对传统商业银行存在短期和长期二分性：短期第三方支付抑制商业银行的盈利水平，主要原因在于第三方支付的转账、基金销售等业务对银行传统金融服务产生明显的挤出效应，此外第三方支付导致的银行资金分流减少了商业银行存贷利息收入；从长期看，第三方支付将显著提升商业银行盈利水平，原因在于第三方支付拓展了商业银行卡和网银用户规模，以及第三方支付平台向商业银行缴纳的手续费。在资管领域中，互联网理财渠道正逐渐替代线下实体银行成为理财的主要途径，金融科技企业运用基于云计算、大数据与人工智能交互融合的智能投顾服务，从传统商业银行吸引大量客户资源，使得传统商业银行在资产管理市场的份额减少，直接影响到其中间业务收入。在借贷领域中，Jagtiani 和 Lemieux（2018）通过使用金融科技企业账户级数据以及美国银行报告的数据，研究了金融科技贷款平台是否能够拓展消费者的信贷渠道的问题，发现新兴金融科技企业的信贷业务已渗透至传统银行无法服务的领域，比如高度集中的市场和人均银行分布较少的地区。Buchak 等（2017）研究了2007~2015 年影子银行在美国消费贷款市场的兴起，指出传统银行在其面临更多资本和监管限制的市场中收缩了相应业务，这些缺口在一定程度上是由金融科技贷款机构作为影子银行而填补的。同时其研究使用模型将技术和监管的相对贡献进行分解以解释影子银行的兴起以及抵押贷款利率和市场份额的变化，发现金融科技的增长短期内增加了传统银行所面临的负担。

上述文献从多个视角探索了金融科技对传统金融产生的影响，综合已有研究，金融科技通过运用前沿的信息和通信技术降低交易成本，提高金融体系效率，重塑传统商业银行业务，尤其在支付与借贷领域削弱了传统银行的核心作用及影响力，逐渐改变了金融业长期形成的垄断竞争格局。同时，这种变化迫使传统金融机构进行变革以提供更完善、更高效的服务，随着传统金融内部变革的推进，金融科技对传统金融的挤出效应产生的负面影响会逐渐被基于金融共生理论的互利共生效应产生的正向影响所抵消。

三　理论分析与假设

根据上述研究文献的回顾，金融科技发展对传统金融机构产生了直接影响，且对商业银行的收益水平既存在积极影响，也存在消极影响。在金融科技的发展初期，金融科技企业降低了传统商业银行的经济效益。这一影响主要可以从以下两个角度进行解释：第一，新兴金融科技企业将前沿技术运用于金融业，具有相比于传统金融机构更好的用户体验优势，从而吸引了大量用户资源，绕开传统金融中介和监管机构，直接给用户提供各种定制化与标准化的金融产品及服务，通过挤出效应减少了传统商业银行的盈利收入；第二，金融科技所产生的技术红利使新兴金融科技企业具备更富弹性的金融基础设施与更有效的业务模式，基于大数据技术的数据挖掘分析系统，金融科技企业可以获取用户的消费记录与消费模式等数据，而传统商业银行由于缺少此类重要数据，因此难以通过深入挖掘和分析客户行为的有效性进行金融服务和产品的研发，这也使得传统商业银行的盈利收入增长受到进一步限制（汪可等，2017）。同时值得注意的是，随着金融科技发展水平的进一步提升，其对传统商业银行盈利水平的抑制效用也会逐渐降低，即从长期来看，金融市场监管的规范化以及金融科技的发展通过行业间技术溢出效应促进传统商业银行积极应用金融科技以提升技术水平，传统商业银行盈利收入相应地回升。

基于金融共生理论（袁纯清，2002）进行分析，规模和性质各异的金融组织之间在同一共生环境中通过交互式作用实现和谐发展，其共生单元差异化程度的提高有助于实现包括金融组织在内的整个经济区域的可持续发展，推动区域金融生态平衡。金融共生理论的适用条件为异质性显著的银行资信与非银行金融机构的业务存在市场化的交互关系。从经济意义上说，新兴金融科技企业作为非银行金融机构，其与传统商业银行之间不可避免地存在业务联系与相互依存的融资关系，故而银行与非银行金融机构形成共生单元，这充分契合当前规模差距和异质性较大的金融科技企业与商业银行之间进行市场竞争的现状。根据金融共生理论，异质化程度较高的金融科技企业参与市场竞争会直接作用于银行业甚至整个金融生态，从而产生互利共生效应。

同时从产业融合的视角审视新兴金融科技企业与传统商业银行，综合国内外关于产业融合特征及规律的研究文献，可知产业融合源于技术进步与管制放松（植草益，2001），同时产业融合的前提条件为产业间具有一定程度的关联性（Fai and Tunzelmann，2001）以及共同的技术基础，因此产业融合首先基于技术融合，即某一产业的技术进步影响和改变了其他相关产业的竞争与价值创造过程（Lei，2000）；而产业融合的结果即原有产业间竞争合作关系发生改变，从而导致产业界限的模糊化，并且产业融合通过形成范围经济减少了企业成本、提高了产业的价值创造功能、改善了产业绩效。产业融合理论指出不同产业或同一产业的不同行业通过相互渗透、相互交叉，促进了产业边界动态发展，形成新兴产业和新兴业态。这一产业发展范式同样适用于金融科技产业与传统金融业之间的融合发展。根据产业融合理论，伴随着金融科技的迅速发展，金融科技企业通过技术溢出至传统商业银行，为新金融模式提供了技术基础；同时国内发展普惠金融的需求与传统商业银行发展的逐步僵化，导致金融监管逐步有限地放松。这两个条件共同促进了金融科技企业与传统商业银行的融合发展，从而使传统商业银行在经历盈利水平降低后得以重新回升。基于上述理论分析，本文提出如下假设。

H_1：金融科技发展水平与传统商业银行盈利水平之间存在显著相关关系。

H_2：金融科技发展水平与传统商业银行盈利之间存在"U"形关系。

四 研究设计与实证分析

（一）变量设计

1. 核心解释变量

本文选取金融科技发展指数作为解释变量，金融科技发展指数反映了传统商业银行受到金融科技影响的程度，然而纷繁复杂的模式和持续创新的业态使金融科技缺乏统一标准及全面的指标体系。综合评价指标体系的构造需满足全面性原则、科学性原则、层次性原则、目的性原则、可比性原则、与评价方法一致性原则和可操作性原则（苏为华，2000）。在满足上述原则的基础上构建的金融科技发展指数指标体系，能够科学反映金融科技的发展水平，是分析金融科技产业规模以及发展趋势的必要工具。

有研究选取金融业应用技术成果占国内专利授权数的比重作为衡量金融科技发展的指数（朱俊杰等，2017）。此类方法的优点是相关数据易获取，但其明显不足的是参考数据过于单一，未充分考虑其他相关因素的作用，不具备全面性和层次性，因此难以准确度量某一阶段金融科技的发展水平。也有研究采用文本挖掘法构建 FinTech 指数（汪可等，2017），首先基于金融功能划分为 5 个维度，每个维度选取 5 个关键词，建立 FinTech原始词库；其次借助百度搜索引擎，计算关键词的年度词频，从而量化原始词库；最后运用因子分析法，构建 FinTech 指数。本文尝试在已有研究的基础上，综合参考上述构建金融科技发展指数指标体系的方法，并通过结合前文总结的金融科技发展原因，按照"技术驱动—经济环境—产业产出"的思路，构建我国金融科技发展指数的基本框架，从而能更客观、准确地研究金融科技对传统金融的影响。

对于金融科技发展指数指标体系的构建，分为金融科技技术指数、金融科技环境指数、金融科技产出指数三项一级指标。由于金融科技产业主要技术为云计算、大数据、人工智能、区块链、第三方支付，因此在一级指标金融科技技术指数下，设置上述五类技术的发展水平作为二级指标。直接搜集相关技术的发展数据较为困难，本文采用上述技术的媒体指数作为代理变量。媒体指数采用各大互联网媒体报道的新闻标题包含关键词的数量。此方法由国外学者 Nikolaos Askitas 在研究失业率预测问题中提出。其研究证实了利用互联网数据与核心关键词搜索进行复杂多变环境下的经济行为预测的可行性（Askitas and Zimmermann，2009）。因此可认为包含核心关键词的新闻数量越多，则该项技术的发展程度越好。金融科技环境指数侧重于选取能反映金融科技产业发展环境的二级指标，因此在该项一级指标下设置金融科技企业数量、金融科技获投融资总规模以及金融科技社会关注度作为二级指标。金融科技产出指数反映金融科技产业的产出水平，因此选取金融科技产业中相对具有代表性的三种业务的渗透率及金融科技企业营收总规模作为二级指标。该指标体系的具体指标设置如表 1 所示。

表 1　金融科技发展指数指标体系

一级指标	二级指标	指标符号	指标描述及量化
金融科技技术指数	云计算指数	x_1	云计算年均媒体指数
	大数据指数	x_2	大数据年均媒体指数
	人工智能指数	x_3	人工智能年均媒体指数
	区块链指数	x_4	区块链年均媒体指数
	第三方支付指数	x_5	第三方支付年均媒体指数
金融科技环境指数	金融科技企业数量	x_6	中国金融科技企业年度新增数量（个）
	金融科技获投融资总规模	x_7	中国金融科技企业年度获投融资总金额（百万美元）
	金融科技社会关注度	x_8	金融科技年均搜索指数
金融科技产出指数	网络信贷渗透率	x_9	中国金融科技网络信贷板块用户渗透率（%）
	网络资管渗透率	x_{10}	中国金融科技网络资管板块用户渗透率（%）
	网络征信渗透率	x_{11}	中国金融科技网络征信板块用户渗透率（%）
	金融科技企业营收总规模	x_{12}	中国金融科技年度营收规模（亿元）

为尽可能保证金融科技发展指数的科学、准确，充分考虑各项二级指标所需数据的可行性与易获取性，本文在构建指标体系中所采用的数据来源如下：金融科技技术指数下各二级分项指标与金融科技社会关注度来源于百度指数；金融科技企业数量来源于中国金融科技企业数据库；金融科

技获投融资总规模来源于零壹财经数据库以及平安证券的统计数据；金融科技产出指数下各二级分项指标来源于中国信息通信研究院编制的《中国金融科技产业生态分析报告》。由于金融科技产业在我国尚属于新兴产业，相关数据较为匮乏，因此本文选取各指标数据时间跨度为 2013 ~ 2017 年，并将我国金融科技发展指数的基期定为 2013 年，原始数据如表 2 所示。

表 2　金融科技发展指数各指标原始数据

年份	x_1	x_2	x_3	x_4	x_5	x_6	x_7	x_8	x_9	x_{10}	x_{11}	x_{12}
2013	95.85	143.15	1.21	0	10.19	1612	3733	28.05	8.0	8.7	42.1	695.1
2014	76.81	233.91	5.30	0	18.89	4237	8039	40.31	11.6	30.8	46.9	1407.4
2015	70.32	411.02	31.90	0.12	21.96	4310	14089	105.34	19.3	47.2	60.5	2967.1
2016	59.63	489.96	230.28	35.33	13.12	1395	13484	384.03	22.8	60.7	68.0	4213.8
2017	33.63	366.68	364.90	67.41	6.63	4297	15295	683.89	23.9	68.0	72.0	6541.4

在表 1 构建的指标体系中，部分指标之间存在联系且可能为线性关系，从而使得该分析评价方法无法应用。主成分分析通过变量变换的方法将众多线性相关的指标变为少数线性无关综合指标变量，达到降维并切断相关干扰的目的，使得指标体系更加准确（陈又星等，2013）。因此本文利用主成分分析对 2013 ~ 2017 年金融科技发展指数进行综合评价。首先采取 Z - Score 方法对原始数据进行标准化转换以消除指标量纲和数量级影响，年度金融科技发展指数的样本矩阵 X 设有 $n(= 5)$ 个区域、$p(= 12)$ 个评价指标，x_{ij} 表示第 i 年第 j 个指标值，矩阵 $Z = [z_{ij}]$ 为原矩阵 X 标准化后得到的新矩阵，矩阵 Z 中各元素 z_{ij} 为 x_{ij} 标准化后的数据值。

$$z_{ij} = \frac{x_{ij} - \frac{1}{n}\sum_{i=1}^{n} x_{ij}}{\sqrt{\frac{1}{n-1}\sum_{i=1}^{n}\left(x_{ij} - \frac{1}{n}\sum_{i=1}^{n} x_{ij}\right)^2}} \quad (1 \leqslant i \leqslant n; 1 \leqslant j \leqslant p) \qquad (1)$$

得到标准化的数据后，利用 Eviews 9.0 软件对其进行分析，计算标准化数据的相关系数矩阵，并求出相关系数矩阵的特征值和特征值的贡献率、累计贡献率以及成分矩阵，分别如表 3 和表 4 所示。在主成分分析中，通常根据累计贡献率达 85% 且特征值大于 1 的原则提取主成分。由表 3 主成分的特征值和累计贡献率可见，提取出的 2 个主成分的累计贡献率达到

91.369%，因此使用主成分 F_1、F_2 代表原指标体系中的 12 个指标，能够反映我国不同时期的金融科技发展水平。

在上述分析基础上，综合主成分 F_1、F_2 构建评价模型，以其各自的贡献率 74.874%、16.495% 为权数构造如下综合评价函数：

$$FTI_i = 0.7487 \times F_{i1} + 0.1650 \times F_{i2} \qquad (2)$$

其中，FTI_i 表示第 i 年金融科技发展指数。因为主成分相应特征值的平方根与特征向量乘积为因子载荷量，由此求出各主成分得分为：

$$F_{ik} = \sum_{j=1}^{n} \frac{z_{ij}p_{jk}}{\sqrt{\lambda_k}} \qquad (k = 1,2) \qquad (3)$$

式（3）中，F_{ik} 表示第 i 年第 k 个主成分取值，z_{ij} 表示第 i 年第 j 项评价指标 x_{ij} 标准化后的数据值，p_{jk} 表示第 j 项指标在第 k 个主成分中的载荷值，λ_k 为第 k 个主成分的特征值。代入数据求得各主成分得分以及综合得分，并将综合得分转化为十分制形式 $\overline{FTI}$。计算结果如表 5 所示。

表 3　主成分的特征值和贡献率

主成分	特征值	贡献率（%）	累计贡献率（%）
F_1	8.985	74.874	74.874
F_2	1.979	16.495	91.369

表 4　成分矩阵

评价指标	变量	主成分 F_1	主成分 F_2
云计算指数	x_1	−0.973	−0.012
大数据指数	x_2	0.777	0.431
人工智能指数	x_3	0.942	−0.331
区块链指数	x_4	0.911	−0.392
第三方支付指数	x_5	−0.385	0.915
金融科技企业数量	x_6	0.221	0.558
金融科技获投融资总规模	x_7	0.903	0.420
金融科技社会关注度	x_8	0.945	−0.309
网络信贷渗透率	x_9	0.963	0.208
网络资管渗透率	x_{10}	0.969	0.220

续表

评价指标	变量	主成分 F_1	主成分 F_2
网络征信渗透率	x_{11}	0.981	0.119
金融科技企业营收总规模	x_{12}	0.991	− 0.065

表 5　各主成分得分值和综合得分值

年份	F_1	F_2	FTI	$\overline{FTI}$	排名
2013	− 3.5109	− 1.6068	− 2.8937	3.9611	5
2014	− 2.1517	0.1793	− 1.5814	4.8858	4
2015	− 0.1546	2.0088	0.2157	6.1520	3
2016	1.8997	− 0.1671	1.3947	6.9827	2
2017	3.9175	− 0.9073	2.7833	7.9611	1

2. 被解释变量

在衡量上市商业银行盈利水平的研究中，通常选取总资产收益率（ROA）、总资本收益率（ROE）作为衡量银行绩效的主要代理变量（申创、赵胜民，2017）。其中，总资产收益率可以反映出银行的总体收益状况，是银行经营状况的综合体现，所以本研究选取该指标作为银行盈利水平的代理变量；总资本收益率衡量公司对投入资本的利用效率，因此，本文同时选择银行总资本收益率作为稳健性检验的代理变量。

3. 控制变量

在实际情境中，商业银行的盈利水平同样受到除金融科技发展外的多个潜在因素或条件的影响。在分析已有对上市商业银行盈利研究的文献后，本文从银行内部的资产结构层面选取了如下主要控制变量：银行贷款率（LTA）、权益资产率（ETA）、银行资产规模的自然倒数（lnTA）。此外，宏观经济环境对商业银行盈利水平存在不可忽略的影响，因此本文选取我国实际 GDP 增长率（RGDP）与以 2010 年为基期的我国居民消费价格指数取自然对数度量的通货膨胀率（lnF）作为控制变量（姚勇、董利，2005）。

（二）模型设定

本文通过构造多元回归模型来检验金融科技发展指数对传统商业银行盈利的影响，计量模型如下：

$$R_{it} = \lambda + \alpha_1 \overline{FTI_t} + \alpha_2 \overline{FTI_t}^2 + \alpha_3 LTA_{it} + \alpha_4 ETA_{it} + \alpha_5 \ln TA + \alpha_6 RGDP_t + \alpha_7 \ln F_t + \varepsilon_{it}$$

模型中 λ 为常数项，α 为相关系数；R_{it} 为第 i 家商业银行第 t 年的盈利（ROA 或 ROE）；$\overline{FTI_t}$ 为我国第 t 年金融科技发展指数；$\overline{FTI_t}^2$ 为我国第 t 年金融科技发展指数平方项；ε_{it} 代表随机误差项；其余控制变量含义见表6。

表6　变量设计及统计性描述

变量类型	变量名称	符号	计算方法	标准差	均值
核心解释变量	金融科技发展指数	FTI	金融科技发展指数指标体系	1.5994	5.9892
被解释变量	总资产收益率	ROA	总资产利润率×100	0.205	0.980
	总资本收益率	ROE	净资产利润率×100	3.711	16.238
控制变量	银行贷款率	LTA	发放贷款及垫款/银行总资产×100	7.919	46.406
	权益资产率	ETA	所有者权益/银行总资产×100	1.178	6.924
	银行资产规模	lnTA	银行资产取自然对数	1.796	18.851
	实际GDP增长率	RGDP	实际GDP增速×100	0.417	7.115
	通货膨胀率	lnF	定基CPI指数取自然对数	0.0245	4.7444

上式中 $\overline{FTI_t}$ 和 $\overline{FTI_t}^2$ 的系数 α_1、α_2 刻画金融科技发展与银行盈利水平之间的相关性特征，根据理论分析，预期实证结果 α_1 显著为负、α_2 显著为正，则金融科技发展与银行盈利水平之间具有相应的"U"形关系。

（三）样本选取

金融科技在我国现阶段仍属于新兴产业，本文选取我国上证和深证共 25 家 A 股上市商业银行作为研究样本，其中 5 家国有控股银行、8 家股份制商业银行、7 家城市商业银行和 5 家农村商业银行，如表7所示；样本时间跨度为 2013～2017 年；数据类型为非平衡面板年度数据，面板数据样本总数为 125 个，适合进行小样本计量分析。财务数据来源于中国证券监督管理委员会网站、网易财经数据库公布的银行资产负债表以及财务报表。

表 7　A 股上市商业银行

股票代码	银行名称	股票代码	银行名称
601398	工商银行	601169	北京银行
601939	建设银行	601229	上海银行
601228	农业银行	600919	江苏银行
601988	中国银行	002142	宁波银行
601328	交通银行	600926	杭州银行
600036	招商银行	601009	南京银行
600016	民生银行	601997	贵阳银行
601166	兴业银行	600908	无锡银行
601998	中信银行	002807	江阴银行
601818	光大银行	601128	常熟银行
600000	浦发银行	603323	吴江银行
000001	平安银行	002839	张家港行
600015	华夏银行		

五　实证检验

（一）相关性检验

为排除各变量间存在严重的多重共线性问题以及回归过程中出现"伪回归"现象的可能，本文首先围绕各统计变量进行相关性和平稳性检验。表 8 显示各变量的相关系数，其中 $\overline{FTI}$ 与 ROA、ROE 的相关系数显著，可以进行下一步的回归分析。在解释变量中，除 $RGDP$ 与 $\overline{FTI}$、$\ln F$ 与 $\overline{FTI}$、$\ln F$ 与 $RGDP$ 外，总体来看，其他变量间的相关系数均小于 0.7，表明多重共线性的威胁较小。

表 8　各变量相关系数

变量	均值	标准差	相关系数							
			$\overline{FTI}$	ROA	ROE	LTA	ETA	$\ln TA$	$RGDP$	$\ln F$
$\overline{FTI}$	5.988	1.435	1.000							
ROA	0.980	0.205	−0.617***	1.000						

续表

变量	均值	标准差	相关系数							
			$\overline{FTI}$	ROA	ROE	LTA	ETA	lnTA	RGDP	lnF
ROE	16.238	3.711	−0.647***	0.742***	1.000					
LTA	46.406	7.919	−0.155**	0.305***	−0.229**	1.000				
ETA	6.924	1.178	0.153**	0.140*	−0.482***	0.647***	1.000			
lnTA	18.851	1.796	0.115*	0.139*	0.184**	0.070	−0.272	1.000		
RGDP	7.116	0.375	0.857***	−0.484***	−0.513***	−0.102	0.124*	0.097	1.000	
lnF	4.744	0.024	0.987***	−0.600***	−0.632**	0.142*	0.155**	0.114	0.883***	1.000

注：*、**和***分别表示在10%、5%和1%的水平下显著。

（二）平稳性检验

同时围绕银行层面的变量进行单位根检验，以对所考察变量的平稳性进行检验。本文采用 LLC 方法、IPS 方法和 PP 方法进行检验，检验类型均为（C，T，0），滞后阶数的选择由 SIC 准则确定。结果表明（见表9），所有被统计变量均通过显著性检验（除 IPS 检验外），排除了实证过程中出现"伪回归"的可能。

表9 变量的时间序列单位根检验

变量	LLC 检验	IPS 检验	PP 检验
	统计量（P 值）	统计量（P 值）	统计量（P 值）
ROA	−18.4288***	−0.61295	87.7806***
	(0.0000)	(0.2700)	(0.0008)
ROE	−14.6152***	−2.72755***	128.987***
	(0.0000)	(0.0032)	(0.0000)
LTA	−30.3890***	−3.65448***	109.673***
	(0.0000)	(0.0000)	(0.0000)
ETA	−13.7675***	−0.94970	97.6046***
	(0.0000)	(0.1711)	(0.0000)
lnTA	−12.4919***	−0.99612	96.1995***
	(0.0000)	(0.1596)	(0.0001)

注：***表示在1%的水平下显著。

（三）回归结果分析

本文使用 Eviews 9.0 软件应用逐步回归法，依次添加变量进行回归分析，同时调整被解释变量做出相应对比以进行稳健性检验，实证结果如表 10 所示。本文使用 4 个模型依次对假设进行检验。

模型 1 为基本模型，仅以控制变量 LTA、ETA、$\ln TA$、$RGDP$、$\ln F$ 作为代理变量；模型 2 在模型 1 的基础上加入核心解释变量金融科技发展指数 $\overline{FTI}$；模型 3 为最终拟合模型，在模型 2 的基础上加入核心解释变量金融科技发展指数 $\overline{FTI}$ 的平方项；模型 4 在模型 3 的基础上，将被解释变量 ROA 替换为 ROE 以进行稳健性检验。从各模型的调整后 R^2 值看，4 个模型的拟合程度均较好。

由模型 2 回归方程知，金融科技发展指数与银行总资产收益率的系数为负且相关性显著，可反映金融科技发展水平与传统商业银行盈利水平之间存在显著相关关系且存在显著的负向削弱作用，假设 H_1 通过验证。

模型 3 加入金融科技发展指数平方项后，回归方程的显著性进一步提高，金融科技发展指数的系数仍显著为负，且其平方项的系数显著为正，假设 H_2 得到支持。这说明金融科技发展水平与传统商业银行盈利水平之间存在 "U" 形关系，金融科技发展水平的提升在前期将降低传统商业银行的盈利水平，但随着金融科技发展水平的逐渐提高，金融科技将促进传统商业银行的发展，正向影响传统商业银行的盈利水平，假设 H_2 通过验证。

模型 4 通过调整被解释变量进行模型的稳健性检验，回归结果显示 $\overline{FTI}$ 的系数在 1% 的水平下显著为负，$\overline{FTI}^2$ 的系数仍显著为正。这进一步验证了假设 H_2，即金融科技发展水平与传统商业银行盈利水平之间存在显著 "U" 形关系。

表 10　回归结果

变量	模型 1	模型 2	模型 3	模型 4
LTA	-0.002 (0.003)	-0.003 *** (0.002)	-0.003 (0.002)	-0.136 *** (0.040)
ETA	0.069 *** (0.018)	0.073 (0.017)	0.074 *** (0.017)	-0.386 (0.282)
$\ln TA$	0.038 *** (0.008)	0.040 * (0.008)	0.040 *** (0.008)	0.522 *** (0.134)
$RGDP$	0.132 * (0.075)	0.099 (0.074)	-0.374 (0.307)	-5.426 (4.990)

续表

变量	模型 1	模型 2	模型 3	模型 4
$\ln F$	- 7.808 *** (1.213)	0.921 (3.724)	- 0.904 (3.876)	- 2.748 (62.919)
$\overline{FTI}$		- 0.143 * (0.058)	- 0.701 * (0.357)	- 10.904 * (5.794)
$\overline{FTI}^2$			0.058 ** (0.037)	0.871 * (0.598)
R^2	0.515	0.538	0.548	0.637
AR^2	0.494	0.515	0.521	0.616

注：*、*** 分别表示在 10%、1% 的水平下显著，括号内为稳健标准误。

六 结论与启示

（一）研究结论

为了回答在金融科技持续发展环境下，传统商业银行如何结合实际情况选取发展战略以与新兴金融科技企业实现互利共生、合作共赢的问题，本文研究了金融科技发展对传统商业银行盈利水平的影响。本文首先对已有研究进行回顾，并以金融共生理论和产业融合理论为基础，阐述了金融科技发展对传统金融业的影响机制同时提出假设；其次建立金融科技发展指数指标体系，运用主成分分析合成金融科技发展指数；最后使用我国 25 家上市商业银行 2013 ~ 2017 年的数据对假设进行实证检验。结果表明：金融科技发展水平与传统商业银行的盈利水平之间存在显著的"U"形关系。在一定时期内，金融科技发展带来的新技术使得新兴金融科技企业具备技术优势，从而通过挤出效应和虹吸效应降低了商业银行的经济效益；然而随着金融科技发展水平的持续提高，金融科技进步所带来的正外部性将快速增加，一方面银行自身提升技术水平，另一方面外部金融监管相应放松；传统商业银行与新兴金融科技企业逐渐形成金融共生单元，二者通过交互式作用实现相互融合发展，从而形成范围经济，减少了企业成本、提高了产业的价值创造功能，产生互利共生效应。

（二）研究启示

基于以上研究结论，本文认为，在当前经济环境下，传统商业银行应积极面对金融科技给金融业带来的冲击，并合理地利用前沿技术与新兴金融科技企业合作，以期实现与金融科技企业的协调发展，提升总体收益效率。金融科技在全球的发展已成为不可逆转之势，结合本文的实证结果以及国内外商业银行的发展实际可知，传统金融机构可以通过创建新机构、运用新技术、寻找合作伙伴、进行股权投资等方式积极应对金融科技的发展，参与同新兴金融科技企业的竞争（巫云仙，2016）。首先，利用前沿金融科技为用户提供更便利的服务；其次，商业银行可以通过应用大数据技术或与相关企业进行合作，构建大数据金融生态系统，建立高效的基于数据挖掘技术的金融基础设施，深入挖掘潜在客户，充分利用数据价值以提高盈利水平。

另外，从监管者角度来看，政府等金融监管机构应采取动态、弹性的监管模式对商业银行以及金融科技企业进行管控，一方面要加强对新兴金融科技企业的规范化监管，既要有短期治理和应对危机的策略，也要有长期内在的稳定器建设，从而实现长期平衡、有效的发展；另一方面也应出台相关政策来促进商业银行与金融科技之间的产业融合，前沿技术与金融产品和服务的深度融合，能够更加合理地优化资源配置，更好地服务实体经济、保护金融消费者、防范系统性金融风险（汪可等，2017）。

（三）研究局限与未来展望

首先，本文以银行作为传统金融机构的典型代表，采用25家上市商业银行的面板数据进行实证分析，但传统金融机构也包括非银行金融机构，如保险公司、证券公司（投资银行）等，不同类型金融机构的盈利水平受不同因素的影响而存在本质区别，因此，有必要通过横向研究进行更严谨的比较和综合分析检验金融科技发展对不同类型金融机构的盈利水平的影响是否具有异质性。此外，主要商业银行总体可划分为国有控股银行、股份制商业银行、城市商业银行、农村商业银行四大类，不同类别的商业银行技术水平、盈利能力、抗风险能力存在显著差异，可以猜想其受金融科技发展的影响程度也可能存在不同。其次，由于金融科技在国内尚属新兴产业，本文选取的研究样本数量有限，相关数据难以获取，而使样本时间序列跨度较小。因此，未来有关金融科技发展对传统金融机构影响机制的研究可以进一步挖掘数据，构建时间跨度较大的面板数据进行更加细化的研究。

参考文献

曹越：《金融科技已给金融带来深远影响》，《国际融资》2017 年第 12 期。

陈又星、徐辉、吴金椿：《管理科学研究方法——数据·模型·决策》，同济大学出版社，2013。

崔子腾、马越、吴晗：《金融科技发展对银行业的影响及对策研究》，《中国物价》2017 年第 6 期。

申创、赵胜民：《互联网金融对商业银行收益的影响研究——基于我国 101 家商业银行的分析》，《现代经济探讨》2017 年第 6 期。

苏为华：《多指标综合评价理论与方法问题研究》，厦门大学博士学位论文，2000。

汪可、吴青、李计：《金融科技与商业银行风险承担——基于中国银行业的实证分析》，《管理现代化》2017 年第 6 期。

王淳：《金融科技对金融业发展的影响》，《金融科技时代》2017 年第 12 期。

巫云仙：《FinTech 对金融业的"破坏式创新"》，《河北学刊》2016 年第 6 期。

谢治春、赵兴庐、刘媛：《金融科技发展与商业银行的数字化战略转型》，《中国软科学》2018 年第 8 期。

姚梅芳、狄鹤：《基于移动互联网的第三方支付对商业银行盈利水平的作用机制》，《当代经济研究》2017 年第 12 期。

姚勇、董利：《中国商业银行盈利分析》，《南开经济研究》2005 年第 2 期。

袁纯清：《金融共生理论与城市商业银行改革》，商务印书馆，2002。

〔日〕植草益：《信息通讯业的产业融合》，《中国工业经济》2001 年第 2 期。

中国信息通信研究院金融科技研究团队：《中国金融科技产业生态分析报告》，中国信息通信研究院，2018。

钟鸣长：《金融科技发展调查及对金融业的影响》，《电子科技大学学报》（社科版）2017 年第 3 期。

周金黄：《现代支付体系发展与货币政策机制调整》，《金融研究》2007 年第 1 期。

朱俊杰、王彦西、张泽义：《金融科技发展对我国产业结构升级的影响》，《科技管理研究》2017 年第 19 期。

Askitas, N., Zimmermann, K. F., "Google Econometrics and Unemployment Forecasting", *Discussion Papers of Diw Berlin*, 2009, 55.

Buchak, G., Matvos, G., Piskorski, T., et al., "Fintech, Regulatory Arbitrage, and the Rise of Shadow Banks", *Social Science Electronic Publishing*, 2017, 23.

Fai, F., Tunzelmann, N. V., "Industry-specific Competencies and Converging Technological Systems: Evidence from Patents", *Structural Change & Economic Dynamics*, 2001, 12 (2).

Jagtiani, Julapa, Catharine Lemieux, "Do Fintech Lenders Penetrate Areas That Are

Underserved by Traditional Banks?", *Journal of Economics and Business*, 2018, (4).

Lee, In, Yong Jae Shin, "Fintech: Ecosystem, Business Models, Investment Decisions, and Challenges", *Business Horizons*, 2018, 61 (1).

Lei, D. T., "Industry Evolution and Competence Development: The Imperatives of Technological Convergence", *International Journal of Technology Management*, 2000, 19 (7/8).

Shim, Yongwoon, Dong-Hee Shin, "Analyzing China's Fintech Industry from the Perspective of Actor-Network Theory", *Telecommunications Policy*, 2016, 40 (2 - 3).

Sun, Mancy, Piyush Mubayi, Tian Lu, "The Rise of China Fintech", *Goldman Sachs*, 2017.

第二部分

二等奖论文

二等奖获得者与颁奖嘉宾合影

区块链数字货币监管技术研究

——以区块链稳定币为例

高　峰　祝烈煌　刘　胜　李永文　王鑫泽[*]

摘　要　基于区块链技术的稳定币是数字货币领域中的热点研究对象。由于既具备区块链技术去中心、数据可信的优点，又能够和现实资产实现稳定关联，稳定币被认为是连接虚拟资产和现实资产的桥梁，有望促进区块链技术落地。另外，稳定币和现实资产关联的属性不仅使其很容易成为洗钱、勒索病毒等犯罪活动的资金渠道，而且可能导致现实资产通过稳定币实现跨越国境的、无监管的转移，对金融秩序造成严重危害。因此，非常有必要研究针对稳定币的监管机制。本文首先介绍稳定币的基本特征，分析稳定币面临的监管需求、挑战和机遇。然后提出一种面向稳定币全周期的监管框架。最后详细介绍稳定币监管的核心机制。本文研究内容不仅有利于推进针对稳定币的有效监管，而且对其他区块链数字货币的监管工作也有参考作用。

关键词：区块链；数字货币；稳定币；监管技术

---

[*] 高峰，博士，北京理工大学计算机学院，主要研究领域为区块链数字货币监管、网络与信息安全。祝烈煌，博士，北京理工大学教授，主要研究领域为密码学、网络与信息安全。刘胜，硕士，联动优势科技有限公司首席架构师，主要研究领域为移动支付、信息安全、分布式架构、区块链。李永文，北京代码即信科技有限公司资深全栈工程师，具有丰富的研发、技术架构、团队管理经验。王鑫泽，硕士，61291部队资深软件工程师，从事多年软件研发工作，具有丰富的项目开发经验。

一　绪论

基于区块链技术的数字货币发展迅速，在国内外引起重大影响。截至2018年10月，数字货币市场市值超过2000亿美元，每日交易金额超过96亿美元。"数字稳定代币"（Stable Coin，也称稳定币）是使用区块链技术实现的一种特殊数字货币，通过和法币（或其他现实资产）保持相对稳定的价值关系，能够被用于作为法币和数字货币以及数字货币之间进行兑换的中介物，有效降低市场波动带来的交易风险，简化数字货币之间的兑换过程，在数字货币领域具有重要作用。

然而，稳定币的出现使数字货币的负面作用越发严重。一方面，稳定币不仅继承了数字货币账号匿名、交易过程去中心的特点，而且能够和现实资产稳定兑换，这为洗钱、勒索病毒等犯罪活动提供了一条安全稳定的资金渠道，促进了地下黑市的运行。另一方面，稳定币与特定法币的绑定，使跨国境的资金转移变得更为简单，将有可能损害各国的金融主权，影响金融市场的稳定。因此，非常有必要研究区块链稳定币的技术特征，设计可行的监管机制，控制稳定币及其他数字货币带来的危害。

稳定币在底层架构上依托于区块链技术，使其具有去中心的特点，很多传统的监管机制无法使用。但是，由于稳定币项目为了维持价格稳定属性，其对公信力的需求很高，会主动公布大量的项目信息，甚至会主动接受监管，这给有效监管带来了机遇。如果能够充分利用稳定币的技术特点和区块链技术具有的突出优点，将能够避免传统监管中面临的很多问题，获得更强的监管能力。

研究针对稳定币的监管机制，不仅有助于控制稳定币带来的风险，也将为其他数字货币监管提供有益参考。本文首先研究稳定币的监管需求、挑战和机遇，然后提出一种针对稳定币的监管框架，最后详细介绍稳定币监管的核心机制。

二　背景知识

（一）区块链技术核心优势

区块链技术是目前大多数数字货币的底层技术，通过结合 P2P 网络、共识机制、密码学等已有技术，能够在分布式网络中实现一致性的数据同步，获得去中介的信任，具备数据不可篡改、不可伪造、公开透明的优良特征，能够解决中心化机制面临的很多问题。

区块链技术的优点有以下方面。

第一，数据公开且不可篡改，具有较强的可靠性。区块链技术采用块链结构、默克尔树等机制保证数据完整性，并采用分布式冗余存储的模式防止数据篡改。一旦数据写入区块链账本，即使网络中个别节点遭到攻击，也无法破坏数据的可靠性。

第二，数据记录过程采用数字签名技术，具有不可否认的特点。区块链中每一笔交易都包含交易发起者的数字签名，这使得区块链上的数据不能够伪造和抵赖，有利于实现可信数据审计。

第三，数据操作过程公开透明，具有较高的公信力。区块链系统中的数据操作过程是公开透明的，任意数据操作都将通过协议规定的方式在区块链网络中传播，并被所有节点验证和确认。只有经过大多数节点确认的操作才能够被认可，避免了少数节点的恶意操作。

（二）区块链数字货币

数字货币是区块链技术第一个成熟应用，发展至今，基于区块链技术的数字货币已经产生了很多分类。从发行方式上分类，主要分为原生币和附属代币。原生币是指在区块链系统的共识过程中产生，在区块链系统的运行过程中使用的数字货币，如比特币和以太币。附属代币是指依附在某一种区块链系统，并利用区块链交易的存储空间创建和使用的代币，如比特币中的彩色币、以太坊（ETH）中基于智能合约的 ERC20 代币（ERC20是以太坊中针对数字货币的标准，目前基于 ERC20 的代币有 2000 多种，占数字货币的主要地位）。数字货币实现方式各异，种类繁多，但是具有统一的特征，都能够在区块链系统内自由交易，且交易过程公开透明。

"稳定币"是一种具有价格稳定属性的基于区块链技术的数字货币，目前大多数是以附属代币的形式出现。稳定币继承了区块链技术数据透明、去中心、信任的优点，能与其他区块链数字货币进行便捷兑换。稳定币具备价格稳定的属性，能够与现实世界的资产保持较为稳定的关系，避免常规数字货币剧烈的价格波动，因此经常被认为是连接虚拟资产和现实资产之间的桥梁。

三 稳定币基本特征

(一) 稳定币发展情况

稳定币在区块链数字货币领域有重要作用，能够有效降低交易风险，简化交易过程。首先，数字货币市场目前市值超过 2000 亿美元，有 1993 种有价值的数字货币存在频繁的兑换需求。将稳定币作为价值媒介，能够有效降低市场波动带来的交易风险。其次，由于法币的特殊性，数字货币在和法币兑换时将受到多种监管政策的管理，兑换效率很低。稳定币既具备法币稳定的价值特征，又能够与数字货币便捷兑换，可以在一定程度上取代法币的避险功能，简化交易过程。

由于稳定币具备的优良属性，其被认为是区块链行业最重要的基础设施。数字货币交易所火币创始人李林认为，如同互联网支付对互联网行业的重要性一样，稳定币将极大地促进区块链技术及区块链数字货币的发展（巴比特咨询，2018）。王华庆和李良松（2018）认为，稳定币的发展有可能改变现有的金融中介体系，冲击中央银行制度，影响国际货币体系，影响各国金融主权。姚前和孙浩（2018）认为，虽然稳定币目前尚不足以对金融稳定性产生影响，但是稳定代币产品的流通总市值在稳步增长，产品种类不断增加，产品创新活跃度高，流转速度快速提高，有可能对宏观金融管理造成影响。

稳定币是区块链数字货币快速发展过程的必然产物。目前已经产生了大量基于不同锚定物、不同信任机制、不同技术架构的稳定币。部分主流稳定币的情况见表 1。

表 1 主流稳定币

稳定币名称	市值（亿美元）	锚定物	底层区块链	价格稳定机制
USDT	19.1	美元	比特币	法币储备抵押
TUSD	1.2	美元	以太坊	法币储备抵押
DigixDAO	0.7	黄金	以太坊	实物抵押
DAI	0.6	美元	以太坊	数字资产抵押
Bitcny	0.2	人民币	比特股	数字资产抵押

续表

稳定币名称	市值（亿美元）	锚定物	底层区块链	价格稳定机制
GUSD	0.1	美元	以太坊	法币储备抵押
PAX	0.1	美元	以太坊	法币储备抵押
STASIS EURS	0.1	欧元	以太坊	法币储备抵押
Nubits	0.1	美元	自行开发	算法央行

（二）稳定币系统架构

稳定币是一种基于区块链技术的特殊数字货币。如图 1 所示，稳定币在系统架构层面分为数据层、逻辑层和界面层，分别对应分布式区块链节点、稳定币管理员和稳定币用户三种重要角色，共同协助实现稳定币的主要功能，包括代币生成、代币交易和代币监管。

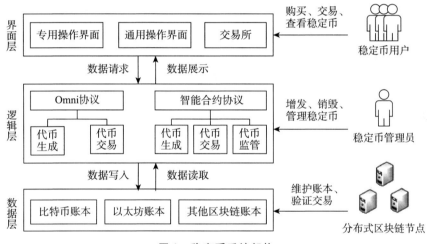

图 1 稳定币系统架构

数据层是稳定币可靠性的保证，负责存储稳定币的操作记录。将所有的操作记录保存在公开、可信的区块链账本中，从根本上保证了稳定币的代币生成、代币交易过程是透明可信的，为代币监管奠定了可信基础。目前稳定币主要是建立在知名的区块链公链上，如比特币和以太坊。比特币是目前最成功的区块链公链，具有先发优势，基于比特币开发的 USDT 稳定币占据了 90% 以上的稳定币市场。以太坊是目前市值第二的区块链公链，由于其支持图灵完备的智能合约，能够开发更复杂的功能，因此目前大部分稳定币是基于以太坊开发的（如 GUSD、PAX、DAI）。未来随着其他公链的发展，稳定币也可能向其他公链迁移。值得注意的是，目前各国正在推进的法定数据货币通常是基于自行开发的底层区块链，由于政府先天的公信力，政府背景的公链也有可能成为稳定币的底层公链。

逻辑层负责实现稳定币的核心业务，包括代币生成、代币交易和代币监管。稳定币的操作记录存储在区块链账本中，因此稳定币逻辑层的主要功能是根据触发的指令（例如，稳定币管理员发起的代币增发、销毁、管理等指令）构造有针对性的操作记录，并将操作记录写入区块链账本。Omni 协议和智能合约协议是稳定币逻辑层通常使用的编程语言。Omni 协议主要用在比特币网络中，通过在比特币交易中的 OP_RETURN 参数上构造特殊数据，记录代币发行、代币交易等操作数据。智能合约协议是以太坊、EOS 等新一代区块链技术的核心组件。相比传统的脚本技术，智能合约协议具有图灵完备的特性，能够实现更复杂的交易功能和监管功能。

界面层是用户使用稳定币的操作接口，通常包括专用操作界面、通用操作界面和针对交易所等机构的接口。专用操作界面是指针对稳定币项目专门开发的客户端程序。例如，基于 Omni 协议的 USDT 稳定币需要使用专用程序（OmniCore 程序）实现稳定币的相关功能。通用操作界面是指兼容多种稳定币应用和其他应用的客户端程序。例如，基于以太坊智能合约开发的稳定币 GUSD 不仅能够运行在以太坊官方开发的 Wallet、Mist 客户端中，还能够运行在第三方开发的 Imtoken、Metamask、钱包圈 App 等程序中。此外，稳定币通常还需要实现针对交易所等机构的接口程序，以便实现针对普通用户的代币购买、代币兑换等功能。

（三）稳定币价格稳定机制

通过采用三层架构，稳定币能够实现代币发行、代币交易等数字货币通用的功能。相比普通的数字货币，稳定币的独特优点是价格的稳定性。保证稳定币的价格趋于稳定，是稳定币的核心机制。常用的价格稳定机制可以分为 3 类，如图 2 所示。

法币储备抵押模式是指利用法币储备直接为代币价格背书。发行方根据账户中存储的美元数量发行代币，并承诺每一个代币可以赎回 1 美元。这种模式下，发行方通常会引入合法法币托管机构、审计机构，甚至是政府监督机构为发行方的承诺提供信任背书。此模式的发展趋势是不断寻找更有公信力的组织机构和运作模式来为稳定币的价格提供担保，可以预测

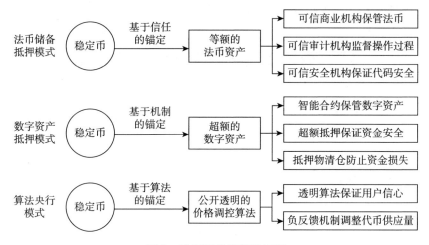

图 2　稳定币价格稳定机制

随着稳定币市场的逐渐扩大，更多在传统金融领域具有重要地位的组织机构会加入此领域，最终产生由国家提供信任的法定稳定币。

数字资产抵押模式是指利用数字资产间接为代币价格背书。发行方根据抵押的数字资产发行代币，并通过超额抵押以及强制清算等风控机制保证每一个代币对应 1 美元的价值。当数字资产的价格在临界值内变化时，稳定币的价格将保持稳定。例如，MakerDAO 发行的稳定币为 DAI，其兑换比例为 4:1，即兑换价值 100 美元的 DAI 稳定币需要质押 400 美元的 ETH。此时的临界值是 25%，只要 ETH 价格没有跌到原价值的 25%，稳定币系统都可以通过将抵押物清仓，保证稳定币的价值不受损失。但是，目前数字资产仍处于蛮荒阶段，资产价值的变化非常剧烈，在这种背景下，数字资产抵押模式很难维持价格稳定。

算法央行模式是指利用算法机制为代币价格背书。项目方在发行代币时没有任何抵押物，而是根据市场的需求来控制发行代币的数量，并通过负反馈机制调节稳定币供给数量使稳定币价格与法币锚定。稳定币的初衷是缓解用户信心频繁变动导致的数字货币价格剧烈变动的问题。在此模式下，利用基于算法的稳定币来解决用户不信任算法产生的价格波动问题，似乎是一个悖论。

稳定币价格调控机制是稳定币的核心特征，与稳定币系统架构和监管机制有密切关系。目前占主流的监管机制是基于法币储备抵押的模式，本文将重点围绕此类模式研究监管技术，对其他类型的稳定币也有参考意义。

四 稳定币监管需求、挑战和机遇

(一) 监管需求

稳定币通过和现实资产进行绑定，成了数字货币市场和现实资产的桥梁，这种特性使稳定币面临很多危机。一方面，稳定币能够实现更便捷、更稳定的价值转移，很容易成为犯罪活动的资金渠道。另一方面，稳定币具备的跨国自由流动的特点，使得被稳定币绑定的法币成了跨越国界的超主权法币，将对各国的金融主权造成损害。因此，稳定币的继续发展必须满足现实的监管需求。

首先，稳定币必须满足对价值稳定的监管需求。稳定币的核心价值在于价格的稳定性，如果这种稳定性不能保证，稳定币将失去价值媒介的作用，给数字货币市场甚至是现实金融市场造成危害。

其次，稳定币必须满足合规性的监管需求。为了避免稳定币成为洗钱、违法资产转移以及其他犯罪活动的资金渠道，稳定币必须满足合规性的监管需求［例如 KYC（了解你的客户）政策、AML（反洗钱）政策等］，使监管方能够对稳定币系统内的违法违规行为进行有效管控。

(二) 挑战和机遇

相对于现实资产，基于区块链技术的数字货币很难受到单一机构的有效监管，被广泛应用在黑市交易、洗钱、勒索病毒等犯罪领域。这种缺乏监管的特性不仅使数字货币在众多国家成为被严厉监管的对象，也遏制了区块链技术的推广。区块链数字货币的监管难题主要是由区块链的去中心化特征导致的，包括去中心化账号注册机制、去中心化操作机制和去中心化系统运维。图 3 介绍了区块链数字货币的技术特点以及导致的监管难题。

去中心化账号注册机制是指区块链中账号的注册不需实名信息，任意用户都可以在无须身份信息的条件下，利用开源算法自由创建无限个账号，并在全球范围内使用，不受国界限制。去中心化账号注册机制使得监管方很难掌握账号的身份信息和归属信息，使 KYC 政策、AML 政策等监管措施缺乏有效数据。

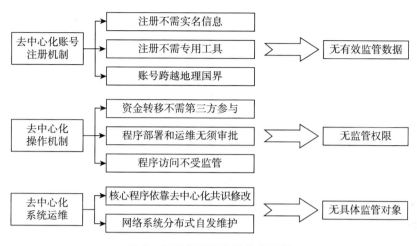

图3 数字货币面临的监管难题

去中心化操作机制是指区块链系统中用户的操作只要满足协议规范，就可以在分布式网络中自动运行，不存在中心化管理机构。在此基础上，可以实现不受监管的资金跨国境转移，不受监管的程序部署和运维（例如，在区块链上发行数字货币），不受监管的程序访问（例如，用户可以在全球范围内任意访问数字货币）。去中心化操作机制使得数字货币项目方成为现代社会中逐水草而居的"游牧民族"，可以通过将项目方甚至是项目团队成员迁移到世界上监管薄弱的地区来规避监管。

去中心化系统运维是指区块链底层基础设施是基于分布式共识自发维护的，监管方很难找到具体的监管对象。首先，区块链网络依赖的核心程序虽然是由项目核心团队开发和发布的，但是用户可以根据自己的意愿选择是否支持软件更新。当核心团队不能代表社区共识时，会出现分叉现象产生新的开发团队。其次，区块链网络中的基础节点是由分布在全球的志愿者自发维护的，避免了单一机构、单一地区出现问题导致区块链网络的崩溃。以上特点使得监管机构很难找到单一的主体作为监管对象。

基于数字货币技术的稳定币虽然也具有上述监管难题，但是由于稳定币必须维持价格稳定，其对公信力具有更高的需求。为了使普通用户认可稳定币的价值，提升稳定币的市场信心，相对其他数字货币项目，稳定币项目必须公开更多内容，甚至主动接受监管。这种特点给针对稳定币的有效监管带来了重要机遇。

首先，为了获取信任，稳定币的发行方更有意愿公开自己的身份，这使得监管方能够直接找到责任人。大多数数字货币的发行方不需要暴露在真实世界的身份，有些甚至是以匿名形式出现（例如，比特币的创始人中本聪）。而稳定币项目的发行方为了获得更多的信任，不仅会以注册公司的形式获得合理法律身份，甚至会申请政府的批准，成为合法的服务提供商。例如，稳定币 GUSD 的发行方 Gemini 公司是在美国纽约州获得许可的数字货币交易所，并获得纽约金融服务局（NYSDF）批准，发行接受政府监管的稳定币。一旦稳定币的发行方暴露了在真实世界的身份，所在地的监管机构就可以对发行方提出监管政策，使发行方在设计稳定币机制时就考虑监管需求。

其次，虽然稳定币的账号注册和交易过程是去中心化的，但是稳定币的运行周期中仍然存在一些中心化的环节，监管方可以针对这些中心化环节开展监管，实现监管目标。以 GUSD 稳定币为例，这种稳定币建立在以太坊智能合约之上，账号创建过程和代币交易过程不需要接受任何第三方的监管。然而，GUSD 代币的产生过程和销毁过程是由中心化的 Gemini 公司负责，凡是通过 Gemini 公司购买和出售 GUSD 稳定币的用户都需要实名注册账号，并进行严格的身份审查和资金审查。由于 GUSD 的生产和销毁过程涉及稳定币系统中法币资产的总入口和总出口，对这两个过程进行监管，即可覆盖全部的稳定币交易过程。

最后，虽然稳定币是运行在去中心化的区块链网络中，但是由于稳定币对信任的强烈需求，未来稳定币依赖的区块链基础设施可能会根据监管需求进行调整。在现有主流的区块链公链中（如比特币、以太坊），区块链的核心程序是根据社区共识修改完善的，任何一方都不能擅自修改核心程序，这是区块链网络很难受到单一监管方控制的主要原因。但是，随着区块链逐渐从极客技术走向更广阔的应用场景，为了促进区块链项目在竞争中获得优势，代表区块链社区主要利益的共识有可能偏向监管，甚至主动在核心代码中添加支持监管的模块。例如，阿里巴巴在美国专利局提交了一份专利，使区块链系统能够接受行政干预，当智能合约出现安全问题或者攻击事件时，受政府机构掌控的特殊账号可以通过发送干预指令，使区块链系统中的共识节点拒绝验证特定交易，从而达到撤销不安全操作、锁定涉嫌犯罪账号的监管目的。

五　稳定币监管框架

有效监管是稳定币推广发展的前提，也有利于维持价格稳定。通过分析稳定币的业务特征以及底层区块链的技术特征，我们设计了一套全流程监管框架，能够针对稳定币项目开展全面、实时、有效的监管。稳定币监管框架如图 4 所示。

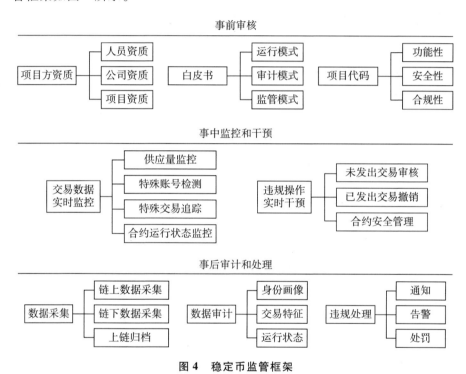

图 4　稳定币监管框架

如图 4 所示，监管流程分为以下 3 个阶段。

事前审核：指稳定币项目正式运行前需要得到监管机构的审核。通过审核的项目将在安全性、可行性、稳健性方面得到基本保证，同时也能够提升项目的公信力。

事中监控和干预：指稳定币在运行期间，针对稳定币交易数据实时监控和针对违规操作实时干预。事中监控能够最大限度地避免违规事件的发生，保证稳定币项目健康、合规运行。

事后审计和处理：指针对稳定币运行状况定期进行的审核以及相应的

处理机制。事后审计能够有效约束项目方的行为、及时发现和处理不合规的操作，最大程度保证投资人的利益。持续有效的事后审计是稳定币项目长久运行的关键保障因素。

（一）事前审核

事前审核的主要目的是保证稳定币项目在设计层面具备健康运行的基础条件。通过审核项目方资质（包括人员资质、公司资质、项目资质），能够了解项目团队在人力、技术以及合规性方面的能力，这是项目顺利进行的前提条件。通过审核白皮书，可以了解项目的运行模式、审计模式和监管模式，这些内容体现了项目的核心运行机制，能够用于检验方案是否具备可行性。通过审核项目代码，能够了解项目方是否按照白皮书的设计实现了预期功能，同时也能够检测代码是否存在安全漏洞，提升项目的合规性。

（二）事中监控和干预

事中监控和干预是指在稳定币项目运行期间，通过实时监控及时发现异常交易，并及时阻止恶意操作。

实时监控是进行干预的前提条件。通过监控供应量的变化，能够掌握稳定币的市场变化情况，为其他监管措施提供依据。通过追踪和检测涉嫌犯罪活动的特殊交易和特殊账号，能够给监管机构提供数据预警服务，使监管机构能够及时处理各种违法违规的交易活动。

稳定币中的干预机制是指项目管理员或者指定的监管机构能够对稳定币的运行状态进行干预操作。在普通的数字货币（如比特币、以太币）交易中，用户创建的交易无须审批，即可被矿工节点验证和写入区块。而稳定币项目可以在代码中设计针对交易的审批机制，阻止非法交易被确认。即使非法交易在检查时未被发现，已经发出到区块链网络，监管方也可以利用区块链特定技术（例如，手续费攻击技术、分叉技术）将已经发出的非法交易进行撤销。此外，稳定币项目还可以设置更加多样化的管理功能，以便应对各种突发事件。常见管理功能包括暂停稳定币合约、锁定特定账号、销毁代币等。

（三）事后审计和处理

事后审计是指非实时的、针对历史数据的合规审计和违规处理机制。

事后审计可以分为 3 个阶段：数据采集、数据审计和违规处理。数据采集是指将稳定币运行过程中链上、链下的重要数据采集到第三方可信存储区域，作为日后审计、处理的原始数据。数据审计是指通过综合分析链上、链下的数据，深入了解稳定币项目运行的情况，包括对持有稳定币的用户进行身份画像，从而了解稳定币的用户群体；对稳定币的交易数据进行特征分析，从而了解稳定币的业务状态；对稳定币的法币储备、发行规模等运行状态进行定期核对，从而检测项目方是否遵守白皮书中制定的各项承诺。违规处理是指监管方根据相关法律法规对违规行为进行处理。通过采用通知、告警、处罚等方式，督促项目方合规运营。事后审计和处理机制是对稳定币项目健康运行的额外保障，也是完善监管机制、提升监管效果的重要途径。

六　稳定币监管核心机制

稳定币项目在底层架构上采用区块链技术实现，在价值属性上又和现实世界密切关联，这种特殊结构使其兼具了区块链数字货币和现实金融的优势。如果监管机构对这些优势善加利用，有可能避免传统金融监管面临的问题，从而显著提升监管效果。首先，稳定币系统建立在区块链技术之上，所有针对稳定币系统的交易数据和操作数据都将公开、可靠地存储，任意监管机构和普通投资者都可以获得完整的原始数据进行审计和分析，能够避免传统监管中面临的数据篡改、数据伪造的问题。其次，虽然稳定币建立在去中心化的区块链系统之上，给传统基于中心机构的监管方式增加了难度，但是由于稳定币项目对公信力的需求非常高，其有可能主动接受第三方监管。在这种背景下，通过充分利用区块链技术特点，有可能在去中心化网络中获得类似中心化的管理能力，实现从全局到微观的违规处理机制。

图 5 介绍了针对稳定币架构特点而设计的多维度监测机制和违规处理机制。通过实现基于可信数据的多维度监测机制，监管机构能够清晰、全面地获得稳定币系统的各项相关数据，从而能够准确了解稳定币的运行状态、及时发现稳定币项目存在的问题，为实时管理提供异常预警及数据支撑。通过实现基于透明操作过程的违规处理机制，监管方可以从项目方现

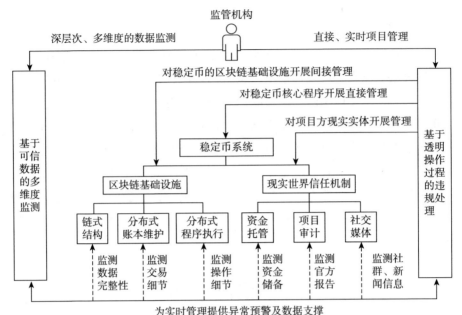

图5 稳定币监管核心机制

实实体、稳定币核心程序和区块链基础设施三个层面进行间接或直接管理，具备从全局范围的项目暂停、资金冻结到微观层面的账号锁定、交易控制等多种管理权限，能够实时处理各种违规操作，保障稳定币项目健康运行。

（一）基于可信数据的多维度监测机制

稳定币项目具有数据可信的特点，有利于实现深层次、多维度的数据监测。一方面，类似于普通数字货币，稳定币项目的所有交易操作和管理操作都将记录到区块链账本。由于区块链技术的优势，这些链上数据具有较高的可信度。另一方面，为了增加项目公信力、维持价格稳定，稳定币项目方将公布大量的项目数据，并主动采用多种机制提升数据可信度，保证链下数据可信。基于链上、链下大量的可信数据，多种类型的监管机构能够从不同维度对稳定币运行状态进行全面监控，及时发现各种异常、违规现象。图6介绍了针对稳定币的数据监测架构。

如图6所示，针对稳定币项目的监控数据源来自两个方面：链上数据和链下数据。

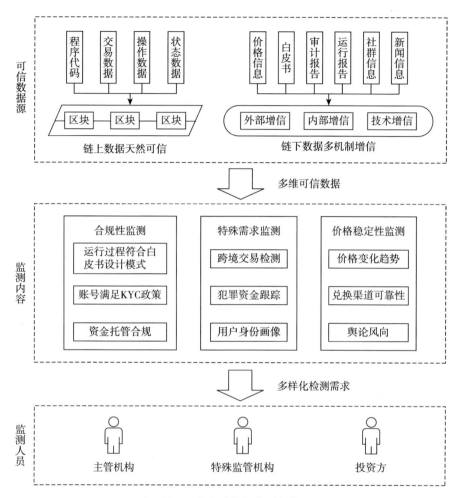

图 6　稳定币数据监测架构

　　链上数据是指稳定币项目存储在区块链账本中的数据，包括程序代码、交易数据（指代币在用户之间转移过程中的数据）、操作数据（例如，代币的增发和销毁操作、账号锁定操作数据等）、状态数据等。由于区块链技术采用的是分布式冗余存储机制和数字签名机制，这些链上数据具有不可篡改、不可伪造的特点，非常适合作为审计的原始素材。

　　链下数据是指没有存储在区块链账本中，但是与稳定币项目相关的数据，包括价格信息、白皮书、审计报告、运行报告、社群信息、新闻信息等。此类数据从侧面反映了稳定币项目的运行状态，是保证价格稳定、维持用户信心的重要数据。相对于链上数据，此类数据的来源复杂，存储方式各异，存在伪造数据、篡改数据的可能性。针对此类数据，稳定币的项目方通常会主动采取多种机制保证数据的可信度，包括外部增信、内部增信和技术增信机制。

外部增信：指利用外部机构的公信力为数据增信。例如，稳定币项目主动接受政府监管，获得监管机构的审核，邀请律师事务所审计项目运行情况等。

内部增信：指通过官方渠道发布项目相关信息为数据增信。例如，稳定币项目方在官方网站公开稳定币对应的法币储备账号，定期发布运行情况等。

技术增信：指采用技术手段为链下数据提供完整性、可靠性保证。例如，杨东（2018）提出的"以链制链"思想，通过定期采集的方式将稳定币相关的链下数据上传到具有公信力的"监管链"中永久保存，提升数据可信度。

针对稳定币数据的监测人员主要包含三类：主管机构、特殊监管机构、投资方。主管机构是指针对稳定币项目的主管政府机构，主要负责监控稳定币是否合规运行。目前，世界上首批受政府监管的稳定币是 GUSD 和 PAX，它们受美国纽约金融服务局的监管。其他国家虽然目前还没有正式授权稳定币项目，但是也都在逐渐将区块链及数字货币纳入监管渠道。特殊监管机构是指对稳定币项目的某一个方面具有监管权的机构，如负责反洗钱和犯罪调查的机构。此类机构可能针对稳定币中涉及的特殊账号和特殊交易开展监管。投资方是指持有稳定币资产的机构或者个人用户。此类用户最关心稳定币的价格变化，将对稳定币供应量、价格变化趋势、社交媒体信息进行持续关注。

监测内容主要包括三类：合规性监测、特殊需求监测和价格稳定性监测。

合规性监测：是指主管机构基于相关政策对稳定币项目进行的监测，包括稳定币项目在运行过程中是否符合白皮书设计模式，稳定币项目的账号是否满足 KYC 政策，稳定币项目募集的资金是否符合托管要求。白皮书是介绍稳定币项目运行机制的官方文档，主管机构会通过检测白皮书的内容判断项目能否健康运行，普通投资者会通过查看白皮书了解项目的可信度。因此，稳定币项目按照白皮书运行不仅是项目健康运行的保证，也体现了项目方对普通用户的承诺。KYC 政策是现实世界中金融业务必须满足的监管策略。稳定币项目如果希望得到政府机构的批准，必然要对稳定币中的账号现实身份检查，保证相关账号是具备实名信息的。无论是基于法币储备抵押模式，还是基于数字资产抵押或者算法央行模式，稳定币项目都会募集大量的现实资产，这些资产如何保存将直接影响稳定币项目的可靠性。因此，监管机构通常会对稳定币项目提出资金托管合规的需求，包括公开储备账号的信息、定期监测资产变化情况等。

特殊需求监测：是指根据特殊监管机构的需求对稳定币项目开展监测。例如，金融监管机构可能需要监测稳定币中涉及的跨境交易，反洗钱机构可能需要监测稳定币交易中是否存在洗钱活动。公安机关可能需要对稳定币交易中的用户进行身份画像，以便追查涉嫌犯罪的账号。

以跨境交易监测为例，监管方可以从多个方面获取监测数据。一方面，监管方可以采用行政手段，要求管辖范围内数字货币交易所、稳定币项目方提供账号 KYC 信息。稳定币在兑换法币时必须通过交易所或者稳定币项目方的兑换渠道，因此任何一笔稳定币最终都能够和实名 KYC 信息关联。即使用户采用多个账号中转交易，由于所有交易记录是公开的，所以依然有迹可循。另一方面，可以采用技术手段，综合利用数据分析技术、网络追踪技术发现匿名区块链地址的身份信息。

价格稳定性监测：是指针对稳定币具备的价格恒定的属性进行专项监测。价格数据反映了稳定币在市场中真实的价值变化情况，具有重要的监测价值。理论上，稳定币的价格将与法币（或者其他资产）保持恒定价值，但是真实市场中，由于官方兑换渠道手续复杂，大量的稳定币购买和赎回操作是基于第三方数字货币交易所实现的。在这些非官方兑换渠道中，稳定币的价值将根据市场信心进行波动。以 PAX 稳定币为例，项目方 Paxos 信托公司承诺其发行的 PAX 稳定币可以在其自营的 itBit 数字货币交易所实现与美元 1:1 的兑换。但是在其他交易所，PAX 和美元的兑换比例在 1 美元上下浮动。

（二）基于透明操作过程的违规处理机制

稳定币项目具有操作过程公开透明的特点，监管方能够根据稳定币项目的运行情况实现针对性的违规处理。首先，稳定币在现实世界依赖的信任机制是透明的，项目方通常会公布储备金管理机构、审计机构和公司运行信息，监管机构可以根据项目方公布的运行机制进行审核和处理。其次，稳定币的核心程序运行在区块链之上，程序代码及所有操作信息都是公开的，监管机构能够及时发现恶意操作，并在操作被确认之前进行针对性处理。最后，稳定币的所有交易数据和操作数据都将在区块链共识机制的指导下存储到区块链账本，监管机构可以利用共识机制将已发出的恶意交易拦截、撤销。通过多方面干预机制的结合使用，监管方能够有效遏制针对稳定币项目的恶意行为，保障项目健康运行。图 7 介绍针对稳定币项目的违规处理机制。

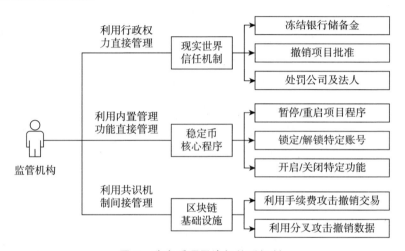

图 7　稳定币项目违规处理机制

　　如图 7 所示，监管机构可以从现实世界信任机制、稳定币核心程序、区块链基础设施三个层面开展监管，有效应对各种违规事件。

　　现实世界信任机制是稳定币项目获得用户公信力的核心手段。不同于普通数字货币项目，稳定币项目方不仅会公布公司信息、法人信息，还会邀请律师事务所等公证机构为项目运行情况背书，甚至会主动接受政府主管部门的监管。在这种情况下，监管方能够轻易找到具体责任人，实施冻结银行储备金、撤销项目批准、处罚公司及法人等常规的监管手段。利用行政权力直接管理稳定币项目是监管的底线手段，能够有效督促项目方合规运行，减少违规行为造成的损失。

　　稳定币核心程序是指用于实现稳定币核心业务功能，并在区块链上存储和运行的程序。理论上，区块链程序从底层架构到上层业务可以不接受中心节点控制，任何人都不能单方面干预区块链程序的运行情况。但是，为了使项目满足合规性，获得更大的发展空间，稳定币项目不得不让渡一些去中心化特点，给项目方及监管方提供一些中心化的管理功能。通过在稳定币核心程序中内置管理功能，项目方及监管方能够实现暂停/重启项目程序、锁定/解锁特定账号、开启/关闭特定功能等管理操作，从技术层面阻止恶意交易的发生。例如，为了打击洗钱和其他基于数字货币的犯罪活动，监管方可以要求稳定币核心程序实现黑名单管理功能，凡是涉及黑名单地址的交易都将被稳定币程序视为非法交易。监管机构可以通过稳定币核心程序提供的 API 接口更新黑名单列表，实现直接管理。

区块链基础设施是指稳定币项目依赖的运行环境，包括区块链网络及数据同步更新机制。在区块链环境中，数据同步是基于矿工群体、用户群体之间的共识实现的，单个机构无法随意修改数据。但是，通过利用共识机制的特点，监管机构有可能在共识机制允许的范围内实现数据修改、数据撤销等操作，阻止已经发出的恶意交易。常见的手段包括以下两种。

利用手续费攻击撤销交易：区块链网络中，用户创建交易后，交易信息将在区块链网络中泛洪传播，等待所有节点的确认。只有经过大部分节点的确认，交易才能够被系统认可为已确认交易。如果在同一时间内，出现两个互相矛盾的交易，区块链网络中的节点将出现分歧，最终将根据确认次数的多少决定哪一个交易被认可，另外一个交易则将被撤销。在目前大多数区块链网络中，节点选择待确认交易的共识策略包括两个：交易手续费和交易到达时间。利用这种普遍认可的交易确认共识，监管方可以在发现恶意交易后，立刻创建相矛盾的、高手续费的交易，人工在区块链网络中造成节点分歧，使恶意交易被撤销。

利用分叉攻击撤销数据：区块链网络中一旦数据写入区块链账本就很难被篡改，这是由于账本数据由分布式节点共同维护，并采用最长链机制保证数据一致性，使得单一机构修改本地数据对区块链账本无效。然而，如果出现特殊情况，使大多数区块链节点认可数据更改，则区块链账本维护的共识就会发生改变，不遵循最长链机制，而是根据共识结果选择指定的区块位置继续更新，抛弃原本最长链中的部分数据。这种机制被称为分叉现象，能够撤销已经写入区块链账本的数据。例如：2016 年，以太坊最大的众筹项目 DAO 遭受黑客攻击，丢失了 360 万枚以太币，价值 6000 万美元，在以太坊核心开发人员的号召下，以太坊主网实现硬分叉，撤销了被黑客攻击的交易数据。在稳定币系统运行中，如果出现严重违规事件，监管机构也可以利用分叉机制实现间接管理。

通过上述分析，可知针对稳定币项目，监管方有多种机制实现不同维度的管理。基于行政权力的管理操作将直接作用在现实世界的公司及法人上，能够从根本上起到威慑、惩戒的作用，是监管的底线操作。基于稳定币核心程序的管理操作将使得监管机构具有直接管理具体业务的能力，能够在交易发生前进行有效遏制，减少攻击威胁。基于区块链基础设施的管理操作从底层出发，在共识机制许可的范围内实现数据撤销功能，能够在交易发生后进行纠偏降损，为应对非预期、非常规的攻击留下最终解决办法。

七　结论

区块链稳定币是区块链数字货币实验中的重要研究对象，本文针对稳定币的技术特征，详细分析了稳定币面临的监管需求、挑战和机遇，提出了一种围绕稳定币生命周期的监管框架，详细介绍了稳定币监管的核心技术。研究稳定币监管技术，不仅展示了区块链数据公开、操作透明的特征在监管领域的重要优势，也充分体现了传统金融领域中各种监管机制对区块链项目健康运行的重要作用。区块链数字货币以及区块链技术的发展必须建立在拥有健全监管机制的基础之上，只要充分利用区块链技术特点，一定能够从根本上提高监管效果，使区块链技术真正落地。

参考文献

阿里巴巴公司："BLOCKCHAIN-BASED TRANSACTION PROCESSING METHOD AND APPARATUS"，http://appft.uspto.gov/netacgi/nph-Parser? Sect1 = PTO1&Sect2 = HITOFF&d = PG01 &p = 1&u = %2Fnetahtml%2FPTO%2Fsrchnum. html&r = 1&f = G&l = 50&s1 = %22201-80285837%22. PGNR. &OS = DN/20180285837&RS = DN/20180285837，2018 年 10 月 4 日。

巴比特咨询：《火币李林：近期会孵化一个基于稳定币的区块链应用》，https://www.sohu.com/a/253996478_104036，2018 年 9 月 15 日。

钱包圈 App，http：//www. qianbaoquan. com/index. html。

王华庆、李良松：《简析数字稳定代币》，《中国金融》2018 年第 10 期。

杨东：《区块链 + 监管 = 法链（REGCHAIN)》，人民出版社，2018。

姚前、孙浩：《数字稳定代币的试验与启示》，《中国金融》2018 年第 10 期。

袁勇、王飞跃：《区块链技术发展现状与展望》，《自动化学报》2016 年第 4 期。

祝烈煌、高峰、沈蒙等：《区块链隐私保护研究综述》，《计算机研究与发展》2017 年第 10 期。

Bitcny，https：//bitshares. org/. 2018.

Bitcoin，https：//bitcoin. org/zh_CN/. 2018.

Coinmarketcap，https：//coinmarketcap. com/. 2018.

DAI，https：//makerdao. com/. 2018.

DigixDAO，https：//digix. global/dgd/. 2018.

ethereum，https：//www. ethereum. org/. 2018.

GUSD，https：//gemini. com/. 2018.

Imtoken，https：//token. im/. 2018.

Metamask，https：//metamask. io/.

Nubits，https：//nubits. com/. 2018.

Omni 协议，https：//www. jinse. com/bitcoin/215074. html. 2018。

PAX，https：//www. paxos. com/. 2018.

Smart contract，https：//en. wikipedia. org/wiki/Smart_contract. 2018.

STASIS EURS，https：//stasis. net/. 2018.

TUSD，https：//www. trusttoken. com/trueusd/. 2018.

USDT，https：//tether. to/. 2018.

大数据征信时代个人信息保护
法律机制研究

——一种比较法的视角

张　歌*

摘　要　这是一个数据大爆炸的时代。随着大数据时代的到来，海量数据成为最具价值的"新石油"，中国的个人征信行业也迎来大数据时代。大数据在给人类带来变革的同时，伴随而来的是对传统个人信息保护框架的挑战。当前中国大数据征信实务界面临的重要问题就是，大数据征信过程中个人信息的保护问题。本文首先梳理了当前中国大数据征信的现状，陈述了当前中国大数据征信存在的问题。然后，指出了中国当前对于个人信息保护领域立法存在的不足和漏洞，梳理了大数据征信中个人信息保护的欧盟模式，对欧盟个人信息保护法律机制的最新改革与司法实践进行了比较法考察。最后，倡议中国的大数据征信个人信息保护立法应该借鉴欧盟模式，制定统一的个人信息保护法；在该部统一法中明确个人信息的定义；完善个人信息保护执法的机制，从而得到更加健全的、完善的、长足的发展。

关键词：大数据征信；个人信息保护；欧盟模式；比较法

---

* 张歌，现为美国圣路易斯华盛顿大学在读法律科学博士生（Doctor of Juridical Science），研究方向为网络法、互联网金融法律与实务、大数据法、金融法。

一 引言

这是一个数据大爆炸的时代。随着信息技术的不断发展，海量的数据成为"新石油"。数据以指数级的速度增长，将我们带入大数据时代。大数据是一项颠覆性的新兴技术，具有改变世界的潜力。大数据时代的到来掀起了全球范围内的技术狂潮。最早提出"大数据"概念的是全球知名咨询公司麦肯锡。麦肯锡称："数据，已经渗透到当今每一个行业和业务职能领域，成为重要的生产因素。人们对于海量数据的挖掘和运用，预示着新一波生产率增长和消费者盈余浪潮的到来。"然而，大数据的发展是一把双刃剑。它在给人类带来变革的同时，伴随而来的是对传统个人信息保护框架的挑战。

本文聚焦大数据征信时代个人信息的保护问题。文章共分为五个部分。在本文的第二部分，作者阐述了信贷消费正在中国公民的日常生活中变得越来越普遍的现象，个人征信行业的发展也随之变得越来越重要。在文章的第三部分，作者将当前中国大数据征信个人信息保护的法律法规分为四个层次，并指出了中国当前对于个人信息保护领域立法存在的不足和漏洞。在本文的第四部分，作者梳理了欧盟大数据征信个人信息保护的法律框架。在本文的第五部分，作者为中国大数据时代征信业个人信息保护的立法提供了三个建议。作者期待所提供的三个建议能够完善和推动当前中国大数据时代个人信息的保护。在本文的结论部分，作者重述了主要观点。中国应该尽早完善大数据征信中个人信息的保护机制，以更好地推动个人征信行业在中国的健康发展。

二 中国大数据征信行业的 现状和存在的问题

（一）从"现金土壤"到"信用王国"

在过去的 10 年中，信贷消费在中国迅猛增长。数据显示，截至 2017 年末，我国消费信贷市场规模已达 9.80 万亿元，占 GDP 的比重为 12.32%。从目前的规模来看，消费信贷市场仍将保持快速增长，预计到 2019 年末，我国消费信贷余额将达 14.67 万亿元。这些数据表明中国经济正在从计划经济向市场经济转变。未来，中国居民的个人消费仍然是中国经济增长的新引擎。随着国家经济的发展，中国居民将对信贷消费产生更大的需求，借贷的需求也必然持续上升。

可是，谁能想象，直到 20 世纪 80 年代，中国的民众才开始接触"信贷"这个概念。然而，在过去的短短的 10 多年中，中国已经从"现金土壤"变成了"信用王国"。中国人民银行的数据显示，我国消费信贷保持快速增长。2017 年中国全年新增人民币贷款 13.53 万亿元，再创历史新高。全年消费贷爆发，居民短期贷款增加 1.83 万亿元，同比增长 181.8%。不仅如此，总结央行的数据，近 10 年来的新增信贷整体呈现攀升态势，由 2008 年的 4.91 万亿元攀升至目前的 13.53 万亿元。

个人征信系统在发达国家已经高度完善，是信贷消费市场的重要组成部分。当前，中国人民银行征信中心和其下属单位上海资信有限公司是央行征信系统中仅有的两家征信机构。百行征信是央行批准的唯一一家个人征信机构，是中国构建的一个全新的信用体系，将以阿里、腾讯为主的 1000 多家网贷平台的数据全部收集起来，与中国人民银行的信用体系形成互补。官方数据显示，中国人民银行征信中心拥有将近 8.5 亿人的个人档案，但是其中只有 3.2 亿人有个人征信档案。也就是说，当前，中国只有约 37.65% 的人口拥有个人征信档案。这个数字远远低于美国的数据——在美国，将近 85% 的人口拥有个人征信档案。我国未来消费信贷行业市场空间巨大。显而易见的是，当前的两家央行系统征信机构和一家个人征信机构——百行征信远远不能满足市场的需求。

可以预计，随着中国信贷消费市场的发展，越来越多的中国人开始用信贷消费，需要个人征信系统，将建立个人征信档案。因此，在我国，建立一个全面的、完善的、健全的个人征信系统迫在眉睫。

（二）大数据时代的到来

这是一个数据大爆炸的时代。随着大数据时代的到来，海量的数据成为最具价值的财富。在信息传播极其迅速的今天，各种数据涌入我们的生活。大数据成了一场革命，革新了我们生活、工作以及思考的方式。随着大数据时代的到来，在中国建立一个健全的、完善的、全面的个人征信系统的任务变得更加急迫。

"大数据"最早的定义来自知名咨询机构麦肯锡 2011 年 5 月发布的一

项研究报告。报告给出的定义是："一种规模大到在获取、存储、管理、分析方面大大超出了传统数据库软件工具能力范围的数据集合，具有海量的数据规模、快速的数据流转、多样的数据类型和价值密度低四大特征。"此后，大数据的发展和研究成了各行业的热门话题，从而带动了政府、企业和研究机构对大数据的研究热情。不同行业对大数据的使用已经成了经济增长的新引擎、新动力。"大数据"最大的特点是它将人类的行为作为数据保存下来，所有人类的行为在大数据中都成了数据。

2014年，"大数据"首次写入《政府工作报告》。这意味着政府看到了大数据的价值，并持续关注其发展。除了《政府工作报告》之外，近年来，国家还出台了许多有关大数据征信个人信息保护的政策，推动了大数据征信行业在中国的健康发展。例如，2013年12月中国人民银行出台的《征信机构管理办法》和2013年3月国务院下发的《征信业管理条例》，放开了市场化个人征信机构的开设。2015年6月17日，国务院第95次常务会议审议通过了《关于运用大数据加强对市场主体服务和监管的若干意见》，提出了运用大数据的方向，包括提高为市场主体服务的水平；发展市场化个人征信业务，加快网络征信和信用评价体系建设；改进和完善互联网金融监管，提高金融服务的安全性，以有效防范互联网金融风险及其外溢效应等。2015年7月1日，国务院发布《关于积极推进"互联网+"行动的指导意见》，协同制造、普惠金融等11个方向被纳入"互联网+"行动的重点领域，将获得国家层面的推动和支持，互联网金融正式升级为国家重点战略，而"大数据"战略，正符合当前信息化经济发展的潮流。2015年7月18日，中国人民银行等十部委联合对外发布《关于促进互联网金融健康发展的指导意见》明确规定，鼓励从业机构依法建立信用信息共享平台，允许有条件的从业机构依法申请征信业务许可，接入央行征信系统。2015年9月5日，国务院提出要加强大数据征信行业的顶层设计——《促进大数据发展行动纲要》。该纲要为中国发展大数据的战略计划提供了指导。2015年8月30日，中国信息通信研究院发表报告，指导中国大数据的发展。该报告预测大数据从2016年到2018年将以每年40%的速度增长。2017年，工业和信息化部正式发布《大数据产业发展规划（2016 - 2020年）》，全面部署"十三五"时期大数据产业发展工作，加快建设数据强国，为实现制造强国和网络强国提供强大的产业支撑。

自 2014 年开始，五年来，党中央、国务院高度关注大数据的发展，国家政策对互联网金融的发展给予了大力的支持。五年间，我国大数据产业发展环境进一步优化，呈现持续高速增长态势，成为中国经济新一轮快速增长的新动力和拉动内需的新引擎。尽管如此，大数据技术是一把双刃剑。在拥有巨大的价值和潜力的同时，它对监管与治理构成了巨大的挑战，特别是对于监管部门的挑战。目前，中国的大数据征信行业仍然处于"婴儿期"。大数据征信的发展方兴未艾，却步履维艰。当前最重要的问题是如何对其进行发展和监管，对个人信息进行保护，以更好地服务中国的个人征信业市场。

（三）个人信息滥用的问题已经在发达国家浮现

征信系统是金融市场发展的重要基础设施。个人征信是个人信息聚集并且被用于评价信用的过程。大数据征信在 20 世纪 60 年发端。但是，直到 2014 年，人们才开始注意到大数据征信操作中个人信息滥用的现象。这些现象首先在个人征信业较为发达的西方国家浮现，如欧盟和美国。

在欧盟，个人隐私滥用的情况近年来层出不穷。例如：2012 年德国最大征信公司夏华准备从社交媒体采集数据，用以评估消费者的信用状况，但引起了公众的极大反响，最终计划搁浅。2017 年 1 月，WhatsApp 修改其隐私政策——允许 Facebook 向用户投放精准广告。德国消费者组织联合会因此对其提出诉讼，指控其非法收集和储存数据并传输给 Facebook。欧洲议会于 2016 年 4 月 27 日通过了新的数据保护法案——《通用数据保护条例》，取代先前制定的《个人数据保护指令》，旨在加强欧盟区居民的数据保护。《通用数据保护条例》已经于 2018 年 5 月 25 日生效。

在美国，大数据征信中个人信息权的侵犯问题也已引起社会公众的广泛关注。因此，监管部门已经采取措施，用立法的方式对该问题加以规制。例如，2014 年 5 月，美国总统执行办公室发布 2014 年全球"大数据"白皮书——《大数据：把握机遇，守护价值》。该白皮书表明美国政府理解和看重大数据为经济社会发展所带来的创新动力，但也意识到可能与信息权产生的冲突。2015 年 1 月 12 日，奥巴马在美国联邦贸易委员会演讲中宣布保护个人隐私的新法案提议——《消费者隐私权利法案》。2016 年 10 月，联邦通讯委员会（FCC）通过的《保护宽带及其他电信服务客户隐私管理规定》，旨在令用户在网络服务商如何使用其个人信息上有更大的决定权，同时将用户浏览网页的历史记录或使用应用程序的记录等数据视为应受保护的敏感信息。2017 年 3 月 28 日，美国国会众议院以 215 票支持、205 票反对的表决结果通过法案，废除奥巴马政府关于网络用户在线隐私的保护规定。

回首 2016 年，单单上半年全球数据泄露事件高达 974 起，也就是说上半年每个月大概有 162 起数据泄露事件，再细化到每日就是约 5 起。这个数字量看似很少，但每起事件背后是我们无法想象得到的用户数量。到 2017 年，用户数据泄露趋势更加严重化。《2017 年全球数据泄露成本研究》报告，对比往年，2017 年企业和组织数据泄露的规模比以往更大，平均规模增长了 1.8%。

（四）在中国，类似的问题也已经浮现

2015 年是中国大数据征信的元年。从 2015 年开始，大数据征信个人信息保护的问题开始引起政府有关部门和社会公众的广泛关注。根据百度的一项调查报告，60% 以上回答问题的网友对大数据征信在中国未来的发展持悲观态度。悲观的主要来源正是个人信息的保护问题。目前，虽然大数据征信中个人信息被侵犯的现象在中国的实践中尚未发生，但是类似的侵犯个人信息的问题已经发生在了其他领域。

例如，2015 年 9 月 19 日，一个网友在互联网上公开了自己的经历：最近，他接到了来自蚂蚁金服的一个电话。通话中，蚂蚁金服提到一个向他借钱的朋友。该网友称自己和该人不熟，但是蚂蚁金服说他们有记录该网友曾经向这个朋友赠送了一个礼物，说明他们是熟人。该网友认为蚂蚁金服侵犯了他的个人信息。

又如，目前一些第三方应用程序（App）号称可以"直连央行征信系统"，只要在手机上下载软件就能查询个人征信记录，看起来似乎方便又快捷。比如，一款由杭州某信息技术公司开发的名为"征信－个人征信查询"的 App，介绍自己称"直连央行征信，征信报告免费领取"。用户在使用这些 App 时，要通过手机和验证码注册，随后还要进行身份验证。在身份验证的过程中，用户需要输入身份证号、姓名等个人信息。同时，还要回答一些问题甚至还可能被要求输入银行卡号等信息。事实上，以上述 App 为例的众多代查个人征信 App 会要求获取用户手机号等多项隐私权限，包括位置、访问摄像头，甚至包括读取短信和通话记录等。有用户称，在用手机号注册后，第二天就接到各种贷款电话。一来一往中，个人信息已经被这些 App 盗走。

再如，中国青年报的一项调查显示，超过 60% 的回复者称他们移动应用的默认设置允许与第三方分享他们的个人信息。比如，2018 年初支付宝年度账单就被发现默认勾选"同意《芝麻服务协议》"。但情况正在发生改变，埃森哲战略《全球消费者动态调研》指出，企业若不能提供个性化的购物体验，41% 的中国消费者会感到失望。但是在订购用以了解和预测其需求的智能服务时，超过半数（51%）的消费者担心个人数据的安全。

目前，中国针对大数据征信个人信息保护尚未制定专门的法律，大部分与信息保护相关的规定散落在各个部门法之中，如《宪法》、《刑法》、《民法总则》和《网络安全法》等。

三 当前中国大数据征信个人信息保护立法的不足和漏洞

（一）中国个人信息保护的四个层次

近 5 年来，在全球范围内，大数据征信成为人们热议的问题。大数据征信有巨大的实践意义和商业用途，但是大数据时代的到来使得个人信息的权利边界消失，给个人信息的保护带来巨大的挑战。根据海外经验，一个健全的数据保护系统是运行良好的征信市场的基石。个人信息保护问题是信息社会的基本问题，它伴随着计算机大规模应用而出现，20 世纪 70 年代西方发达国家开始通过立法予以回应。美国、欧盟和日本对于大数据征信中个人信息权的保护问题均有完善的、周密的、健全的法律系统。发展至今，全球共有 115 个国家制定了个人信息保护法。在这些繁杂的个人信息保护立法中，大体呈现欧盟统一立法和美国分散立法两种模式。

当前，我国尚未存在个人信息保护法的统一立法。在国内立法中，个人信息保护的规定过于原则或者笼统，可操作性不强，并且散见于各个不同的法律、法规、规章和司法解释中。我国个人信息保护立法现状明显呈现分散立法的趋势。这使得我国无法应对大数据时代背景下信息爆炸式增长，与世界接轨困难重重。因此，要治愈个人信息滥用的"痼疾"，实施国家大数据战略和网络强国战略，需要加快制定统一的个人信息保护法。

当前，国内有许多关于大数据征信个人信息权保护的立法活动。2009年，《侵权责任法》首次确立隐私权的法律地位；《刑法修正案（七）》设立了出售、非法提供公民个人信息罪与非法获取公民个人信息罪两个罪名；2012年，全国人民代表大会常务委员会制定了《关于加强网络信息保护的决定》，首次从法律上界定了个人信息的内涵和范围，这也是我国法律首次对个人信息保护实体内容进行较为系统的规定；2013年，修订的《消费者权益保护法》明确将个人信息得到保护的权利列为消费者的一项基本权利，全面突出强调了消费者个人信息保护方面的内容；2016年，《刑法修正案（九）》对《刑法修正案（七）》的规定予以进一步完善，将两个罪名合并为侵犯公民个人信息罪，还增设了拒不履行信息网络安全管理义务罪；2016年，《网络安全法》获得审议通过，明确要求网络运营者建立健全用户信息保护制度，是迄今为止对个人信息保护最为全面的立法；2017年，《民法总则》第111条，规定自然人的个人信息受到法律的保护。

根据其在法理学上的位阶效力高低，作者将当前中国个人信息保护法分为四个层级。第一层级是《中华人民共和国宪法》（《宪法》），因为《宪法》在法律位阶上地位最高，是最重要的根本大法。第二层级是普通的法律，如《刑法》和《民法通则》。它们的位阶效力低于《宪法》。第三层级是行政法规，如《中华人民共和国电信条例》和《计算机信息系统安全保护条例》。第四层级是部门规章，如《互联网电子公告服务管理规定》。

（二）当前中国个人信息保护立法的不足和漏洞

根据当前美国最大的征信机构FICO的副总裁Sandy Wang的说法，美国征信业经历了四个阶段。第一阶段表现为不同种类的征信机构疯狂地瓜分市场份额；第二阶段表现为政府开始监管市场；第三阶段伴随着各种兼并和整合；第四阶段表现为少数寡头公司主导市场。根据Sandy Wang的说法，中国目前正处于第一阶段。因此，想要进入更高阶段，中国必经第二阶段。这需要政府对大数据征信个人信息保护问题加以重视和充分的监管。

但是，目前，中国大数据征信个人信息保护方面的立法散见于各个部门法中，杂乱无章，即大数据征信在中国最大的问题是缺少统一的立法。当前，初步统计有近40部法律、30余部法规、200多部规章涉及个人信息保护问题。这些法律法规包括（但不限于）：《宪法》《民法通则》《侵权责任法》

《关于加强网络信息保护的决定》《消费者权益保护法》《征信业管理条例》《未成年人保护法》《传染病防治法》《商业银行法》《居民身份证法》《统计法》《刑法》《互联网电子邮件服务管理办法》《互联网电子公告服务管理规定》《医务人员医德规范及实施办法》《艾滋病监测管理的若干规定》《信息安全技术公共及商用服务信息系统个人信息保护指南》《治安管理处罚法》《刑事诉讼法》《民事诉讼法》《关于贯彻执行〈中华人民共和国民法通则〉若干问题的意见（试行）》《关于审理名誉权案件若干问题的解答》《残疾人保障法》《老年人权益保障法》等。

当前，相关领域的立法涉及不同领域的部门法，如宪法、民法、刑法和行政法等。另外，这些法律法规有不同的性质，如法律、决定、行政法规、部门规章和自律规范。最后，这些法律法规分属不同的法律阶层，如宪法、普通法律法规和特殊领域的法律法规。当前的立法现状呈现杂乱无章的特点，没有一部统一的部门法对大数据征信个人信息进行保护。执法者很难通过现存的法律法规对个人信息的侵犯进行规制。因此，制定统一的个人信息保护法迫在眉睫。

另外，当前立法有许多的模糊之处。例如，当前立法中没有个人信息的明确定义。个人信息的概念非常模糊。例如，《关于加强网络信息保护的决定》以及《征信业管理条例》是与大数据征信监管直接相关的两部法律。但是，这两部法律对于"个人信息"都没有提供明确的定义。尽管在《互联网企业个人信息保护测评标准》中有对个人信息的明确定义，但是这个规定的性质仅仅是行业自律规定，不是法律，没有法律上的约束力，也不能被应用于大数据征信的监管中。这个标准的影响力不大。为了更好地完善中国的数据保护机制，中国应当明确现存法律法规中"个人信息"的范围。

当前，"个人隐私"和"个人信息"在现存的法律法规中相互指称，语意模糊。例如，《关于加强网络信息保护的决定》将"个人信息"和"个人隐私"这两个词语互相指称。但是，在中文中，这两个词语有不同的内涵和外延。在中文中，"信息"的范畴远远大于"隐私"，即"信息"包括"隐私"。同时，"信息"比"隐私"更加抽象。"隐私"通常用来指称某种更具体的事物。当前，"个人信息"和"个人隐私"互相指称的现象非常普遍，造成了实践中的混乱和模糊。为了更好地适用个人信息保护的法律，中国应该区别"个人信息"和"个人隐私"，不能将两者互相指称。

最后，当前的法律法规很难在实践中应用。例如，《宪法》中指明"中华人民共和国公民的通信自由和通信秘密受法律的保护"。但是，《宪法》只是纲领性文件，不能被应用于诉讼中。因此，这个条文不能解决当前大数据征信个人信息保护的问题。又如，《侵权责任法》在第二条中规定"侵害民事权益，应当依照本法承担侵权责任"。法条中规定的民事权益包括隐私权。但是，这个法律的范围过于广泛，想要将该法规应用于当前的法律实践中非常困难。

四 立法改革的可行措施：向欧盟模式学习

综观全球，欧盟有全世界范围内最为严格的个人信息保护机制。欧盟认为，每个人都享有个人信息被保护的权利。在欧盟，个人信息权被视为比其他的权利更为重要的一项基本人权。2012 年 1 月，欧盟委员会推动了整个欧盟范围内全面的个人数据保护改革。这项改革目前已经完成。在这项改革以前，欧盟的个人数据保护机制被称为《欧盟数据保护指令》（Directive 95/46/EC）。该指令建立在《经合组织关于保护个人信息和越境流动的准则》之上，囊括了欧洲人权公约第八条的全部关键内容。改革之后，欧盟全新的个人数据保护法被称为《一般数据保护条例》。该条例已经在 2018 年 5 月 25 日生效。

1. 一个统一的、有力的、全面的个人信息保护法

《一般数据保护条例》建立了一个统一的、有力的、全面的个人信息保护法立法模式。《一般数据保护条例》为欧盟公民数据处理制定了一套统一的法律和更严格的规定，也规定了对违规行为的严厉处罚。根据欧盟委员会的提议，之前欧盟的个人数据保护机制呈现零散化，不能有效地解决个人信息侵犯的问题。因此，欧盟制定了《一般数据保护条例》，采取了更为有力、有效的个人数据保护机制。作者相信中国的情况与之相同。中国同样需要一个有力、有效的个人数据保护机制。

欧盟的立法经验毫无疑问值得中国借鉴，其启示如下。单一的数据保护立法有利于统一市场的建设。差异化和不协调的数据保护方案和执法机制不仅影响到公民基本数据权利的保护效果，而且也会阻碍数据的自由流通和再利用。同时，还会让数据经济企业在开拓市场时面临很大的法律不

确定性，无形之中增加了企业的守法成本和合规风险。

2. 对于"个人信息"明确的、官方的定义

在欧盟之前对个人信息保护的立法机制中，几个法律文件都将"个人信息"解释为"个人数据"。欧盟之前对于个人数据的保护分为两个部分：欧盟法和欧洲议会法。两者都包括条文法和判例法。在 2018 年欧盟实施《一般数据保护条例》之前，在欧盟法的框架下，涉及个人信息保护的法律法规包括《欧盟数据保护指令》的第 2 条（a）款以及欧盟法院的几个判例，例如 Volker、Markus Schecke GbR、Hartmut Eifert 诉 Land Hessen 以及 Productores de Musica de Espana 诉 Telefonica de Espana SAU。在欧洲议会法的框架下，涉及个人信息保护的法律法规包括 "Convention for the Protection of Individuals with Regard to Automatic Processing of Personal Data（Convention 108）"第 2 条（a）款以及欧盟人权法院的一个判例 Bernh Larsen Holding AS 诉 Norway。《个人数据保护指令》中包含对于"个人数据"的明确定义。在 2018 年欧盟实施《一般数据保护条例》之后，GDPR 第 4 条（a）款强调，个人信息（Personal Data）是指可直接地或间接地识别或用于识别自然人的信息。

3. 一个有效的、有力的执法系统

欧盟的《一般数据保护条例》将继续通过监管机构和法院执行，除了民事补救外还有刑事和行政处罚。根据国际隐私专业人员协会的数据，《一般数据保护条例》加大了行政处罚的力度，不遵守数据隐私法规的后果就是会受到严厉的制裁和巨额的罚款。对于一般性的违法，罚款上限是 1000 万欧元，或者在承诺的情况下，最高为上一个财政年度全球全年营业收入的 2%（两者中取数额大者）；对于严重的违法，罚款上限是 2000 万欧元，或者在承诺的情况下，最高为上一个财政年度全球全年营业收入的 4%（两者中取数额大者）。判罚的严重程度是基于以下因素：违规的性质、严重程度和违规的持续时间；违规是故意的还是因疏忽造成的；对个人身份信息的责任心和控制程度；违规是单个事件还是重复事件；受到影响的个人资料的种类范围；数据主体遭遇的损害程度；为了减轻损害而采取的行动；由违规产生的财务预期或收益。《一般数据保护条例》创设了一个有效的、有力的执法系统，为中国的个人信息保护法改革树立了良好的榜样。

五　一个理想的中国模式：中国需要
什么样的个人信息保护法？

（一）建立一个统一的个人信息保护法

当前我国针对公民个人信息保护的立法是修补式的分散立法，即在已有的法律法规基础上，在各个相关立法项目中补充若干条款。从 2012 年全国人大常委会通过的《关于加强网络信息保护的决定》开始，在《消费者权益保护法》（修订）、《刑法》修正案、《网络安全法》、《电子商务法》等后续立法中都践行了这种分散立法思路。客观来说，分散立法能够解决个人信息保护面临的部分实际问题，但因为现有分散立法有相当一部分是原则性条款，实际可操作性不强，仍然不能从根本上改变我国个人信息保护的滞后现状。全球已有 111 个国家和地区实行了个人信息保护立法，超过全球具有独立司法管辖权领域的一半，且这一数字仍在快速增长。而在后期跟进的国家和地区中，绝大部分选择了制定统一的个人信息保护法，包括日本、韩国、新加坡、中国台湾和中国香港等。对于我国来说，如果继续沿着分散性立法思路模式走下去，公民对个人信息享有的基本权利体系，政府、企业及其他主体收集、使用个人信息的基本规范将不能受到统一法律约束，我国公民个人信息保护的法律制度建设将长期处于滞后状态。

（二）在该部统一法中明确个人信息的定义

对于中国立法者而言，第二个重要的任务是解决中国的个人信息保护法中对于"个人信息"的定义问题。当前，"个人信息"在中国大数据征信实际操作中的边界仍然非常模糊。作者认为中国可以学习欧盟的经验来解决该问题。在欧盟的《一般数据保护条例》中，"个人信息"被定义为："与可识别的或者已经识别的自然人有关的任何信息。"其中，"可识别的自然人"被定义为："可以直接或者间接识别的自然人，特别是通过识别标志，比如姓名、证件号、定位数据、在线身份识别，或者就该自然人的身体、生理、基因、精神、经济、文化或者社会身份而言特定的一个或多个因素。"作者呼吁中国向欧盟模式学习，对"个人信息"进行明确的定义。如果"个人信息"的定义不够明确，在未来大数据征信实践中将很难确定何种行为构成对"个人信息"的侵犯。

（三）应当完善大数据时代征信业个人信息的法律保护机制

最后，完善大数据时代征信业个人信息的法律保护机制迫在眉睫。法律的生命在于实施。作者认为中国可以借鉴欧盟的立法模式。目前我国最新的《民法总则》和《网络安全法》等法律明确提出了保护公民个人信息安全的条款。相较于之前零散分布在不同法律条文中的"模糊"条款，这是一种进步，也为保护公民个人信息安全提供了直接的法律依据。但是这两部法律中的条款仍存在弊端，总体上说都较为宏观，对违法行为的认定较为笼统，更为重要的是都缺乏对违法行为的具体处罚措施。我国尚没有出台个人信息保护法的明确时间，今后一个时期保护公民个人信息安全的主要法律手段仍将是现有的法律中的相关条款。基于此情况，我国有必要尽快制定执行细则，尽可能地强化现有法律可操作性的特征，将侵犯公民个人信息安全的违法行为认定，责任标准区分，处罚措施等尽可能细化、量化，最大限度地发挥既有法律法规的作用。此外，在今后的立法中，要针对大数据侵犯公民个人信息安全违法行为的特点，充分考虑法律的可操作性问题，从立法之初就将执行力列为优先考虑的范畴。

六　结论

在过去短短的 10 年中，中国见证了个人征信行业的迅猛发展。数据是个人征信机构的核心资产，也是征信业发展的重要基石。在人类进入大数据征信时代之后，大数据征信在带来巨大创新的同时，也给监管带来了巨大挑战。频发的众多个人信息泄露事件使个人信息的保护成为政府部门和社会大众普遍关注的焦点。在这个信息技术飞速发展的时代，个人信息的保护机制变得越来越重要。波士顿咨询公司在其 2015 年 2 月的《互联网金融生态系统 2020 系列报告》之大数据篇《回归"价值"本源：金融机构如何驾驭大数据》中指出："金融机构需推动自上而下的内嵌式变革，才能将数据转化为价值，创造竞争优势。"随着大数据时代的到来，在发达国家的征信实践中已经出现了大量个人信息滥用的问题。在我国，第一例大数据引发不正当竞争的案例已经浮现。虽然我国的大数据征信个人信息滥用的案例尚未发生，但是当前中国大数据征信个人信息保护立法非常薄弱，不足以应对未来层出不穷的对于个人信息权侵犯的问题。为此，作者梳理了当前中国大数据征信个人信息保护立法机制的不足和漏洞，并且将当前我国的个人信息保护法律法规按照其在法理学上的位阶效力的高低分为四个层级。作者梳理了欧盟大数据征信个人信息保护立法，并且建议中国的立法改革应当学习欧盟模式。首先，作者总结了欧盟立法模式的三个特点：第一，一个统一的、有力的、全面的个人信息保护法；第二，对于"个人信息"明确的、官方的定义；第三，一个有效的、有力的执法系统。作者对于中国个人信息保护法改革的建议是：第一，建立一个统一的个人信息保护法；第二，在该部统一法中明确个人信息的定义；第三，应当完善大数据时代征信业个人信息的法律保护机制。

目前我国"互联网＋"方兴未艾，大数据征信蓬勃发展，当前立法系统的完善无疑对于大数据征信的健康发展具有划时代意义。2016 年 4 月 19 日，中国国家主席习近平主持召开网络安全和信息化工作座谈会时指出："网络安全和信息化相辅相成，安全是发展的前提，发展是安全的保障，安全和发展要同步推进。网络安全和信息化是一体之两翼、驱动之双轮。"在个人信息保护方面，中国显然还处于"蛮荒时代"。

欧盟已经在个人信息保护立法方面做出了大胆的探索，值得中国借鉴和学习。任何法律的制定都应该基于本国的国情，中国应该立足于本身的社会发展现状，借鉴欧盟的既有经验，制定有中国特色的个人信息保护法，以更好地完善大数据时代下我国的征信系统。

参考文献

《奥巴马宣布保护消费者个人隐私与权益新法案提议》，http://www. chinanews. com/gj/2015/01 – 13/6961856. shtml，2015 年 1 月 13 日。

《百行征信横空出世，信用时代已然来临！》，http://baijiahao. baidu. com/s？id = 1596242782603770452&wfr = spider&for = pc，2018 年 3 月 29 日。

《从五年政府报告　看我国大数据发展轨迹》，http://news. yesky. com/hotnews/280/564097780. shtml，2018 年 3 月 9 日。

冯文芳、李春梅：《互联网金融背景下大数据征信建设研究》，《国际金融》2015

年第 10 期。

付平德：《基于大数据的智慧物流模式构建》，《物流技术》2018 年第 1 期。

《Facebook 泄露隐私算什么？国内一次外卖，竟把 4 万用户秘密全泄露》，http://bai-jiahao. baidu. com/s？id ＝1598722626225798869&wfr ＝spider&for ＝pc，2018 年 4 月 25 日。

《个人隐私被"盗走" 央行"封杀"代查个人征信 APP》，http://www. creditchi-na. gov. cn/gerenxinyong/gerenxinyongliebiao/201805/t20180509_115109. html，2018 年 5 月 9 日。

《国务院：全面推进大数据发展应用 建设数据强国》，http://www. sohu. com/a/30689459_115592，2015 年 9 月 6 日。

《建议尽快制定专门的个人信息保护法》，http://epaper. oeeee. com/epaper/A/html/2018 － 04/29/content_24373. htm，2018 年 4 月 29 日。

《人民银行等十部门发布〈关于促进互联网金融健康发展的指导意见〉》，http://www. gov. cn/xinwen/2015 － 07/18/content_2899360. htm，2015 年 7 月 18 日。

《深度整理｜欧盟〈一般数据保护法案〉（GDPR）核心要点》，https://www. jian-shu. com/p/4b473eff6f6c，2018 年 5 月 4 日。

《数据安全｜美国人眼中的大数据法律问题》，http://www. 199it. com/archives/436133. html，2016 年 1 月 31 日。

王秋香：《大数据征信的发展、创新及监管》，《国际金融》2015 年第 9 期。

《网络安全及信息化：网信事业一体之两翼、驱动之双轮》，http://politics. rm-lt. com. cn/2016/0919/440477. shtml，2016 年 9 月 19 日。

《张新宝：个人信息保护仍须统一立法，分散立法难以实现顶层设计》，http://www. sohu. com/a/229722837_161795，2018 年 4 月 27 日。

《中国信息通信研究院：中国大数据产业分析报告》，http://www. 199it. com/ar-chives/577651. html，2017 年 3 月 30 日。

周梅：《大数据科学综述》，《科技创新导报》2017 年第 11 期。

《2017 个人信息隐私保护十大事件（国际版）》，http://www. tisi. org/4992，2018 年 1 月 18 日。

《2017 年新增信贷 13. 5 万亿创新高 消费贷爆发》，21 世纪经济报道，http://fi-nance. sina. com. cn/roll/2018 － 01 － 15/doc-ifyqptqv9448401. shtml，2018 年 1 月 15 日。

《2017 年中国消费信贷报告：2019 年总额将达 15 万亿元》，一财网，http://finance. sina. com. cn/chanjing/cyxw/2017 － 11 － 30/doc-ifyphtze2925021. shtml，2017 年 11 月 30 日。

China Starts Big Data Credit Reporting, "The Difficulty Lies in How to Protect Personal Privacy", *Contemporary Newspaper*, 2015, 1 (16).

商业银行构建开放式金融云平台路径探究

罗 勇[*]

摘 要 互联网技术的发展，推动商业银行网络金融服务模式由线上电子化、渠道化经营逐步向平台生态化变革转型。在这一形势下，商业银行需要着手打造开放式金融云平台，围绕场景生态化，瞄准数据与技术生态化发展趋势，集中内外部资源构建一体化服务，助推金融服务品质和效能不断提升。

关键词： 金融科技；开放银行；场景生态化；数据与技术生态化

一 引言

近年来，科学技术对人们的生产生活产生了广泛影响，尤其是给传统企业造成显著冲击，推动其不得不做出改变。随着科技的快速发展，我国迎来了产业数字化时代，进而引发企业商业模式的创新升级。换言之，企业广泛应用新技术后，其内外部的商业模式会发生质的改变。例如，随着近些年互联网技术的不断应用和成熟，目前很多企业积极利用互联网技术改变其自身内部组织形态、流程环节以及外部的资源协同，逐渐向数字化方向发展，强化了组织架构的扁平化趋势，也促进了企业金融需求的差异化、多样化。

---

* 罗勇，工商管理硕士，民生银行网络金融部副总经理（主持工作）兼直销银行事业部副总经理（主持工作）。

在此背景下，商业银行网络金融服务模式需要经由线上电子化、渠道化经营和平台生态化三个阶段实现变革转型。如果要想尽早跨入平台生态化高阶发展阶段，商业银行亟须整合内部产品与用户资源，通过应用模块等与科技公司合作，构建开放式金融云平台，以满足产业升级所促发的不断进化与变革的市场需求，实现网络金融业务的超常规高速发展。

当前，开放银行也逐步从概念走向实践，在全球各地呈现快速发展态势，其中欧洲、美国发展尤为强劲。开放银行在欧美出现两种不同的组织形态，一种是大型银行自主搭建开放银行平台，另一种是中小型银行通过第三方平台的开放 API，融入金融科技生态圈。

在国内，银行与金融科技公司纷纷提升对新技术的敏锐捕捉能力与快速的市场响应能力，创新探索实践开放式金融云平台。特别是传统商业银行，目前正着手打造开放式金融云平台，围绕场景生态化，瞄准数据与技术生态化发展趋势，集中内外部资源构建一体化服务，助推金融服务品质和效能不断提升，并取得了初步成效。

二　开放式金融云平台探究

（一）新科技下商业银行面临新挑战

随着互联网和物联网技术的发展和普及，人工智能、云计算、区块链等科技应用越来越广泛，大量互联网企业、平台型企业涌现，传统企业也纷纷开始推进互联网化、数字化和智能化，并进行商业模式的重塑。

通常来说，科技赋能企业经营发展会经历以下三个不同的阶段。一是经济信息化阶段（E-factory），即工厂式信息化。这个阶段的企业由规模化生产向科技化改造，充分利用信息资源，强化内外部管理，进一步提升生产效率和服务品质。二是渠道化经营阶段（D-factory）。随着平台类企业的出现，企业经营强化渠道分销能力，采取渠道直销模式，采购和销售将更加扁平化。三是平台生态化阶段（O-factory）。为适应平台化服务模式，企业通过引入"合伙人制度"，将内部组织架构演变为"平台＋内创"的扁平化、移动化组织模式，以便完成整个平台生态化建设。未来，企业内部各个单元将更加单一化和切片化，形成独立的业务单元、销售单元、研发单元等，而各个单元之间利用互联网、数字技术就可以形成"生态型"的平台架构。

传统商业银行是典型的流程型服务模式，以产品销售为出发点，业务条线独立运作，协同合作机制落后、成本高昂。而随着技术应用的进一步深化，企业在新平台、新经济模式下呈现云化、智能化、数字化的新特点，对应的金融需求也发生了巨大变化，也就是说新技术驱动新经济发展，新经济催生新金融需求，新金融必然以新经济为基础实现发展。过去的商业银行模式已经无法满足新兴的金融需求，因此提出了金融服务变革的市场诉求，要求商业银行以行业专业化运营，以客户为中心，零售、对公等业务条线紧密联动，实现端到端的整体综合运营。

在数字经济和 API 经济时代，网络化、平台型和生态模式成为主要特征，商业银行需要重新定义运营和流程、调整组织架构、革新理念和重新定位商业银行的核心能力，进而重构业务模式和价值链，这成为商业银行服务转型的根源和未来发展方向定位的依据。

（二）商业银行变革网络金融发展模式

新时代呼唤新经济，新经济要有新金融。商业银行在银行牌照、获取低成本资金、金融风控、线下网点、客户信任等方面，具有互联网企业所无法比拟的优势。在互联网技术进步以及企业需求转变的推动下，商业银行要抓住市场机会，快速做大市场份额，网络金融需要从初始阶段的线上电子化模式逐渐进化到渠道化经营模式，再升级为平台生态化的开放银行模式。

在线上电子化阶段，电子银行（E-bank）是商业银行的主要平台，即实现服务线上化、金融信息化，其核心目标是，围绕全系统业务构建一个全行层面的数字化线上银行，该平台支持全行各部门多项业务线上化，如零售网金、公司网金、金融市场等。在此阶段网络金融作为成本中心，以集中管控模式为主，统一管理全行业务的线上化和产品功能升级，解决海量信息供给问题，实现 24 小时推送产品和服务。未来，一方面，在支付新规等政策的影响下，支付业务有望全面回归商业银行；另一方面，随着大数据时代的来临，数据资源的重要性愈加显著。因此，网络支付与数据银行业务是线上银行的重点发展方向。

在渠道化经营阶段，商业银行通过打造直销银行（D-bank）等平台提供敏捷直达的金融服务。渠道化经营本质上是根据不同的渠道形成对应的自动化销售，如大力创新推广的智能厅堂、微信银行以及直销银行等，实际上都是在谋求渠道直达，吸引客户眼球，帮助客户快速决策购买产品或者使用服务。在此阶段，网络金融逐步从线上电子化阶段的成本中心转变为利润中心，管理模式是"平台＋渠道"，通过线上平台实现不同客群间相互引流、转化；构建智慧营销平台，从目前手工、低频、目标广、非闭环的营销方式日益向自动、高频、精准、闭环营销管理模式演进，提升流量经营能力，聚焦内部流量转化、外部流量获取、存量客户活跃度和价值提升，低成本高效经营流量、做大客群。这对于传统银行过去通过客户经理或者网银手机的服务方式来说，是很大的优化、提升和补充，并且用流量互换的销售方式往往能催生比客户经理和银行网点单点拓展更高的产出。因此，未来商业银行在依托自身平台，做大流量和客户价值，做强客户黏性，提高客户交互频率的同时，需要强化与第三方平台的合作，整合各自优势资源，开展相互引流。在这一过程中，商业银行要全面甄别银行服务与企业、个人客户的金融需求对接过程中的错位、缺位，从中挖掘产品研发以及金融服务改进机会，充分借助"平台＋渠道"新型管理模式，提升流量经营和变现能力。

在平台生态化阶段，商业银行将致力于打造开放银行（O-bank），着力开放式金融云平台构建，以云平台为支撑，提供开放智慧的金融服务。例如苹果公司构建的 App Store，商城里部署很多 App，供用户挑选下载，并形成一种按照美誉度排名的机制，让更好的应用更充分地露出和更多地被下载，这样有助于形成应用开发者与用户的良性生态循环，促使应用开发者打造更优质的应用，赢得更多用户。未来，在开放银行领域，将采取"合伙人计划"等方式，将平台上的 App 开发者拓展为服务对象，并实施"平台＋内创"新型管理模式。平台上会聚合众多开发者，围绕场景、应用、钱包、商城等不同生态进行应用开发，形成 ISV（独立软件开发商）开发者生态；银行凭借自身的理财、支付、网贷、风控、生活圈等产品和服务能力，多年经营的账户和客户，积累了巨大流量，其与开放平台互为流量，逐渐形成"交易＋金融"的融合。开放银行可以真正将流量范式转化为经营模式，依靠产品功能的创新设计解决客户的个性化需求，实现客群生态经营是未来发展方向。

（三）欧美试水开放式金融平台

自 2008 年以来，谷歌、亚马逊和 Facebook 等科技巨头给传统银行业运营带来了不小的挑战和冲击。为避免被淘汰，银行业纷纷开始利用金融科技或者与大型企业开展合作来实现自身变革。

2014 年，Gartner 提出"开放银行"（Open Banking）的概念，认为银行未来的价值创造将不再是对核心资产的保护，而是来自核心资产的提供、分享和杠杆作用。开放银行通过与商业生态系统开展数据、算法、交易等方面的共享合作，为商业生态系统中各相关 B 端、C 端等提供服务，通过现代化、开放式、科技型经营战略来改革金融服务业。

当前，开放银行已逐步从概念走向实践，在全球各地呈现持续发展态势，其中欧洲、美国发展尤为强劲。在政府及监管层面，英国政府的竞争和市场委员会 CMA 从 2016 年开始主导 Open Banking 计划，推动个人与小企业及其他第三方服务商与银行安全地共享数据：通过简单的统一界面，个人即可管理自己所有金融账户，并根据自身需求十分便捷地选择合适的金融产品和服务，高效、低成本进行资产管理。欧盟 2016 年通过 PSD2 法令规定，为增强欧盟支付行业竞争优势和创新能力，欧洲银行经客户授权后，其支付服务和相关客户数据可以向第三方开放。2017 年 10 月，美国消费者金融保护局 CFPB 发布了 9 条有关金融数据共享的指导意见。澳大利亚、新加坡、日本和韩国等金融强国，也都相继推出各自的金融数据共享战略。

在业界，欧美目前已出现了多个银行与金融科技公司"牵手"的案例，如欧洲开放银行的领先者 BBVA，2013 年就开始以黑客松为载体向开发者开放数据和接口，2017 年 5 月 BBVA 的 API 接口对西班牙客户正式开放，首轮开放 8 个 API，涉及零售用户服务、企业信息服务以及零售端多渠道数据整合服务。花旗银行 2016 年 11 月在全球推出 Citi 开发者中心，开放用户账户、授权、转账、信用卡、花旗点数等七大类 API。开发者既能方便快捷、搭积木般地通过花旗银行的 API 模块"拼凑"出想要的金融应用程序，还能使用花旗银行海量的数据。借助花旗银行的全球影响力及其 API 的开放性，Citi 开发者中心在短短一个月时间吸引了 1500 位开发者。总部位于英国的数字银行 Starling Bank，开放了自己的 API，方便其他开发者借助 Starling Bank 的现金账户享用银行服务。目前，通过银行开放的接口可以获取用户、账户信息以及支付数据。依托金融开放，传统银行和金融科技公司逐步开展更深层次的协作和竞争，助推其目标从追求自身效益最大化转变为追求用户利益最大化。

综观欧美监管机构以及商业银行对开放银行的理解和实践，可以发现，不论是英国的 Open Banking 规范还是欧盟的 PSD2，或是美国的金融数据共享和整合原则，都强调了对金融数据的开放，在开放的同时提供更安全的服务。

中国在第三方支付业务上的发展已经超越了欧美，但是在金融数据共享上还处于起步阶段，英国和欧盟正在引导开放银行建设，金融共享成为当今金融领域中的必然趋势。国内金融机构在平台开放上可以此作为参考。

值得注意的是，欧美国家由于金融运营体系更为成熟、金融政策更侧重于市场调节，对开放银行的标准更多地关注技术标准层面。但中国银行业作为后来者，市场竞争更为激烈，价值空间有待挖掘，应当在借鉴欧美国家先进做法的同时，更加注重利用开放银行作为价值提升的利器，将开放银行更多地视作运营标准，而非简单的技术标准。

如果中国的传统银行业加强改革转型，发力金融服务基础平台建设，成为平台型银行，那么其一方面可以直接服务客户，另一方面还可通过平台上的金融科技公司向客户输出间接服务。平台型银行与平台上的合作伙伴借助数据共享，为平台上的客户提供更加丰富、更加个性化的服务，既能增强存量客户黏性，又能吸引新客户。中国传统银行业经过长年经营和打磨，具备金融服务良好的品牌影响力和牌照优势，其转型成为开放银行后，主要收入来源更加多元化，除了传统的金融服务收费外，平台服务可能成为新的利润增长点。

（四）商业银行构建开放式金融云平台的路径分析

传统银行模式下，银行服务以自身产品和服务渠道为基础，直接面向个人客户或者公司客户，提供标准化、流程化的产品与服务。当前环境下，为适应和满足企业多样化的金融需求，商业银行需要着手打造开放式金融云平台，围绕场景生态化，瞄准数据与技术生态化发展趋势，集中内外部资源构建一体化服务，助推金融服务品质和效能不断提升。未来银行的基本业务可向模块化发展，按照市场需求"拼凑"业务模块，增加金融服务的弹性和多样性。未来银行成为高度开放共享的金融服务平台后，金融科技公司与银行的关系将从传统模式下的激烈竞争状态转化为携手并进的竞合关系，共建金融生态圈，协同推动金融服务质量和效能的进一步提升。传统银行模式与开放银行模式比较见图1。

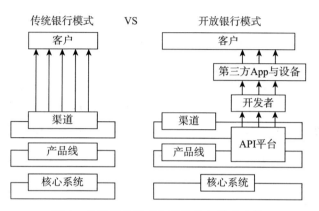

图1　传统银行模式与开放银行模式比较

1. 以构建生态化场景为切入口

生态化场景由于主要涉及产品业务层面，可以作为构建开放式金融云平台的有效入口。据麦肯锡预计，到2025年，全球范围内的新生态圈将出现在总收入池约60万亿美元的十二大传统产业之中，当前许多国际领先银行已挑选了其擅长的领域开始发展生态圈。在中国，银行可围绕"衣""食""住""行"四大与人们生活息息相关的领域择机切入。

商业银行构建生态化场景，可采取自建场景、投资场景、嵌入场景、输出场景等模式，围绕市场上有金融需求的各种生态主体，提供精细、综合、专业的金融服务，由单一的产品服务输出向嵌入场景的服务模式转型，提升流量变现能力，实现客群生态经营。

就商业银行而言，如果要依托场景构建开放式金融平台，则可根据相关领域在产品服务、政策规定等方面的成熟度，采取以下几种模式。一是针对尚未形成聚合专业化平台的相关领域，可整合内外部资源，以自建、并购、投资等形式，将关键节点予以打通，标准化、批量化、生态化服务客户，提供涵盖咨询、金融、IT、运营的整体性服务方案，构建覆盖细分行业的全场景。二是针对已建成专业化平台，但受监管要求等因素制约，平台还未向金融领域延伸的相关行业，可与此类平台开展合作，输出金融产品和服务，让银行提供的金融服务无缝嵌入其他企业生态中，为其场景中的各类客户提供无感式金融服务，有助于企业提升综合服务能力和客户黏性。三是针对享有垄断地位优势的资源整合者，由于其服务已延伸到金融领域的相关行业，银行不宜全面介入，而应将之定位为补缺者角色，根据平台资金和金融服务的短板，提供定制化、补充性金融服务等。

从发展趋势上看，商业银行构建开放式金融云平台，需要在以下几个方面持续发力：一是要充分借助大数据、人工智能、云计算、信息安全等前沿技术打造标准化服务，采取统一标准化合作流程，快速推进各方技术对接，高效输出标准化金融服务；二是积极应用大数据技术，开展360度洞察分析，重构金融数据系统，提升精准营销和实时风控能力；三是通过远程银行提供可视化服务，整合打通线上渠道，实现各渠道互联互通，为客户打造安全一致的服务体验。

2. 以数据与技术生态化为创新方向

在作为基础设施的数据与技术运用方面，商业银行除应充分应用人脸识别、人工智能、AR/VR、大数据等新技术有效提高风险控制能力和客户服务能力外，更重要的是要通过共享数据与技术接口，与科技公司合作，实现金融科技的开放式接入，也就是搭建开放银行，更为深入地创建开放式金融云平台。

这种开放式金融云平台，可以在商业银行、商业生态以及科技公司之间构架起中间桥梁，多方协同形成合力打造数据、业务、流量闭环体系，并能有效地促进业务批量拓展。这对商业银行而言益处良多：一是有助于将对外服务方案标准化，简化与其他企业的对接流程；二是只需要从技术供应方获取API，不必自行研发特定技术接口，大大降低了开发成本；三是平台可有效对接各类商业生态，将专业金融服务融入多种生活消费场景以及各行业企业生产经营活动中，利用场景开展无感知或者弱感知的沉浸式批量获客导流。对于技术供应方来说，可借助商业银行的金融服务能力，获取海量、专业、精准的数据，开发创新应用，在各类商业场景中为客户提供更合适、更便捷、更安全的服务。

从技术层面看，开放式金融云平台是API经济在银行业的具体应用，即指商业银行在风险审核的基础上，借助模块化的开放API，采取与商业生态系统共享数据、算法、交易等方式，将平台开放给基金公司、保险公司等金融同业，电商平台等商业企业以及 ISV 等科技公司，方便各类合作伙伴快捷、合规地调用接口，在开放式金融云平台上为个人消费者和企业持续创造更便捷、更安全的服务体验。

在开放式金融云平台发展路径上，商业银行应充分发挥自身在金融产品服务和风险管理等方面的优势，专注自身经验丰富的业务开展能力，一是要整合自身在账户、财富管理、支付结算、网络融资等基础金融服务方面的优秀能力，构建基础金融服务模块，将底层金融服务依据不同场景进行聚合、集成为模块，方便上层商业生态系统调用；二是要重点发力大数据风控模型构建和能力建设。众所周知，银行端积累了庞大的金融交易数据，而场景端收集了丰富的客户行为数据，因此，商业银行应充分借助客户行为数据更全面地了解客户、搭建新的金融风控模型，进一步提升风控系统的敏感度与准确性。除此之外，开放式金融云平台还可借助人工智能、区块链、物联网等各类新技术创新基础金融服务，为平台上的客户提供更强大、更精准的金融服务。

此外，为了促进开放式金融云平台有效运用，商业银行还可以开展"合伙人计划"，选择在行业里有影响力、具备良好创新能力的 ISV 公司创始人或开发者作为生态伙伴，参与银行业务发展及开放政策规范的制定，在市场、技术、组织文化和管理等多方面与商业银行协同努力、共生共赢。

（五）民生银行开放式金融云平台的探索实践

近年来，受益于互联网科技发展，国内的互联网企业基本实现了组织架构扁平化，并凭借对新技术的敏锐捕捉能力与快速的市场响应能力，率先探索实践开放式金融云平台。以蚂蚁金服为例，其不仅将支付入口、理财保险的产品层、信用风控的支持层以及基础设施层对生态伙伴开放，而且宣布推出"生态合伙人"计划。目前，这一开放生态已初具规模，截至 2017 年末，蚂蚁金服平台开放接口超过 1500 个，活跃服务商超过 17000 家，API 日调用量超过 9 亿次。

互联网企业开放式金融云平台的构建与运用，为国内商业银行提供了有益借鉴。在国内，民生银行率先做出了探索尝试，其金融云服务平台具有技术扩展开放能力：通过与行业系统服务商合作，将服务商开发的行业应用软件、解决方案等部署在民生银行具备金融服务能力的云服务器上，多方协同为行业客户打造优质、综合、多元的一体化服务。民生银行金融云平台将与合作商相互引流，一方面行业系统服务商可推介自身商户资源入驻平台，另一方面非行业系统服务商的合作商户可直接在平台上了解行业解决方案，并通过金融云服务平台接入，从而便捷地获得平台上的行业系统服务商服务。

作为中国银行业改革的试验田，民生银行向来拥有丰富的创新基因和强烈的拼搏精神，积极探索构建生态化场景，搭建金融云服务平台，开放银行金融能力，赋能第三方合作伙伴，使每个企业都能为自己的客户提供涵盖"存、投、贷、汇、付"齐全的金融服务，既能丰富商户App的应用场景，强化商户与客户之间的联系，又使个人客户享受到更全面、更便捷的金融服务。目前，民生银行已构建集"存、贷、汇、投、支付缴费"于一体的金融服务体系。在理财类产品方面，民生银行打造我国商业银行第一款余额理财产品——如意宝，具有银行信用背书、多个产品选择空间、余额自动申购、无须自行购买等特点，并保持了2017年全年平均收益率超过余额宝360天、高于微信理财通322天的优势；在收益率和流动性兼顾方面，民生银行根据用户偏好高收益同时又有流动性需求的特点，推出慧选宝、理财产品质押贷款服务，满足购买定期产品的客户在产品封闭期急需钱用的流动性需求；在贷款产品方面，民生银行携手小米推出了线上联合消费贷款，价格低，可实现1分钟审批、3秒放款；在支付产品方面，民生银行打造了统一支付品牌"民生付"，为个人提供手机与手机之间、商户消费、ATM取现等场景的二维码扫码支付服务，也为商户提供了一码多付的一站式聚合扫码收单服务。民生银行金融云服务平台可为商户应用提供包含电子钱包、余额增值、个人理财、在线代收付、线下跨商户收款等在内的行业综合解决方案。此外，如果现有服务不能满足商户需求，可在合法合规的前提下，在双方共赢的基础上，为合作商户定制开放在线金融服务。

特别是民生直销银行，作为国内首家，其先发优势明显，一直保持行业第一地位。2018年1月率先迈入直销银行2.0时代，以"4朵云＋1范式"全新亮相，将服务触角延伸到B端企业，覆盖大中小企业、小微商户等产业链上下游，为平台各方客户提供更加丰富的产品、更智能化的金融服务。以标准化、可复制、高效能的范式为传统企业提供金融科技支持，满足企业自金融需求，助力国家"一带一路"倡议实施和实体经济快速发展。

未来，民生直销银行还将持续创新升级，以开放式金融云平台的理念和方向，探索实践直销银行 3.0 模式。按照客群分类，一是打造面向个人零售客户的纯线上、低成本的零售直销银行；二是依托互联网技术，为客户提供线上支付结算、财富管理、资金支持等综合性金融服务模式，优化升级对公线上银行；三是借助民生直销银行强大科技开发力量、齐全的金融产品库、灵活快速的第三方合作标准化输出模式，与城商行、农商行优势互补，作为金融同业机构弥补金融服务能力不足的强有力补充，满足其客户日益增多的新兴消费需求，打造城商联盟直销银行；四是通过民生银行金融云服务平台，向 ISV 服务商提供丰富的 API 接口，包括账户类、产品类、支付类、数据类等各种银行应用，打造 ISV 虚拟银行。按照产品模式分类，一是直接面向服务客户的场景，通过网站、手机 App、微信银行等专属服务渠道，提供标准化产品；二是面向民生直销银行合作的三方企业客户，提供 BBB 模式（服务企业客户）与 BBC 模式（服务企业客户的个人客户）的三方合作版综合服务；三是针对 ISV 服务商提供专属的金融云服务平台，包括丰富的 API 接口和开放型产品。

三 结语

人工智能、大数据、云计算等科学技术的快速发展，催生了企业新的金融服务需求，也为商业银行网络金融转型变革提供了技术支撑等客观条件。面对互联网企业深度介入金融服务抢占用户、业务等方面带来的严峻挑战，商业银行需要在产品服务上向嵌入场景的服务模式转型，在技术上采取开放式接入金融科技的方式提升服务能力，紧跟市场热点和客户痛点，创新设计产品功能，力争满足客户个性化需求；通过生态经营模式增强客户黏性；借助"合伙人计划"等构建开放式金融云平台，只有这样，才能适应企业云化、智能化、数字化的新特点、新要求，更充分地满足企业和金融市场主体日益丰富多样的新预期、新需求，在产业数字化进程中紧抓机遇、做强做优金融服务、快速提升市场份额。

参考文献

蔡凯龙：《金融数据共享引发全球金融变革》，FT 中文网，2017 年 11 月 3 日。

陈翀：《第三方开放银行平台模式》，《中国金融》2017 年第 20 期。

董兴荣：《开放银行新亮相，银行退居底层》，《财资中国｜财富风尚》2018 年第 7 期。

罗勇：《新形势下交易金融的实践与创新——科技·产业·新金融》，《财资中国｜财富风尚》2018 年第 7 期。

技术驱动背景下监管科技发展
与监管创新

腾讯研究院监管科技课题组*

摘 要 近年来，技术与监管的结合使得监管科技（RegTech）逐渐进入金融机构和金融监管部门的视野。本文首先梳理了监管科技的内涵及其发展的必要性和重要性，并提出金融监管科技的"SOLID"特征。其次，介绍了监管科技的主要技术发展，以及技术在监管和市场两个层面的应用。再次，分析了国内监管科技发展现状，指出监管和技术难以有效对接导致监管科技发展中仍存在"断层"。从次，借鉴部分国家和地区推出的"监管沙盒"模式，系统分析了我国实行沙盒的可行性，并提出自上而下的分类统一监管沙盒的设计构想。最后，给出了在当前技术驱动背景下，我国监管科技发展和监管创新的若干建议。

关键词： 监管科技；金融监管；技术创新；监管沙盒

一 监管科技概述

（一）监管科技的内涵与概念

技术（Technology）与金融监管（Financial Regulation）的高度融合使

* 课题组成员：杜晓宇，腾讯研究院副秘书长；巴洁如，腾讯研究院高级研究员；刘建，腾讯金融研究中心副主任；章书，腾讯安全大数据金融安全负责人；张艳慧，腾讯研究院助理研究员；秦岳鸣，腾讯研究院助理研究员；屈冬子，腾讯研究院助理研究员。

得监管科技（RegTech）逐渐进入金融机构和金融监管部门的视野。英国金融市场行为监管局（Financial Conduct Authority，FCA）在 2015 年提出了"监管科技"的概念。监管科技的内涵发展大致经历了狭义—广义—拓展三个阶段。

狭义的监管科技即"合规科技"，具体指金融机构利用新技术更有效地适应监管部门的合规要求。广义的监管科技增加了监管机构的角度，即监管机构主动应用新技术开展有效监管工作。拓展范畴的监管科技将技术延伸到了非金融领域，如医疗健康、环保监测等。

本文将监管科技定义为一种应用大数据、人工智能、区块链、云计算等信息技术，帮助监管部门提高监管效率、防范风险并帮助被监管部门降低合规成本的科学方法。

（二）监管科技发展的必要性和重要性

自 2008 年金融危机以来，金融环境的日益复杂对金融监管和金融机构发展都提出更加严苛的要求，监管科技应运而生，其发展具有必要性和重要性。

1. 金融合规成本逐步上升

金融危机后各国纷纷出台监管政策以防范风险，监管部门任务繁重，需要投入更多的人力、财力实施监管。据 CB Insights 报道，2016 年一年美国证券委员会已累计执法 868 次，开出罚单金额高达 40 亿美元。据统计，2017 年中国证监系统全年开具的仅针对被监管机构和个人合规性的罚单达到 249 张，罚没金额共计 5.73 亿元。

此外，监管新规不断出台，金融机构需投入精力去理解和执行监管新规，从而增加合规成本。金融机构对监管要求了解不深入可能导致创新滞后而贻误商机，也可能因忽视监管形成风险而面临规范整治，增加创新管理的成本。

2. 金融风险形式复杂，市场波动性大

金融科技背景下金融服务方式更加虚拟，其在打破行业之间壁垒加快资金融通的同时，也使金融风险的传导速度更快，波及范围更广。此外，金融产品间交叉性、关联性不断增强，风险更隐蔽从而难以被监管机构和金融机构识别，传统金融监管面临巨大挑战。

3. 传统金融监管为被动监管，存在滞后性

传统金融监管往往表现为被动地在违规事件发生后的处罚和监管规则修正，属于"事后监管"。如传统监管多依赖金融机构报送监管数据和合规报告。这种滞后性使得监管部门在面对风险时难以提前防范，使得部分风险通过金融创新产品快速蔓延到整个市场，甚至可能引起市场较大波动以致演变为系统性风险。

（三）监管科技的主要特征

监管科技以坚实的监管规则和技术手段为基础进行融合，其主要特征可以概括为"SOLID"。

监管规则标准化（Standardized）：主要指监管规则的数字化和代码化。将技术融合到监管首先要突破的问题就是如何将一系列监管政策与规则翻译成技术可识别的计算机语言。

监管与技术交叉融合（Overlapping）：监管科技强调监管规则与技术的高度融合，其核心就是将大数据、人工智能、区块链、云计算等技术应用到金融监管中。

法律依赖性（Legalistic）：监管科技必须是遵循法律规则的。一方面，其在运用技术进行监管时法律是不可逾越的底线；另一方面，需要完善现有的法律体系，在法制上保障监管科技的合理运用。

各主体协同性（Interoperable）：监管科技涉及的主体众多，包括各监管部门、被监管主体以及第三方技术机构等，除在行为上的协同性以外，监管科技更强调信息上的协同性。

监管动态性（Dynamic）：利用监管数字化手段，监管科技可以对个人或金融机构的行为进行全程实时监控。此外，监管部门还可以根据金融市场的变化和监管对象个体的成长对某些监管参数和预警指标进行动态调整，达到动态监管与动态调整的统一。

二 监管科技的主要技术及应用

（一）监管科技的主要技术发展

监管科技可以弥补传统监管的不足，应对越来越高的监管要求。监管

科技具有敏捷、实用性强、可扩展和反应速度快等特点，可以更高效地提取、分析和呈现数据，并可以从不同方面对相应数据进行实时计算，自动形成多个报告，以满足金融企业对于金融合规的特定需求。其技术发展主要体现在以下几个方面。

一是提高数据聚合与管理技术。目前，金融行业关于交易数据定义的不一致影响着数据共享和监管工作的效率，因此提高数据聚合与管理技术可以完善基于中央数据库的统计监测系统。新的加密和安全技术可以更好地确保数据的安全性和完整性，同时更有效地向相关用户进行信息披露。数据共享和计算引擎是监管合规和风险防范等关键功能集成的重要前提，可以通过快速搜索存储在企业服务器上的信息，来打破信息孤岛之间的障碍。通过简化合同、账户、风险、财务和交易信息的收集过程，来制定企业整体的监督制度，帮助创建真正互通和共享的数据库集群。

二是高级数据分析与解释技术。机器学习尤其是神经网络技术能够通过识别大型数据集中的非线性关系，制定更准确的风险模型，有效地测试和改善风险模型，创建更精确和更细化的统计分析方法，解释非结构化和定性数据的输出内容，如支付系统、通信和监测的行为、可疑的交易模式，以及"理解"新规定等。

三是数据映射和数据可视化技术。数据映射和集中管理系统的结合，有助于将从不同渠道收集的数据连接起来，以匹配存储在不同位置的等效项目。数据映射可以让数据细节相互协调和比较，保持相对一致性，从而发现和增强数据实用意义。

四是智能立方体。智能立方体是多维数据矩阵，能更清楚地呈现和解读数据。智能立方体以自动化和标准化模式来表示、验证和公布数据集，能够更加清楚地解读数据并呈现数据特征，从而有效降低数据使用成本，保持数据的灵活性、一致性特点。智能立方体的概念首先由奥地利中央银行提出，并有效地运用到金融业务中，帮助银行和监管机构了解《巴塞尔公约》的相关规定。

五是实时合规和风险管理技术。监管科技可以运用新技术改进监管流程、优化监管工具，从而更有效地助力监管；可以通过大数据与人工智能的结合运用，及时准确地获取、分析和处理具有前瞻性的风险相关数据；可以通过建立风险预测模型来识别相关风险，提升监管数据的准确性和及时性；同时还可以大大降低监管的调阅检查成本。

（二）监管科技的主要技术手段

根据目前业内的普遍研究方向，监管科技最主要的技术手段在于"智能算法"，"智能"是最具智能人类赋予计算机的一项技能。根据统计学可知，数据之间是存在某种紧密联系的，而面对海量的数据，人脑的分析速度难以和计算机相比。近十年来计算机硬件系统不断发展，高性能的CPU、GPU横空出世，使得各种高精度、高密度算法有了施展的空间。因此将智能算法引入监管的流程中去，用极快的运算速度来分析各个案例中隐含的信息，能有效识别各种违规行为。

近年来人工智能技术的快速崛起，底层技术的发展功不可没。在智能监管的流程中，最为关键且具代表性的底层技术可以概括为大数据、高性能数据处理器和云计算。下面就这几种智能算法和底层技术分别展开详细描述。

1. 人工智能及其相关技术

人工智能包含的内容很多，就监管科技而言，主要是三大方向：机器学习、知识图谱和自然语言处理。机器学习算法帮助我们针对不同监管条件和监管情况设置不同的模型及参数，包括有监督学习、无监督学习；知识图谱主要目标是用来描述真实世界中存在的各种实体和概念，以及它们之间的强弱关系，弥补机器学习算法在描述能力上的不足；自然语言处理技术可以让机器理解人类的语言文字，可以将法律法规转换成机器可以识别的数值数据，进而导入模型进行运算。

（1）有监督学习

有监督学习是指训练数据由一组训练实例构成，每一个训练实例都是由一个输入向量和一个输出值组成。有监督模型分析训练数据，并产生一个推断功能用于映射新的例子，即通过一些已知的、有标记的数据训练一个模型，然后用这个模型在新的数据上产生预测。考虑到在监管流程中，最为基本的任务就是判断一个对象是否存在违规行为，那么可以将其都抽象为简单的0/1分类问题。而在有监督学习中，几乎所有的模型只有两种可能，一种是分类模型，另一种是回归模型。分类模型中，有很多强有力的算法，如决策树、随机森林、逻辑回归、朴素贝叶斯等，这些算法都可以胜任一般的违规发现模型。

（2）无监督学习

无监督学习和有监督学习恰好相反，所有用来学习的数据都是没有标记过的，即我们在获得数据之后并不知道这些数据到底属于哪一类。所以无监督学习的核心在于，利用恰当的算法模型，让机器找出这些数据隐含的特点。例如，无监督检测欺诈算法无须依赖于任何标签数据来训练模型。这种检测机制算法的核心内容是无监督欺诈行为检测，通过利用关联分析和相似性分析，发现欺诈用户行为间的相似性，创建群组，并在一个或多个其他群组中发掘新型欺诈行为和案例。例如：一群人在凌晨 2 点至 3 点，采用 Chrome 浏览器注册了某产品，其 IP 地址的前 20 位相同，GPS 定位小于 1 公里，且注册后都去修改了昵称和性别。如果一个人这么做，问题不大。而如果一群人这么做显然就是不正常的。通过构建以登录时间、浏览器类型、IP 地址、GPS 地址、昵称修改等为特征的多维空间向量，因诈骗账户在多维空间向量上距离相近，聚类算法（如 KNN 聚类、层次聚类、凝聚聚类）便可以自动将可疑行为聚为一组，无监督检测抽取群组的共性信息，并自动生成训练数据，之后汇入有监督的机器学习模块中。基于这些数据，有监督机器学习通过模型结构，可以进一步发现大规模攻击群组之外的欺诈用户。这种框架模式不仅仅可以找出由个人账号发起的攻击，更重要的是可以有效发现由多个账号组成的欺诈或犯罪团伙实施的有组织的大规模攻击，为反欺诈检测框架增加至关重要的早期全方位检测。

（3）知识图谱

知识图谱是一种基于图的数据结构，其目的是将真实世界所存在的实体、知识以及概念等描述成机器可以理解的数据结构，将数据转化为知识；图的节点（Point）是真实世界所存在实体，由一个全局唯一的 ID 来标识和索引，每个实体可以带有若干不同的属性（Property），用来刻画实体的特性，而图的边（Edge）则用来刻画实体之间的关联关系。知识图谱可以看作一个巨大的网络，是由数据绘制出来的一张知识图。例如，在识别企业财务造假、增厚利润的场景中，知识图谱聚合各类数据源，逐步绘制出企业的资金往来，从而有针对性地识别企业财务造假。以一个企业举例，目标企业可以有资产负债表、利润表、现金流量表等财务数据，这属于企业的属性信息；而目标企业必定与上下游企业或是商业银行具有资金往来，目标企业与上下游企业之间的关系（也就是边）是生产商与采购商的关系，表现为资金的一进一出。目标企业与银行的关系可以是存款客户、贷款客户；上下游企业也具有合同的付款金额、供应商的付款比例等银行流水信息。这些信息可以来自多个渠道，可以由企业自己申报，或是由积累的历史数据、银行凭证提供，也可以通过大数据技术在互联网上获得，甚至可以通过推理得到，但往往具有冗余性。然而信息通过图的形式联结，可以展示出企业的资金往来。当融合来自不同数据源的信息构成知识图谱时，有一些实体会同时属于两个互斥的类别，或某个实体所对应的一个 Property（如同一笔货款）对应多个值，这样就会出现不一致性，这个不一致性即可识别为潜在的财务造假风险。

（4）自然语言处理

自然语言处理（NLP）技术，即利用算法框架，通过对人类语言进行词法分析、句法分析理解人类语言的含义，进而实现人机互动。自然语言是人类智慧的结晶，自然语言处理是人工智能中最为困难的问题之一，但目前已有一些技术相对成熟，如文本分类、机器翻译、舆情分析和观点挖掘等。举例来讲：《巴塞尔协议Ⅲ》中的一条规定为"一级资本充足率下限将从现行的 4% 上调至 6%"，自然语言理解技术首先抽取"一级资本充足率"这个名词；然后将其与知识库进行匹配，理解其所代表的具体变量；接着识别到"上调"这一动词，进而记录操作为 0.04 更新为 0.06；最后通过语义理解，将这则监管规则识别为逻辑判断语句，进而更新规则库。传统的自然语言处理技术已经可以将一些简单的监管规则翻译成计算机语言，结合机器学习技术，通过迭代更新算法可以不断地提高机器在翻译人类语言时的准确性。

2. 支撑人工智能的底层技术

（1）大数据

大数据严格来说不算一项技术，确切地说是一种时代的基石。以人工神经网络为代表的机器学习算法在 20 世纪 80 年代便已出现，但受制于当时的数据量小、计算机运算性能低下等原因，机器学习算法学习时间长、预测效果差，一度被业界所抛弃。直到近年来大数据技术快速发展，人工智能技术才重新回到人们的视野。在以往的监管流程中，最费时费力的环节就在于收集对象的数据并分析。如果将大数据技术运用到监管科技中，不仅可以有效地解决效率成本问题，也是一种防范金融风险、加强金融全面监管的有效方法。

总体来讲，利用大数据发展监管科技，就是利用海量的数据将碎片化的信息进行归纳总结，从其中提炼出不同监管情况下的不同特征，并结合不同的模式和算法，最终映射到不同的监管产品设计中去。其中的关键就在于"大"，即监管对象的各方面数据都可以采集并作为模型的输入，尽管有些数据看起来并不是那么重要，甚至可以认为在监管的流程中忽略不计，但是只有当数据的维度不断提升，数据之间隐藏的相互关系才会变得清晰。当然，为了避免一些较为边缘的数据关联到核心数据从而使模型过度拟合，我们还需要给模型提供一些合适的权重。

（2）高性能数据处理器

高性能数据处理器是算力提升的基础，它决定了计算机运算能力的上限。CPU 芯片由于通用性需求内嵌了大量复杂的逻辑控制单元和诸多优化电路，因而更擅长逻辑判断。GPU 芯片在人工神经网络的训练速度上远远超越了传统的 CPU，成为当下运行机器学习算法的首选。目前主流的机器学习框架（如 Tensorflow、Caffe、Keras 等）都支持 GPU 加速，相比于 CPU 的训练，其在速度上至少提升一个数量级。

但无论是擅长逻辑判断的 CPU 还是擅长图形计算的 GPU 都是基于传统的通用处理器，而非人工智能的专用处理器。目前，在人工智能的风口下，芯片设计公司开始为深度学习算法量身定做专用处理器，提升芯片与深度神经网络的适配性，力求成为人工智能基础层的领导者。2017 年，英伟达发布了适用于深度学习的计算卡 NVIDIA Tesla V100，其中专门增加了为深度学习而设计的 Tensor Core。我国的芯片设计企业寒武纪开发了多款专为人工智能技术打造的专用处理器芯片，如神经网络处理器（NPU）、机器学习处理器（MLU），其在速度和能效上远优于传统的 GPU 芯片，为人工智能技术的进一步发展奠定了硬件基础。

展望更遥远的未来，呈指数级增长的数据规模必将更加庞大，而经典计算机已经发展到 7nm 制程，业界普遍预计在 7nm 时代将是硅材料芯片的物理极限，算力可能将再次限制人工智能的发展。量子计算提供了一条提高计算能力的新道路。

（3）云计算

云计算是基于互联网的相关服务的增加、使用和交付模式，通常涉及通过互联网来提供动态易扩展且经常是虚拟化的资源。云是网络、互联网的一种比喻说法。总的来说，云计算不仅有利于金融科技，也能为监管科技提供廉价的计算和存储资源。大型的数据安全监管平台便可以以云计算技术作为平台的后端，结合以深度学习为代表的人工智能技术搭建强大的存储和运算体系架构，使深度学习算法充分发挥作用，建立一个互利共赢的智能化监管平台。

（三）监管科技的应用领域

基于广义的监管科技概念，监管科技的应用可以分为两个层面，即监管层面的应用和市场层面的应用。

在监管层面应用监管科技，主要是借助技术，将监管政策和指令程序化，内嵌于各个业务系统，及时核查和预警，实现风险主动识别与控制。利用智能程序算法代替传统人工监管，全时域、高效率地执行央行货币政策及审慎监管，进而提高监管机构的监管水平和监管效率。

在市场层面应用监管科技，主要是帮助企业进行市场行为监控、客户身份识别和背景调查以及压力测试，满足"反洗钱"（AML）、反恐怖融资（CFT）、"了解你的客户"（KYC）等合规要求，降低人工操作失误带来的操作风险，减少企业遭受处罚的经济风险，实现纸质报告流程的数字化和智能化，减少监管的人力资源成本支出，节约合规成本。

三 我国监管科技发展现状

（一）监管科技政策意见

监管科技作为伴随科技发展产生的新兴产物，国内在政策方面给予了其充分的支持和密切的关注。监管科技相关重要政策文件见表1。

表1 监管科技相关重要政策文件

时间	政策规则	内容
2016 年 12 月	《"十三五"国家信息化规划》	区块链被列入国家信息化规划
2017 年 6 月	《中国金融业信息技术"十三五"发展规划》	加强金融科技（FinTech）和监管科技（RegTech）的研究与应用，研发基于云计算、应用程序编程接口（API）、分布式账本技术（DLT）、密码技术等的金融监管平台和工具，应用数字化监管协议与合规性评估手段，提升金融监管效能，降低从业机构合规成本

续表

时间	政策规则	内容
2017 年 7 月	全国金融工作会议	提出监管科技与国家金融战略的需求实现了高度契合
2017 年 10 月	党的十九大报告	提出了数字中国、智慧社会的创新发展思路,要"深化简政放权,创新监管方式"
2018 年 8 月	《中国证监会监管科技总体建设方案》	明确了五大基础数据分析能力、七大类 32 个监管业务分析场景,提出了大数据分析中心建设原则、数据资源管理工作思路和监管科技运行管理"十二大机制"

资料来源:公开资料,由腾讯研究院整理。

(二) 监管科技应用实践

1. 证监会"老鼠仓"监管案例

预测"老鼠仓"属于典型的无监督学习,可以对近半年以来 A 股市场所有账户的交易行为进行监督。根据"老鼠仓"行为的界定,违规者必定经历先建仓、后抛仓的流程,最终的盈利来源是一些附属于他的子账户购进的相同股票。由于要大量购买股票以屯仓,主账户和其控制的其余账户之间的交易数据一定有很强的关联性(在同一时间段)。此时利用无监督学习中的聚类算法,可以有效地找出固定时间内行为相似度极高的账户群,每一个群体内部都有较大的"老鼠仓"行为概率,需要着重监管。

2. 腾讯灵鲲系统

腾讯灵鲲系统是一个较为成熟的金融数据安全平台。这个平台结合了事前评估、事中检测、事后审核通过等功能,是一个全面结合人工智能及大数据技术的监管生态系统,向企业及个人提供监管接口,可以精准监管和预测地方性非法集资活动。平台由四个模块组成,分别是灵鲲风控引擎、AI 大数据引擎灵鲲盒子、灵鲲大数据监管平台、灵鲲消费者举报查询平台。其中第一部分负责前端采集信息、刻画对象;第二部分负责后端计算预测,是灵鲲系统的核心;第三部分负责动态的网页展示,即展示平台的监管结果;第四部分负责完善信息来源。

(三) 监管科技发展中的"断层"

尽管在传统监管和四大技术结合下,产生了一些具体的智能监管案例,但这并不代表国内监管科技已经成熟,监管科技发展的路上仍存在不少"断层"。这些"断层"基本来源于监管和技术难以有效对接：前者监管涉及面广、检索信息量大，后者偏重客观评判。比较明显的"断层"体现在以下方面。

1. 监管规则代码化、数值化

代码化的本质是将自然语言形式的规则数值化，用较为客观的数字取代主观的文字。数值化的数据和算法是技术的核心，而规则又是监管的灵魂，因此联通这二者的重要性不言而喻。然而其中尚存不少难点，有些简单的、设计数值限额一类的规则代码化比较容易，而有些规则不然。在监管高频交易时，高频交易具有很多计算机难以量化的衡量标准，如充分利用低延迟技术。这意味着此方面的监控仍需要大量人力，难以利用计算机判断解决问题。

2. 数据利用率

目前我们正处于信息量巨大的时代，暴增的数据让我们可以更透彻地挖掘事物本质。但如果不能做到有效地分析数据，那再多的数据也没有实际作用。很多监管案例中，数据量和监管模型并不匹配，甚至有数量级的差距。海量数据的欠利用必定会造成监管结果的不准确。

3. 金融数据统计口径不一

金融监管的最终目标是对国家层面金融行为的有效监管，而目前地方性的政策不一、监管接口标准不同等因素为金融套利带来了机会，严重影响了监管的公平性。主要的问题是：监管不对称及监管真空。监管不对称产生于多个监管机构目的不一或是不同地区监管接口指标不同造成的最终监管结果不一致；监管真空出现于金融机构中新型部门或是跨部门的合作造成监管数据采集的问题。

四　监管沙盒创新及可行性探讨

目前，包括英国、新加坡、中国香港等地纷纷采取监管沙盒（Regulatory Sandbox）、创新中心（Innovation Hub）、创新加速器（Accelerator）等创新监管模式，在促进金融科技创新的同时，对业务模式合规性和新兴风险进行前瞻性评估。

（一）监管沙盒的目标和特点

1. 监管沙盒的目标

监管沙盒是监管部门通过提供可控、包容的测试环境，允许企业在创新金融产品和服务大规模推广之前，以及时、低成本的方式进行实验。一般认为监管沙盒的目标有三个：激励创新、防范风险、保护消费者权益。

2. 监管沙盒的特点

结合监管沙盒的目标，可将监管沙盒的特点总结为改善了监管与创新、监管者与被监管者、生产者与消费者之间的三种关系。

（1）监管与创新的关系

传统监管会增加创新投入生产时间等显性成本与可能违规带来的隐性成本；监管政策的不确定性也使得"试错"空间变小，不利于激励创新。监管沙盒模式则提供相对包容的空间与相对弹性的监管方式，改善了监管与创新的关系。

（2）监管者与被监管者的关系

一般认为监管者与被监管者是一个博弈的过程。在监管沙盒中，监管者通过对沙盒中的企业进行动态监控，可以更及时地了解市场创新的动向，并据此及时调整监管规则。被监管者则能更准确地把握监管政策的动向，在合规范围内尽可能创新，最终形成监管与被监管的良性互动关系。

（3）生产者与消费者的关系

传统监管下，消费者只有在产品服务面向市场后才对金融创新反馈，消费者是金融创新的接收者和反馈者。而在监管沙盒模式下，金融创新在测试过程中即可得到消费者代表的不断反馈，在正式面向市场前完善自身产品结构和商业模式，形成生产者与消费者的良性互动关系。

（二）我国实行监管沙盒的可行性探讨

1. 我国已具备构建监管沙盒的部分条件

从市场趋势上看，我国金融创新产品种类逐渐丰富，金融产品之间的交叉性、关联性逐渐增加，加之近几年金融科技迅速发展使得金融业务覆盖面更加广泛。金融创新是不可避免的，这就需要有别于传统金融监管模式的新模式出现以适应新的金融形势。

从监管逻辑上看，中国的监管不排斥"包容性监管"的方式。当前互联网金融的繁荣也得益于前几年监管的相对宽松，"先创新后监管"的措施给予了金融创新充足的空间。此外我国一直在积极尝试金融试点改革，当前已有多个国家级金融改革试验区。两种模式本质上都体现了对难以判断成效和影响的创新采取小范围试行，如果有效，监管部门将通过修改政策法规或特批的方式在更大范围内使用。在监管逻辑层面，中国可以接受监管沙盒模式的"包容性监管"。

从基础资源上看，监管部门已经积累了一定的监管经验。如从制度角度看，我国建立了国务院金融稳定发展委员会，并将银监会与保监会合并，由传统的"一行三会"改革为"一委一行两会"的新型监管格局，从宏观统筹和微观审慎两个角度把握金融风险。从法制角度看，在固有的金融法律之上，监管部门就近几年才兴起的"第三方支付""P2P""互联网信贷"等相关金融创新产品颁布了监管的法律法规。从技术角度看，大数据、人工智能、区块链等新兴技术的发展为监管沙盒的实施提供了技术保障。

2. 实行监管沙盒相较于金融改革试点具有一定的优势

当前我国针对金融科技发展的主要监管手段是金融改革试点，本文认为监管沙盒相较于金融改革试点有较大的优势，值得推广借鉴。

在创新主体方面，金融改革试点多数由官方牵头主导，更多的是政策引导市场，而监管沙盒则鼓励从业者大胆创新并自主申请，对于激励创新有更大的作用。在监管关系方面，监管沙盒中监管者与被监管者的双向良性互动更有利于金融创新市场的不断发展。在法律规范方面，金融改革试点多依赖于中央政策性文件，有较大的不稳定性，而监管沙盒对准入到退出标准制定统一成形的法律规范则有利于监管的精准性。最后在风险控制方面，沙盒相对于试点对容错的边界更为明晰，能够在可控的范围内进行金融创新，维持整个市场的稳定性。监管沙盒与金融改革试点比较情况见表2。

表2 监管沙盒与金融改革试点比较

比较		金融改革试点	监管沙盒
共同点	监管逻辑	包容性监管、试错	

续表

比较		金融改革试点	监管沙盒
不同点	创新主体	官方主导、具有计划性	从业者自主申请，官方审批
	监管关系	监管与被监管的关系	强调协作与正向反馈
	法律规范	主要依靠中央文件	特定成形的法律法规
	风险控制	多强调"工作阶段"的概念，不强调影响规模的控制，风险控制能力较差	在沙盒试验过程中对准入、退出机制有明确规定；对试验项目规模控制严格；有严格的消费者保护机制

资料来源：公开资料，由腾讯研究院整理。

3. 在运用监管沙盒模式时面临巨大挑战

从法律法规角度看，当前我国法律法规并不足以应对沙盒实施中可能出现的复杂情形。在准入规则、退出机制以及测试过程中如何灵活地调整监管的方向、理念甚至是制定前瞻性的监管规则都对监管部门提出巨大的挑战。此外，沙盒需要完善的消费者利益保护机制，需要从法律法规方面严格执法，严格执法的前提则是有法可依。

从基础资源的角度看，沙盒实施需要大量的监管力量，包括基础设施建设、专门的监管人员、监管技术配套。相较于英国、新加坡等国家，我国前期需要投入的资源量巨大，预算控制也是巨大的挑战。

此外，监管沙盒作为新引进的模式，即使已实施三期的英国也仍在探索阶段，沙盒在实施过程中内化于中国是否会产生新的问题也未可知，需要监管部门加强应急处理能力。

（三）自上而下的分类统一监管沙盒的设计构想

本文认为当前我国不具备全国形成一个统一监管沙盒的条件，而地区监管沙盒则易形成地区间的恶性竞争与监管套利，因此提出我国可尝试建立自上而下的分类统一监管沙盒。

沙盒不按照地域、企业主体进行分类，而按照业务模式进行分类，由国家统一构建类似于国务院金融稳定发展委员会的专门负责监管沙盒的部门，制定统一的准入、退出监管标准来执行监管，由地方采取竞标方式获取分类监管沙盒的落地资格。

1. 分类监管沙盒

在金融机构主体边界逐渐模糊的态势下，本文认为可以以业务为分类标准进行沙盒监管。其实我国在业务分类这方面已经做出一定的尝试，比如"北京互联网金融安全示范产业园"着力打造的是网贷行业；"贵阳区块链金融孵化器"则主要进行的是区块链业务的试点。以业务模式分类进行监管沙盒测试还有利于监管部门统一准入、退出监管的规则，有效提高监管的效率。

2. 自上而下的统一制度构建

自上而下的制度规则指中央相关部门对监管沙盒进行分类并制定规则来执行监管，地方通过竞标制度获取监管沙盒的落地权，中央为其配备专业的监管人员和技术指导人员。

中央层面：中央层面可以成立类似于国务院金融稳定发展委员会的沙盒监管部门，其根据当前金融创新产品的分类确定分类监管沙盒，为各类沙盒按照业务发展的市场现状制定相应的准入、退出和动态监管规则；中央在监管力量方面具有更大的调配权，可以针对监管沙盒分类为地方配备专业的监管人员和技术人员。

地方层面：地方层面没有制定监管规则的权力和实施具体监管的权力，有效防止了权力寻租腐败和地方恶性竞争的现象发生。我国在之前放大地方金融事权，采取的是由中央部委制定统一的管理办法、由地方政府负责市场准入的监管方式，如融资性担保公司、小额贷款公司、网贷平台等，但地方在执行事权时自主性较高，使得这些类金融机构出现了各种各样的问题。因此在尝试监管沙盒时要严格控制地方的权力。

地方可以通过竞标的方式获得监管沙盒的落地权。中央在对竞标地方筛选时主要考虑以下问题：当地的基础设施水平、其地方金融发展状况是否与所申请沙盒相适应、当地对于专业人才的吸引力、当地消费者资质能否承受沙盒测试的风险，以及沙盒孵化企业最终的输出效率等。基于以上指标，本文认为分类监管沙盒试点初期主要在国内大金融城市展开。

3. 分类监管沙盒的监管设计

借鉴英国、新加坡、中国香港的先进经验，分类监管沙盒的监管设计主要包括三部分：准入机制、动态监控机制与退出机制。其中准入机制主要考核申请主体特定业务的能力是否达标，对于消费者的保护机制是否完善。退出机制则分为两种，一种是成功完成沙盒测试确定产品是成功推向市场还是以失败告终；另一种则是在动态监控过程中触发预警信息强制退出的措施。

在动态监控过程中，监管人员、创新业务以及消费者形成良性互动，专业的监管人员和技术人员为创新业务提供规则和技术上的指导，制定监管的核心指标进行监控，并根据创新的不断发展弹性调整监管规则。在此，本文认为可以在监管沙盒中尝试引入监管科技这一新兴技术，降低监管成本的同时提高监管的及时性和高效性。

五　相关政策建议

（一）技术优先：鼓励第三方机构提供技术支持

监管科技具有强技术依赖性，因此在探讨监管模式选择的同时应突出技术优先原则。当前监管科技对技术的选择存在三种路径：一是由监管机构独立研发系统实施监管；二是由监管机构与被监管机构合作研发；三是将监管科技的系统研发和维护外包给第三方科技公司。当前全球存在许多成熟的第三方监管科技公司，形成了分工明确的较为完整的产业链条，我国在发展监管科技时可以考虑获取第三方机构的技术支持配合监管。

（二）数据共享：通过监管法规数字化打通行业数据

监管科技在技术实现过程中必须依赖于信息的充分性。在复杂的金融环境下，一个主体可能从事多项不同的金融活动从而面对不同的金融机构以及监管主体，此时机构与部门间信息互通显得尤为重要。只有尽可能充分地获取一个行为主体的信息，才能更准确地刻画用户画像，对其进行金融活动可能产生的风险进行预判和预警。例如：在信息不互通的情况下，一位信用极差的借款者可能充分利用信息不对称从不同的金融机构及类金融机构的借贷平台进行借款，从而导致不良信贷的发生。

金融深化和金融创新使得监管法规不断地推陈出新，越来越复杂的监管法规使得监管人员在面对送报上来的海量数据时已经力不从心。为有效改善这种情况，需要探索应用自然语言理解技术加速"转译"监管法规为数字化的监管协议，将监管规则代码化，从关键操作流程、量化指标、禁止条款等方面进行编程开发，封装为具有可扩展性的监管 API 等监管工具，并向金融机构开放，进而打通行业数据，提高信息的可用性。

（三）人才保障：建设拥有算法思维的监管人才队伍

监管科技是将技术与行业专业知识高度结合的技术监管手段。在监管科技实施过程中，需要大量的技术复合型人才，如监管规则的代码化最大的工作量在于将复杂的监管规则描述为可以被机器理解的特征，因此需要法律技术人才，金融交易行为动态监控、风险预警指标设置则需要金融技术人才等，金融监管人员学习和掌握一定的算法知识将大幅度提升监管科技需求研究效率。除金融行业外，监管科技运用于其他行业也需要行业相关的专业复合型人才。尖端复合型人才的培养与储备也是将来众多监管科技公司竞争的核心点，同时也是使得监管科技能真正运用到实处的重要保障。

参考文献

陈碧莹：《"监管沙盒"模式对中国互联网金融监管的启示》，《科技与金融》2017年第 1 期。

龚浩川：《金融科技创新的容错监管制度——基于监管沙盒与金融试点的比较》，《证券法苑》2017 年第 3 期。

何奇龙、王先甲、钟肖英：《互联网众筹平台与监管部门演化博弈稳定性分析》，《华东经济管理》2018 年第 6 期。

黄震、张夏明：《监管沙盒的国际探索进展与中国引进优化研究》，《金融监管研究》2018 年第 4 期。

李有星、柯达：《我国监管沙盒的法律制度构建研究》，《金融监管研究》2017 年第 10 期。

潘云春、王菲菲、陈国庆：《"监管沙盒"的国际经验及其借鉴意义》，《内蒙古科技与经济》2018 年第 5 期。

张景智：《"监管沙盒"的国际模式和中国内地的发展路径》，《金融监管研究》2017 年第 5 期。

张景智：《"监管沙盒"制度设计和实施特点：经验及启示》，《国际金融研究》2018 年第 1 期。

赵杰、牟宗杰、桑亮光：《国际"监管沙盒"模式研究及对我国的启示》，《金融发展研究》2016 年第 12 期。

周业安：《创新与监管是一对永恒的博弈》，《上海证券报》2015 年 8 月 22 日。

金融科技助力商业银行高质量发展

李　健　　张夏明*

摘　要　金融作为经济体系运行的核心，其与科技的融合发展，就像一场深刻的"化学反应"，正不断推动着金融业组织结构、服务能力、客户体验等深刻变革。同时，金融科技快速发展，使得商业银行的传统经营模式和盈利模式受到了挑战，也带来了转型机遇。文章聚焦金融科技在商业银行资产业务、负债业务、中间业务、运营管理、风险管理和战略机制六大业务板块的应用，从时间、空间和业务的三维角度进行观察。针对银行业金融科技转型存在的问题，提出加强基础设施建设、拓展和深化金融科技覆盖面和渗透率，开展外部合作和促进运营管理革新，加强金融消费者保护和数据合规，运用监管科技并发挥行业协会的作用，规范、引领银行业实现高质量转型发展。

关键词：金融科技；商业银行；转型升级；高质量发展

一　引言

近年来，新一轮产业革命和科技革命浪潮兴起并席卷全球，科技的重大突破和创新应用正在对全球经济结构进行重塑。而科技与金融的融合发展，不断推动着金融业组织结构、服务能力、客户体验等深刻变革、不断

---

* 李健，中国银行业协会研究部主任。张夏明，中央财经大学法学院硕士研究生。

创新。同时，金融科技也使金融服务在时间、空间和范围上不断拓展，并对金融市场产生重大影响。习近平总书记在党的十九大报告中提出："创新是引领发展的第一动力，是建设现代化经济体系的战略支撑。"在进入中国特色社会主义新时代的重要历史阶段，科技创新的强大力量将在推动中国由"富起来"到"强起来"的进程中再次迸发。而商业银行作为我国金融行业的压舱石，应紧抓历史性机遇，以科技创新推动转型发展，不断提升服务效率和能力、扩大服务覆盖面和可得性，在金融供给侧结构性改革中发挥应有作用。

从国内来看，截至 2018 年 9 月末，商业银行总资产占金融业总资产的 80% 以上，银行贷款占社会融资规模的 85% 左右。作为中国金融体系最重要的组成部分，商业银行与金融科技的融合发展有助于打赢防范化解重大金融风险攻坚战，也有助于引领金融服务实体经济实现高质量发展。近年来，以大数据、人工智能、互联网技术、云计算、分布式技术等为代表的金融科技快速发展，金融科技企业也如雨后春笋般出现。金融科技企业以金融科技为抓手，以互联网金融为突破口，聚焦零售银行和公司银行板块，给传统商业银行带来全新挑战。挑战主要体现在，通过全方位改变客户偏好、分流银行客户资源，对商业银行客户产生冲击；通过削弱商业银行物理网点优势，对电子渠道产生正面竞争，对商业银行渠道发展产生冲击；通过众筹、P2P、供应链金融等互联网金融服务模式，对商业银行的零售和公司业务产品产生冲击；通过运营数字化、定制化、云端化挑战商业银行的运营效率、精准性和协同性，对商业银行的组织模式、创新体制、人才管理、风险管控等管理模式产生冲击。中国银行业协会和普华永道发布的《中国银行家调查报告（2017）》显示，2017 年各类银行应对金融科技的重点发展领域如图 1 所示。

从国际来看，金融科技引起的数字化风暴正在席卷全球。2017 年，全球金融科技融资额 166 亿美元，融资事件 1128 例，均创历史新高，分别较 2016 年增加 28 亿美元、105 例。全球发达国家商业银行凭借强大的资本市场运作能力及资金优势，不断加强跨界融合，积极拥抱金融科技。目前，主要国际商业银行跨界融合的模式有三种。一是通过收购、投资等方式获取金融科技相关资源。摩根大通设立 FinTech 基金及创投从事并购 FinTech 新创企业；桑坦德银行（英国）设立 1 亿美元 FinTech 基金用以投资世界

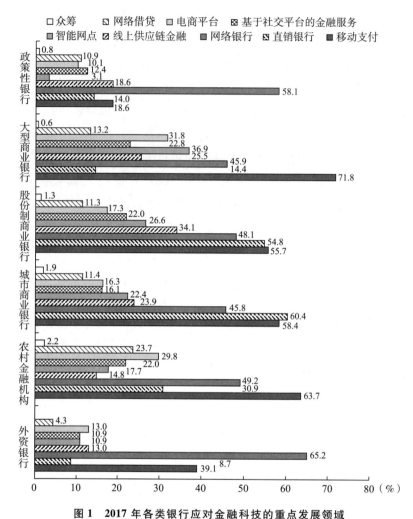

图 1　2017 年各类银行应对金融科技的重点发展领域

资料来源：中国银行业协会和普华永道发布的《中国银行家调查报告（2017）》。

各国金融科技公司。二是通过战略合作模式集中突破业务或产品创新。摩根大通与二维码扫码支付公司 MCX 合作，为零售客户提供全新支付体验，提升客户黏性。三是通过专项项目或孵化器形式长远布局。富国银行每年投入 60 亿~80 亿美元投资新技术，与新兴技术公司签署协议，担任专业银行知识顾问指导，并开放银行后台为技术公司测试技术。国际代表性银行金融科技转型实践情况见表 1。

表 1　国际代表性银行金融科技转型实践

银行	措施
富国银行	1. 利用人工智能和大数据开展智能数据、身份管理、无缝支付，2017 年通过社交网络实时转账功能实现 750 亿美元的转账规模 2. 推出 Greenhouse 的 App，整合数据、管理、支付和渠道等业务功能和技术 3. 与自己投资的 17 家公司合作，如与 Apple 的 Business Chat 合作，开发 API 接口连接不同场景的消费者
摩根大通银行	1. 推动以客户为中心、以流程优化为目的的部门重组 2. 组织结构"敏捷化转型" 3. FinTech 公司可申请银行执照
Metro Bank （英国）	1. 业内首推"车内服务"（Drive Through）网点并成立以现金服务为基础的私人银行业务 2. 与 FinTech 公司 Backbase 合作开发全新商业银行平台；与 SETL 和德勤合作，推出基于区块链技术的非接触式支付卡片
Atom Bank （英国）	1. 推出基于生物识别安全系统、游戏技术和 3D 互动技术的体验式服务 2. 2017 年开展 Buy-To-Let 住房抵押贷款业务，并通过面部生物识别技术取消客户对密码的依赖
汇丰银行	1. 在伦敦设立专门的数字集团办公室，致力于数字创新技术研发 2. 设立 FinTech 创新实验室，为客户提供指纹技术和自拍验证
星展银行	1. 成立星展亚洲创新中心（DAX），凭借以 FinTech 为重点的突破性技术推动创新，创造超越银行业的影响力 2. 将数字化融入客户服务，通过人工智能数字化鉴定、识别营销客户，基于区块链技术推出汇款产品 3. 将创新意识融入公司文化，成立由银行员工和 FinTech 初创公司员工的联合小组，鼓励 App 设计；聘请人类学家建立以人为本的实验室
花旗银行	1. 推出全球 API 开发者门户网站，为软件开发商和 FinTech 公司提供"沙箱"测试解决方案 2. 开放 API，将银行服务融入业务场景
澳洲联邦银行	1. 推出智能手表 App、非接触式支付、新智能 EFTPOS 平板、银行物业 App、证券交易 App 等实时移动应用程序，开放 SDK 进行个性化 App 开发 2. 构建双速 IT 架构，针对新兴业务和传统业务开展差异化技术支撑；借助云科技突破传统硬件承载能力极限，全面提升效率
ING Bank	1. 搭建个性化客户体验数字平台，最大限度优化客户体验 2. 创新推出"向前思考"计划（Think Forward）、金融健康指数（Financial Well-being Index），与客户紧密沟通，实现个性化连接

资料来源：作者整理。

二 金融科技背景下商业银行转型动力

银行业从来都是新技术应用的实践者，在与新技术的相伴相生中，互相促进。如今在解决银行业转型升级难题的过程中，金融科技再一次显示出其巨大的推动力量，给银行业的转型变革带来"加速度"，支持银行业在差异化转型过程中提升经营效率、降低成本，增强金融服务的用户体验和客户黏性，提升金融服务的可得性和覆盖率。

（一）金融科技有助于促进银行业提升经营效率、降低成本

通过技术创新，金融科技能使资金在短缺方与盈余方有效流通，从而降低金融服务的成本，提高服务效率。由于金融科技中分布式技术的创新应用，将原来主要以银行业作为金融数据处理中心和金融信息传递中心的模式，改变为通过分布式节点构造体系，将大量的金融数据计算信息传递职能分散到各个互联网节点，从而极大地提升了信息传递的有效性和准确性。在提升金融服务的同时，可以减少规模的粗放增长和边界的无序扩张。

（二）金融科技有助于促进银行业增强金融服务的用户体验和客户黏性

通过丰富的大数据处理和信息挖掘技术，金融科技可以提前对金融服务用户的需求进行预测，对用户的金融需求进行引领。通过点对点的信息服务，用户可以自我定制个性化的服务内容和方式，从而极大地提升了客户的体验度，满足了客户的心理需求，进而有利于增强客户黏性。

（三）金融科技有助于促进银行业提升金融服务的可得性和覆盖率

首先，随着智能手机的广泛使用，基于手机端的数字支付产品操作难度不断降低，增加了服务对象获得可持续金融服务的现实可能，从而提升了居民金融服务的可得性。其次，低门槛互联网理财产品的出现，"一元"理财模式的增加使得金融理财平民化。再次，数字技术提升了金融机构识别风险的能力，减少了信息不对称带来的风险，让缺失抵押物的小微、"三农"企业增加了获得金融服务的便捷性，降低了门槛，促使金融体系回归服务实体经济的本源。最后，金融科技的出现，一定程度上打破银行业"二八定律"，使商业银行金融服务进一步下沉，提升了长尾客户市场

的覆盖率。金融科技在银行传统个人信贷、理财等零售业务和对公业务的基础上，通过众筹、P2P 网络借贷、消费金融、互联网理财、第三方支付等模式，拓宽了客户服务范围，降低了客户进入门槛和成本，提高金融服务的可得性和便捷性。对于公司客户而言，金融科技运用大数据、物联网等技术打通企业上游供应商和下游经销商的连接，让产业的上中下游环节都更易获得金融服务。

（四）金融科技有助于促进银行业提升管理水平

以往商业银行的组织模式、创新制度、人才管理和风险管理均在"以业务为中心，以机构为本位"的传统管理理念下展开。而在金融科技的浪潮下，"以客户为中心，以场景为切入点"的管理理念成为夺取市场竞争力的法宝。金融科技主要在五个方面为商业银行转型带来积极影响：第一，在组织模式上，金融科技能够优化银行管理架构，使其趋于扁平化，更加灵活敏捷，推动缩小产品团队、创新团队单元，推行迭代型工作方式，并且协助打破部门壁垒促进横向协作；第二，在 IT 架构上，金融科技可以帮助银行打造敏捷开发和持续交付的新兴 IT 架构，利用灵活度高、成本低廉的处理和存储技术建设新系统，增强银行业务安全和并发交易的处理能力；第三，在创新机制上，金融科技助力商业银行转变创新理念，培养"科技领先""包容试错"等创新意识，提升内部数据共享、外部数据引进的能力；第四，在人才管理方式上，引入金融科技将刺激商业银行以创新的方式吸收、培养和激励金融科技人才，多手段提高人才素质；第五，在风险管理能力上，金融科技运用大数据、人工智能、物联网等新兴科技创新风险管理模式，能够提高风险识别精度、覆盖广度和监测深度，帮助银行在风险管控与用户体验之间寻找平衡。

三　金融科技助力商业银行转型六大方向

商业银行在推动资产业务、负债业务、中间业务、运营管理、风险管理和战略机制六大方面转型升级的过程中，可以根据金融科技中新技术的成熟度，结合银行业务场景，大力推进业务创新，充分运用大数据、云计算、人工智能、区块链等创新实践，研发新产品，不断优化业务流程，为商业银行差异化转型提供高效率、低成本的途径。

（一）资产业务借助金融科技转型方向

商业银行可以借助金融科技在创新获客模式、优化资产结构等方面探索转型。深度应用金融科技创新获客模式，可以使得供应链金融、信用贷款、票据贴现等资产类业务得以实施精准获客和精准匹配，提高效率，降低成本，防范信用风险、操作风险和流动性风险。以直销银行为例，移动互联网的发展突破了地域和物理主体的局限，通过网络和移动终端的连接，银行服务无所不在、随处可见。借助跨地域、高频次的营销平台以及期限更为灵活的创新型产品，线上销售降低了产品推广和运营管理的成本。同时，通过运用生物特征识别、智能算法、深度学习、计算机视觉、虚拟现实（VR）等技术创新定制化、特色化产品，最大程度上优化用户体验。

再如智慧型供应链金融，在其为核心企业以及上下游企业的融资提供便利的同时，对金融生态的拓展和增值起到了推动作用。大数据、物联网技术的运用为供应链金融提供实时的数据追踪系统，智能获取中小企业进销存企业资源计划（ERP）系统中的数据，摆脱以往由信息不对称造成的核心企业担保的问题，形成更加开放的供应链金融体系。区块链的技术能够在金融机构、上下游企业、仓储公司之间建立一个可信任的数据平台，在供应链金融信息整合及信息交互验证上的优势，可让银行解决供应链条跨度大、不易控制风险的难题，提高业务处理效率，达到盘活应收账款、降低企业负债率的效果。

此外，在优化资产结构方面，大数据、云计算等技术在解决信息不对称方面发挥了重要作用。对大量用户行为数据、风险偏好等数据的跟踪、刻画，提升了银行业风险识别和防控的水平，大大增加了用户获得融资的可能性，解决了很多之前商业银行不愿意或者能力所限无法惠及的人群获得金融服务需求的难题。随着银行业金融服务目标客户的下沉，小微企业、工薪阶层、农村居民以及大学生等群体从中获益，同时，消费金融具有轻资本、高回报、低风险的特点，可以有效地平衡银行业发展的规模与效益，在消费升级以及政策拉动的双重刺激下，成为商业银行零售业务转型的重要突破口，为银行业资产结构的优化起到了推动作用。

（二）负债业务借助金融科技转型方向

当前，银行业负债端资金成本面临上升压力，资产端受市场利率化影响，导致银行业利差走势也面临更多不确定性。盈利能力的提升成为银行业转型升级过程中急需解决的问题。商业银行在利用金融科技转型升级的过程中，可以探索如何降低资金成本、如何提升客户黏性、如何扩大金融服务的可获得性等问题。另外，高速发展的互联网技术带来商业银行的全方位金融脱媒，随着客户需求和行为的变化，商业银行最传统的"存、贷、汇"职能也同时发生变化，新形势下财富管理、消费金融和互联网支付等三个方面的需求越来越显著。比如，负债业务方面，客户的存款需求越来越倾向于转化为理财需求，科技与理财能力的深度融合是银行转型升级的重要方向。

以场景化金融为例。银行业利用金融科技将各种生活场景与金融服务模式对接起来，打通金融供给与客户需求两端，不断提升用户体验，而不再以银行物理网点为仅有的金融服务场所，拓宽用户使用金融服务时间和空间的边界，增加了产品销售的路径和渠道，同时，也增大了客户低成本资金沉淀的可能性。场景化金融中的场景一般可以通过自建场景或者接入第三方场景来实现。以自建场景为例，目前，几家大型商业银行已开始积极布局平台化的线上服务场景，通过在电子商务平台、社交平台、生活服务平台等平台上嵌入衣食住行玩等各类场景来增加获客渠道。例如，工商银行建立了"融e购"电商平台、"融e联"即时通信平台、"融e行"直销银行平台，实现了商品流、信息流、资金流的相互融通，提升了客户的活跃度和黏性。平台建设为商业银行业务的开展创造了流程简洁、体验优越的环境。在不断加强金融服务建设的同时，还可在其中嵌入生活缴费、航班预订、预约挂号、电影票预订等场景，以适应社交生活不断向网络迁徙的时代特征。客户在一站式服务平台中所开展的一系列金融、社交等活动所产生的沉淀资金将成为银行低成本负债的有效补充。

（三）中间业务借助金融科技转型方向

商业银行可以借助金融科技进行轻资本业务转型，不断丰富中间业务种类，扩大非利息收入，提升盈利水平。例如，在支付结算便捷化方面，通过支持二维码支付等功能，连通线上和线下服务功能，获取客户和商户流量信息的同时，可以提供其他各种投融资等增值服务，延伸银行服务触角。同时，这类产品具有额度小、频次高的特征，有利于摊薄成本。在财富管理智能化方面，财富管理业务作为银行留客的终极法宝，对于提升客户满意度和忠实度具有至关重要的意义。对于财富管理客户而言，产品收益和用户体验是其最为看重的，抛开安全性和收益性去谈留住客户，都是空中楼阁。商业银行将现代投资理论与人工智能和云计算方法融合，在云端低成本、快速、批量化解决各种数据运算，并根据客户需求和风险偏好，提供量身定做的专属投资组合策略，并在跟踪市场的过程中动态调整。国内银行纷纷布局，招商银行在国内银行业中率先推出了智能投顾产品——摩羯智投。银行金融科技未来重点业务方向见图2。

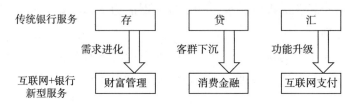

图2　银行金融科技未来重点业务方向

资料来源：作者整理。

（四）运营管理借助金融科技转型方向

商业银行可以借助金融科技降低内部运营成本、提升用户体验。运营承担银行内部成本控制的大任，转型升级应以持续降低营业成本、优化业务流程为目标，从单纯提升效率转变为以客户为中心，通过运营数字化、智能化降低内部运营成本、提升用户体验。基于大数据、人工智能等金融科技创新手段，构建标准化、流程化、智能化运营管理体系，既可以提升运营效率、控制风险，又可以支持业务发展、优化人员结构、缩短用户响应时间，从而提升用户体验。

网点智能化转型是运营智能化管理体系建设的一个有力实践。通过科技创新、智能机具功能集成、业务流程再造，建立以客户便利和体验为原则，以缩减网点人力和运营成本为目标的新型网点模式。在智能机具功能集成和设备整合的同时，在业务流程重塑、技术创新和大数据应用等方面进行有效整合协调，发挥智能网点的效能，真正实现网点智能化。大数据作为银行"智能化"的重要基础和源泉，通过数据的整合、知识的学习和知识的运用，可完成"智能化"体系的搭建。人工智能技术是提升商业银行"智能化"建设的有力手段，在客户评分、精准营销、欺诈识别、风险预警等领域有广泛的应用。

网点的"智能化"转型将高柜柜员逐渐转为低柜柜员、销售支持等角色，而低柜柜员可转向营销类的岗位。"智能化"的转型和人员的释放将带来运营效率的提升和人工成本的降低。同时，VTM、智能机器人、自动客户识别系统、互动触屏、网点移动终端（PAD）、自动业务处理设备（如自助发卡机）等的应用将减少业务办理的时间和差错率，提升客户满意度。智能化的产品开发流程和系统改造项目也将缩短新产品上线的周期，提高产品更新换代的速度，进一步增强客户的忠诚度。

（五）风险管理借助金融科技转型方向

商业银行可以借助金融科技提升风控管理精细化、智能化水平。商业银行本身就是经营风险的企业，是否具备良好的风险管理能力也是用来判断一家商业银行是否具备良好经营管理水平的重要依据。金融科技背景下，商业银行通过对人工智能、大数据、云计算等技术的深度运用，在风险识别和监测、预警以及反欺诈等诸多领域的风控能力都有了较大提升。

当前，如何进一步提升货币政策传导效率，实现从"宽货币"到"宽信用"的转变，更好地服务小微企业的融资需求是银行业研究领域一个备受关注的话题。在商业银行转型发展的过程中，对于小微企业以及个人客户的风险管理也提出了更为精细化、智能化的要求。大数据技术的发展改善了商业银行的信息获取、分析和运用，实现了对包含大量结构化和非结构化的互联网数据以及第三方数据进行实时采集，有效解决了信息不对称的问题。在个人客户信息获取方面，大数据技术的应用可以全面采集用户行为信息并进行精准的用户画像，识别出客户潜在的金融风险。面对海量的跨行业、非结构化的数据，云计算的运用可打通"数据孤岛"。生物识别技术利用人体固有的特征（指纹、声纹、虹膜、步态等），对身份进行验证。目前指纹识别、人脸识别已经广泛应用在支付验证、手机开户、信用卡申请等环节中，省去了烦琐的人工验证过程，节约了成本，提高了审核效率。物联网技术的发展将在贷后管理，包括质押物的监控、动产状态的实时跟踪等环节提供强有力的支撑。传感器、射频识别、工业二维码等技术的应用将从时间和空间两个维度上保证实时监控的准确性，简化贷后流程，节约人工成本。

（六）战略机制借助金融科技转型方向

随着金融科技的不断发展与深化，商业银行逐渐主动尝试接受科技赋能，并借助科技的力量实现转型升级。从顶层设计、设立银行系金融科技子公司、突破体制机制等方面全面发力，充分发挥自身原有优势，变积极防御为主动进攻。从实践看，主要体现在以下五个方面。

一是顶层设计、战略统领。管理层高度重视金融科技发展，专门制定金融科技转型战略，将金融科技业务推进常态化、金融科技职能划分明晰化、金融科技战略布局提前化。实践中，不少商业银行通过将金融科技战略分解并融入整体战略之中，着力打造金融科技整体品牌；还有的商业银行通过构建全功能金融生态平台，将自身定位为"金融科技银行"；值得注意的是，有若干家银行已将目标指向打造"智慧银行"，并在行内设立了创新专项基金，鼓励全行利用新兴技术进行金融创新。

二是新设银行系金融科技子公司。为实现利用市场化的机制扩大银行在金融科技方面的研发和场景应用落地，保证自身掌握金融科技核心技术话语权，适时开辟技术对外输出业务等目标，完善机构设置、运营管理、人力资源、IT架构等体制机制建设，目前国内已有6家商业银行成立了科技子公司。具体名称和业务范围如表2所示。

表2 部分银行集团成立的科技子公司

所属银行集团	科技子公司	业务范围
建设银行	建信金融科技	软件科技、平台运营、金融信息服务，以集团内部和子公司为主要服务对象，并运用科技创新能力对外赋能
平安集团	平安金科	承担集团的互联网金融孵化器职能，目前已孵化出平安好车、24money、平安付、万里通、陆金所等
招商银行	招银云创	输出IT系统架构等服务
兴业银行	兴业数金	通过搭建平台、运营平台的方式持有信息资产，为中小银行、非银行金融机构、中小企业提供金融信息云服务
光大集团	光大云付	业务范围涉及金融数据处理与分析、金融信息技术外包、资产管理、实业投资等
民生银行	民生科技	从顶层设计和市场角度进行战略定位，通过对集团内部、子公司和业务伙伴赋能，打造"科技金融银行"

三是积极对大数据、人工智能、生物识别、云计算等新技术展开探索并尝试应用。构建大数据基础设施体系，助力风险防控，实现精准营销；积极应用智能客服、智能投顾、智能风控在业务领域落地；通过开展云计算应用，实现资源的按需供给和自助服务，系统的弹性扩展和动态伸缩，

计算服务的可监控、可计量等三方面升级。41 家上市银行金融科技应用进展分布情况见图 3。

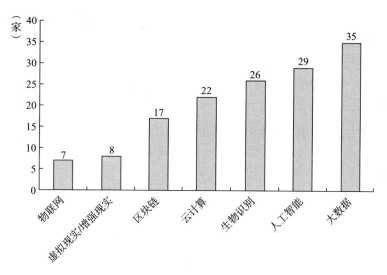

图 3 41 家上市银行金融科技应用进展分布情况

资料来源：根据公开资料整理。

四是探索建设多元渠道。通过升级开放式手机银行平台、设立直销银行、网点智能化升级、线上线下一体化改造，建设多元化、无缝衔接的渠道。未来开放手机银行平台的发展将进一步优化金融服务，丰富生活场景，也有利于打造全渠道、全功能的对公移动金融业务。

五是构建金融生态体系。通过展开与科技企业的跨界合作，进一步加快金融科技的创新应用，引领金融消费行为和服务业态深刻变革；布局场景金融，深化金融供给变革，实现真正以客户为中心经营理念和文化的转变；升级同业合作，在合规的前提下，探索联合借贷等模式对提升普惠金融服务水平的有效路径，实现对泛金融服务的渗透等。

四 我国商业银行借助金融科技推动转型存在的问题

尽管行业内一些领先银行对借助金融科技推动转型进行了积极而有益的探索，但就整个行业而言，我国商业银行借助金融科技推动转型还处在起步阶段。无论是技术本身还是银行内外部环境都存在制约金融科技应用的因素。具体而言，突出表现在三个方面：一是技术及其应用尚不成熟，很多技术尚处于实验室阶段，技术本身的成熟度还无法上升到推进银行转型的层面；二是银行对金融科技的认知有限，在现有的业务体系和盈利模式下，金融科技应用缺乏内在的动力；三是金融科技应用与银行现有的体系，包括人力资源体系、IT 系统、组织体系、科层体制、文化基因尚存在冲突和不协调。

（一）科技及其应用尚不成熟

借助金融科技推动商业银行转型，科技本身的成熟是前提。本轮金融科技发展热潮是全球第四次科技革命浪潮的一部分。本次金融科技应用有其具体的科技内涵，这些科技内涵的崛起依赖于基础科学的成熟。但在具体的领域，不同技术之间、大类技术之下的细分技术，走向成熟的进程是不一样的，而且技术的成熟不仅是指技术的可用性，还包括技术的安全可控性。原银监会等 2014 年发布的《关于应用安全可控信息技术加强银行业网络安全和信息化建设的指导意见》要求从 2015 年起，各银行业金融机构对安全可控信息技术的应用以不低于 15％的比例逐年增加，直至 2019 年达到不低于 75％的总体占比。其中，安全可控包含安全可靠、自主创新等含义。目前，我国在这一领域还面临不小的挑战。不仅如此，技术引入应用领域，并产生足够的效能也需要一定的过程。我国掀起金融科技热潮，还是近三四年的事情，由科技推动转型的能力尚未形成。

例如，全球分析机构高德纳（Gartner Group）发布的 2017 年最新的新兴技术成熟度曲线（Hype Cycle for Emerging Technologies）报告评估显示，人工智能将在未来十年内成为最具颠覆性的技术，神经网络芯片、深度学习算法、大数据及云计算等技术将推动人工智能的迅速发展。在人工智能技术的不同领域，也表现出不同的发展态势。语音识别、图像识别、人脸识别技术已经成熟，识别准确率均已超过了人类极限，但动态识别及认知计算仍有较大的发展空间。从技术发展进程来看，应用发展需要一定的过程。从实验研究、探索尝试，到大规模应用，技术及其应用的成熟需经历长期的调整与完善，在应用中实现其核心能力与价值。

（二）借助金融科技推动转型缺乏企业级战略的推动

借助金融科技推动转型包含两层含义，一是银行将转型提升到自身改革发展的议事日程；二是通过金融科技应用来推动转型的实现。两个动作都需要战略来连接和承载。但在银行尤其是大型银行体系内，既有省市行层面的，也有条线、部门领域的战略战术。从金融科技影响的广度和深度来看，金融科技只有与企业级（全行级）战略完全对接，其价值才能真正发挥。但现实中由于缺乏企业级战略的推动，商业银行借助金融科技推动转型，一方面表现为观望多、行动少，另一方面表现为应用计划性、系统性的缺失，更表现为深度应用的不足。

（三）人才、系统、体制、文化成为金融科技应用的制约因素

面对金融科技的崛起，商业银行加快了与金融科技融合的广度和深度，传统的以产品和业务为中心的经营模式难以迅速完成转变，以服务为中心、客户为中心的转型仍然面临风控与体验、标准与个性、封闭与开放、分散与协同、稳健与敏捷等五大矛盾的束缚。究其根源，就在于银行的创新转型仍然受到人才、系统、体制、文化等传统体系的制约。具体体现在以下四个方面：一是金融科技人才极度匮乏，二是 IT 系统无法满足科技应用的需要，三是体制机制制约科技创新与应用发展，四是组织文化与科技创新尚需协调。

五　商业银行利用金融科技转型的若干政策建议

（一）加强金融基础设施建设

商业银行的金融科技转型，基础设施建设是关键。第一，商业银行应当加大运用云计算建设金融云服务的力度，通过充分利用 IaaS、PaaS、SaaS 等技术服务，实施基础架构转型。通过集中调度带宽资源、安全控管，提高基础架构的计算能力和多线程并发处理能力，打造绿色安全的数据仓库，利用关联数据挖掘提升数据价值，增强数据系统可用性。第二，完善征信体系建设。信用是金融科技时代的资产。健全以央行征信中心和百行征信为架构的社会征信体系，不断充实企业和个人信息信用库，提升对长尾客户的覆盖率。一是可以通过数据科学、自然语言处理等技术进行个人和企业的信用状况评估，建立"信用关联图谱"扩大征信覆盖面；二

是大力推动社会征信的发展，发挥第三方机构在征信体系建设中的辅助作用；三是通过区块链、云计算等技术打通公共征信平台之间的"数据孤岛"，建立完善数据共享机制和交流机制。

（二） 拓展和深化金融科技覆盖面和渗透率

进一步深化金融科技的纵向渗透和横向覆盖，首先，要在战略上提升高度，将金融科技转型上升为银行业整体日程，在战略层面促进金融科技与企业级（全行级）战略完全对接。其次，积极运用大数据、云计算、人工智能、机器学习、深度学习等算法数据结构提升风控水平，深入挖掘切入场景和连接点，推动商业银行经营管理产生根本性影响的、具有商业模式意义的技术（如大数据）的应用，而不仅仅停留在基于原有商业模式的效率提升。再次，优化商业银行运营管理，在网点、渠道、IT架构、人才体制和企业文化上充分融入金融科技的内在理念，打造数字化、轻型化、智能化网点，多元化和线上线下一体的渠道，集成上云兼容性、自主性强的IT架构或技术服务外包，以及鼓励创新、容错试错的人才文化培养机制。最后，进一步运用金融科技提高银行传统资产业务、负债业务和中间业务的发展质量，降低对传统业务结构的依赖，优化业务结构、提升服务水平，向客户深耕型、渠道创新型、产品专家型、全面制胜型、生态整合型等不同侧重点发展，将金融科技落实在银行业务和服务的每个节点和每个客户上。

（三） 积极开展外部合作和促进运营管理革新

一是积极探索金融科技转型模式，通过银行业抱团合作、商业银行与金融科技企业外部合作以及银行系金融科技子公司等方式推动金融科技的研究和应用。以外部战略合作带动商业银行在业务、技术架构、经营理念和文化上的综合转变。可以BATJ与四大国有商业银行携手合作为标杆，提高商业银行创新能力和创利能力。二是在内部组织上，促进金融科技职能划分明晰化。设立与金融科技创新相关的网络金融部、金融科技实验室、加速器等组织，提升金融科技转型专注度。三是完善运营机制，明确分工，建立协调合作机制；推动业务部门和上下层级之间扁平化关系的塑造；同时创建敏捷、迭代、容错的研发机制和鼓励创新的机制文化，促进商业银行向银行业技术服务商、客户服务商的定位转变。

（四）加强金融消费者权益保护和数据合规

金融科技为商业银行带来了便捷性、灵活性和数字化、智能化，在升级商业银行的经营模式和增加获客的同时，也需要在转型过程中关注客户一方的权益。客户即金融消费者，一方面接受银行提供的金融服务，另一方面也将数据信息、资产等存入银行，委托银行管理，银行由此掌握大量客户数据。在数字经济时代，第一，商业银行转型需要加强数据仓库建设，建设大数据管理应用中心，将客户数据进行脱敏、清洗、封装、加密处理之后上云，提升数据质量并强化数据安全工作。第二，商业银行加强相关数据标准建设，首先从行内标准规范开始，逐步运用到行业整体，通过持续开展信息标准和数据质量治理工作，重点推进"建标"与"贯标"机制建设。第三，商业银行需要建立健全相应的消费者保障体系，从客户接触和业务维度构建消费者投诉机制以及客户隐私保护规则，履行有关数据控制者和数据处理者的权利和义务，实现合规经营、降低合规风险。

（五）运用监管科技（RegTech）规范行业发展

在运用金融科技实现转型发展的过程中不少银行和机构都对金融科技大力推崇，但金融科技不是万能的，由技术在金融领域广泛应用所能带来的潜在风险怎么强调都不过分。技术对金融的基本功能没有产生替代，也并没有对金融风险的隐蔽性、传染性和突发性产生任何改变，相反可能会使金融风险的传播更快、更广，关联性更强。

为了回应金融科技的风险，需要用科技监管金融科技，即运用监管科技（RegTech）促进监管和合规，一方面提升现有的监管效率，另一方面也有利于降低监管成本。首先，合理运用技术，搭建"监管协议和合规性评估、评价、评审机制"，使监管部门和监管对象之间形成长期互信的良性循环。其次，站在服务金融改革的全局高度上，高度重视科技监管的定位，促进监管科技良性发展。同时，不断完善数据治理法规，促进有效信息共享，最大限度地发挥新技术的基础性作用。最后，监管科技能够对大数据、区块链、人工智能等新技术进行多方位评估、标准化设定甚至制度层面的规制，从而可以规范金融科技行业和市场发展，减少市场非立性因素的干扰。

（六）发挥行业协会的平台作用

银行业协会作为银行业自律组织，在商业银行金融科技转型方面能够发挥更加积极的作用。一是可通过制定行业规范、行业标准、评估体系等，规范和引领银行业运用金融科技转型，对具体战略目标、转型体系、存在问题和转型成果进行综合评估、督促引领。二是可通过搭建研究平台、交流平台，构建"产、学、研、用"的平台生态圈，连接国内与国外、业内与业外以及行业内各个银行，打造信息交流和数据共享机制。三是可通过定期组织金融科技相关研究，出版行业报告和课题研究成果，为商业银行转型提供借鉴和同业经验。四是可通过协会牵头组织业内外机构、专家等设计一套客观评价金融科技转型的行业评价指标体系（如盈利指标、效率指标、风险指标等），促进同业之间加强对标，提高效率、降低成本，同时有效引领银行业防范和化解金融科技可能带来的潜在风险，提升行业合规水平，助推银行业高质量发展。

参考文献

丁宇：《数字小微贷莫被"高科技"误导》，http://opinion. caixin. com/2018 - 10 - 23/101337891. html，2018 年 10 月 23 日。

郭为民：《金融科技与未来银行》，《中国金融》2017 年第 17 期。

刘镔练：《迄今以来在硅谷的最大押注：摩根大通雇超千人专注金融科技》，https://wallstreetcn.com/articles/3423699，2018 年 10 月 21 日。

刘国建：《金融科技引领跨界融合发展》，《中国银行业》2017 年第 11 期。

龙璁：《"区块链"技术在银行信贷管理业务中的运用探析》，《中国城市金融》2017 年第 9 期。

牛锡明：《借鉴互联网思维发展银行互联网金融》，《新金融》2016 年第 11 期。

唐丽华：《银行业借助金融科技加速转型升级路径探析》，《中国金融家》2018 年第 4 期。

田国立：《开启普惠金融战略发展新时代》，《中国金融》2018 年第 10 期。

王凯文：《锚定中小企业融资万亿级市场　银行发力供应链金融蓝海》，《中国证券报》2018 年 10 月 24 日。

张哲宇：《严防银行转型中的"灰犀牛"》，《银行家》2017 年第 11 期。

Board, Financial Stability, "Financial Stability Implications from Fintech Supervisory and Regulatory Issues That Merit Authorities's Attention", *Financial Regulation Research*, 2017.

第三部分

三等奖论文

三等奖获得者与颁奖嘉宾合影

合规科技：用科技弥合"伤痕"

何海锋*

摘　要　合规科技（CompTech）是监管科技（RegTech）的一个分支，2008 年次贷危机爆发后金融强监管带来的"合规伤痕"——全球金融机构的合规投入与日俱增。当前，所有金融机构都无法回避合规投入和监管处罚为企业运转带来的沉重负担，而尽可能降低合规成本、弥合"伤痕"成为金融机构的一个重要需求。如何在降低合规成本的同时实现弥合"伤痕"，以提高理解合规要求和避免违规行为的能力？数字科技的发展为解决这一问题创造了一种可能的路径。

关键词：合规科技；监管科技；数字科技

一　从"伤痕"中走来

合规科技（CompTech）是监管科技（RegTech）的一个分支。监管科技是在金融和科技高速融合发展的背景下，遵循更高效的合规和更有效的监管的价值导向的解决方案。在具体运作模式上，监管科技主要有三大主战场——在监管机构监管场景下运作的监管科技（SupTech），在金融机构合规场景下运作的监管科技（CompTech），以及在金融机构内控场景下运

---

* 何海锋，法学博士，京东数字科技研究院法律与政策研究中心研究员，CFT 50 青年论坛成员，兼任中国社会科学院金融法律与金融监管研究基地特约研究员，《银行家》杂志主持人，中国金融作家协会会员，中国散文学会会员，研究方向为金融法、科技法、立法法。

作的监管科技（ContrTech）。

2008 年次贷危机爆发后，全球各金融监管当局都在重塑监管体系，"加强监管"成为主旋律。金融强监管时代给金融机构带来的"合规伤痕"——全球金融机构的合规投入与日俱增。合规成本主要由两方面构成，即合规投入和监管处罚。合规投入是金融机构为应对合规要求而投入的资源，包括人力资源、资金、时间成本等；监管处罚是金融机构因为违规行为而遭受到的处罚，除了直接的资金损失外，还面临可能的声誉损失。

从合规投入来看，金融危机以来，增添合规人员，加强流程再造、程序把控、压力测试、内部检查等是金融机构用来应对监管机构要求的主要方式。比如，"摩根大通 2012～2014 年期间增加了 1.6 万名员工来应对监管合规要求，约占员工总数的 7.4%，成本支出新增 20 亿美元，约占 2014 年净利润的 9.2%"。除了金融机构主动增加的合规投入，也有因金融监管机构要求而被动增加的投入。比如，2017 年 6 月，证监会和证券业协会接连发布《证券公司和证券投资基金管理公司合规管理办法》和《证券公司合规管理实施指引》，从"合规管理职责、合规管理保障机制、自律管理"等方面要求证券公司增强员工合规意识、健全合规组织机构体系；其中明确要求"证券公司总部合规部门中具备 3 年以上证券、金融、法律、会计、信息技术等有关领域工作经历的合规管理人员数量占公司总部工作人员比例应当不低于 1.5%，且不得少于 5 人"。受这一规定影响，自 2017 年下半年以来，很多证券公司都展开了合规人员的招聘工作，合规人员的薪酬也是水涨船高。合规人员的招聘费用和薪酬支出最终都将反映到证券公司的成本之中。

从监管处罚来看，美国经济发展资源中心 Good Jobs First 在 2016 年发布的报告称，自 2010 年以来，总计有 24 家银行向美国政府支付了累计超过 1600 亿美元的罚款与和解金。美国银行和摩根大通分别支付了高达 560 亿美元和 280 亿美元的罚款与和解金。最近的例子是，2018 年 4 月 20 日，美国富国银行（Wells Fargo）违反《消费者金融保护法》和《联邦贸易委员会法案》的规定，延长抵押贷款利息锁定期的收费、强制消费者购买不必要的汽车保险，被美国消费者金融保护局（CFPB）和货币监理局署（OCC）处以 10 亿美元罚款。在我国也是如此，从公开渠道资料统计，2017 年中国人民银行做出行政处罚的案件数量共计 903 件（并未全部披露），对金融机构的处罚金额合计 7980 万元。截至 2017 年 12 月底，银监会系统公开的、属于本年度的行政处罚案件共 2725 件，处罚金额 27.53 亿元。2017 年，证监会系统全年做出的仅针对金融机构或个人合规问题的行政处罚数量达到 249 件（含 19 件合并处罚机构和个人的罚单），处罚金额 5.73 亿元。2017 年，保监会系统共处罚保险机构 720 家次，处罚从业人员 1046 人次，罚款共计 1.5 亿元。除了看得见的罚款数字外，合规处罚对于金融机构的声誉影响更是难以估量。2018 年 1 月，国信证券发布公告称，由于公司保荐业务及财务顾问业务涉嫌违反证券法律法规，证监会决定对公司进行立案调查。受此消息影响，国信证券股价应声跌停。

二 用科技弥合"伤痕"

当前，所有金融机构都无法回避合规投入和监管处罚为企业运转带来的沉重负担，而尽可能降低合规成本、弥合"伤痕"成为金融机构的一个重要需求。从弥合"伤痕"的路径来看，主要有两个方面。一方面是加强理解合规要求的能力。近年来，金融监管政策调整频繁、监管法规数量剧增，金融机构在跟进和理解合规要求上捉襟见肘。"波士顿咨询公司（BCG）报告显示，2011 年后的 4 年间，银行业在全球范围内追踪的监管法规数量翻了三番。"自 2017 年起，中国金融监管也进入了一个不断强化的周期，原"一行三会"每周五发布重磅监管政策几乎成了一个规律，各种会议、文件、通知和窗口指导更是层出不穷，而且新的监管要求往往更加严格，对于数据的准确性、完整性、真实性、及时性等要求更高。这些都对金融机构的合规理解能力提出了更高的要求。另一方面是提升避免违规行为的能力。在金融科技时代，金融业务呈现去中心化、去中介化等特点，金融服务边界持续拓展，合规风险敞口也不断增大，传统金融机构原有的合规手段已越来越难以有效应对合规风险敞口。与此同时，随着金融监管能力不断增强，发生违规问题的概率却在逐步提高。比如，在查处内幕交易方面，证监会利用长期积累的大数据仓库，通过多种数据分析模型，利用爬虫软件技术，深度挖掘蛛丝马迹，搜寻案件线索，"大数据捕鼠第一单"——原博时基金经理马乐案就是如此破获的。深交所也表示正在利用人工智能等技术深度挖掘大数据，以提升对股市、债市、股票质押、融资融券、分级基金等业务和领域的风险监测能力。

如何在降低合规成本的同时实现弥合"伤痕",提高理解合规要求和避免违规行为的能力?在传统的合规模式下,这是一个几乎无解的命题——如果减少监管处罚,则必然增加合规投入;而如果缩减合规投入,不仅难以应对刚性的合规要求,而且可能加大合规处罚的风险。数字科技的发展为解决这一问题创造了另外一种可能的路径。

合规科技以数据为核心驱动,以云计算、人工智能、区块链等新技术为依托,实现监管机构与金融机构以数字化方式的端对端互相连通;金融机构在机构端可以从监管端取得数字化的监管要求并精准转化为内部合规约束,保证机构和业务全程合规;监管机构在监管端可以获得机构端实时传输的数据,实时形成不同合规报告,减少人工干预,提高精准度,同时降低人工成本。通过合规科技,架起金融机构和监管机构间的桥梁,既满足了降低合规成本的需求,也实现了合规能力的提升。

在国际上,一些金融机构已采用合规科技进行合规管理。2018年4月,星展银行(DBS)选择与总部位于伦敦的合规科技公司CUBE合作打造了一个"加速器计划"。在这个计划中,CUBE利用人工智能、机器学习和自然语言处理来为星展银行提供合规管理服务。CUBE可以从监管端自动并连续地获取监管数据,跟踪一个单一的跨境监管信息来源,再运用相关要求监测公司的政策、程序、记录和客户通信,以确定特定业务领域能够符合相关法规要求;同时,CUBE会在监管要求变化发生时进行提示,帮助银行尽快达到合规状态。

具体来说,监管科技的运用主要体现为数字化的监管协议、数字化的监管材料、形成监管报告、风险管理、了解你的客户(KYC)、交易监控,以及数据加密和传输等方面。

三 合规科技"疗伤"运用①

(一)数字化的监管协议

随着市场愈加复杂、变化多端,监管规则也不断更新和更加周密,这

① 以下案例具体参见京东金融研究院《CompTech:监管科技在合规端的运用》(2018年9月27日)报告。

使得金融机构的监管压力持续增长，合规成本激增，商业风险扩大，同时也对公司创新造成一定阻碍。CompTech 对监管规则进行数字化解读并嵌入机构和各类业务中能够使监管规则更及时、充分地被理解，有效提升合规效率、降低合规成本。

例如，瑞士的监管科技公司 Apiax，其业务主要定位于将复杂的法规转换为数字化的合规规则并以数字方式管理法规，包括为跨境金融活动、智能投顾、税务、数据保护等提供合规服务。Apiax 的运作工具主要是基于 REST 和 GraphQL 等成熟技术的 API（Application Programming Interface，应用程序编程接口），通过 API 可以实现对智能解读的监管规则的访问。美国的监管科技公司 Compliance.ai 能够实时搜索、访问、研究和跟踪金融监管信息，将监管信息以数字化的方式进行统计分析。澳大利亚监管科技公司 AtlasNLP 使用人工智能来帮助企业适应监管，它能够将数百万个非结构化文档（如 MiFID Ⅱ、GDPR）数字化于其云平台上，使 Atlas 能够在几秒钟内为合规查询提供答案。它主要利用 NLP 技术来对监管规则进行研究，目标是使客户感觉是在与合规专家交谈。

（二）数字化的监管材料

运用合规科技能够将所有与监管相关的资料，包括数据、文件、图像、音视频等都进行数字化处理，并以数字格式存储。例如卢森堡的监管科技公司 AssetLogic 建立了投资数据、文档在线中央存储库，它能够使所有有权查看特定数据的成员看到相同的数据，减少错误，并且所有的数据文档都是可审核并追踪的，可以确切地看到谁在何时输入了什么信息以及后续任何更改。美国监管科技公司 Verint Verba 通过安全记录、存档多种 UC 模式，包括语音、视频、IM、文档等，来帮助企业满足合规要求。Verba 提供了一个复杂的存储策略框架，允许企业制定数据保留规则。这些策略可自动进行存储管理并控制系统中记录的数据生命周期。该框架允许管理员根据各种过滤条件（如电话号码、姓名、扩展名、用户、组、日期和时间值等）制定保留规则，从而提供灵活的选项来管理系统中的数据。

（三）形成监管报告

合规科技可以通过识别和分析数据形成监管报告。具体而言是通过大数据分析、即时报告、云计算等技术实现数据自动分布并形成监管报告。

例如，英国监管科技公司 NEX Regulatory Reporting 就定位于为企业提供监管报告，主要包括 EMIR（《欧洲市场基础设施监管条例》）、MiFID Ⅱ／MiFIR（金融工具市场指令／金融工具市场监管规则）、SFTR（证券融资交易规则）、REMIT（批发能源市场诚信和透明度监管）的相关报告。其基于 Hub 技术的云端，能够实现对海量数据的连续处理，灵活形成跨部门、跨资产类别的报告，使其最终能够为银行、经纪公司、对冲基金和资产管理公司提供解决方案。除了立足于为企业提供监管报告，也有监管科技公司致力于为监管机构提供报告。例如，爱尔兰监管科技公司 Vizor 主要业务为向监管机构提供监管报告，英格兰银行就通过 Vizor 关于《偿付能力监管标准Ⅱ》的数据搜集模板和 XBRL 分类标准配置，来检测银行是否满足《偿付能力监管标准Ⅱ》关于数据搜集、业务数据验证和真实性检查的要求。

（四）风险管理

合规科技可以检测合规性和监管风险并预测未来的风险。近几年来，新的、复杂的监管规则在金融行业激增，造成了一系列问题，如"创新银行"能否获得银行牌照或者传统银行是否能够保持优势等。这也使得各方成本不断增加，资源竞争更加严峻。大量的新法规也使得银行的风险管理和融资管理比以往任何时候都更加复杂。例如在"严监管"下银行需要重新定义风险表现，信贷风险和预期信贷损失（ECL）以及其他资本比率成为一线业务的有价值的决策辅助工具。此时监管合规可以发挥作用，通过风险管理决定必要的投资，将风险转化为竞争优势。

在风险管理和合规检测领域，美国的 Aravo 和英国的 Finastra 是较为成熟的监管科技公司。Aravo 的服务对象包括谷歌、Adobe 等，其能够主动监控和管理复杂的第三方网络（包括供应商、分销商、特许经营商和合作伙伴）的风险，简化第三方管理工作流程，消除孤岛并为企业提供集中的"真相"。Finastra 的创新技术旨在加速对现存基础设施风险管控的转型，通过精密仪表板的高速度、灵活性来建立孤岛系统的联系。

（五）了解你的客户（KYC）

合规科技的另一重要运用是帮助服务对象完成尽职调查和了解你的客户，进行反洗钱、反欺诈的筛查和检测。金融机构违反 KYC 认证程序，未尽到反洗钱、反恐融资义务将使公司声誉遭到损害，或是遭到重大罚款甚至面临刑事惩罚。公司内部的反洗钱、反恐融资政策将直接影响公司的收益和利润。而人工 KYC 认证程序将耗费大量的时间和费用，且准确性难以得到保证。运用监管科技能够有效节省认证时间，降低合规成本，提高认证效率。因此，越来越多的监管科技公司专门投入该领域的业务。

澳大利亚的监管科技公司 Encompass 是专门做自动化 KYC 的公司，旨在帮助银行业等金融机构做好 KYC 合规工作。Encompass 主要运用人工智能将 KYC 流程自动化，并通过 API 将多个 KYC 数据源集中到一个应用程序中，以对决策者提供更丰富、准确的数据。英国监管科技公司 SmartSearch 创建了一个反洗钱认证平台，汇集了英国和国际市场的个人和商业搜索，并自动进行全球制裁和 PEP（个人股本投资计划）筛选。据其介绍，通过"SmartSearch Way"进行个人 AML（Anti-Money Laundering，反洗钱）检查仅需不到 30 秒，进行商业检查只要不到 3 分钟。另一家英国监管科技 Onfido 在企业身份认证管理方面也拥有较丰富的经验，其认证产品包括 ID 记录检查、文件材料检查、面部识别。ID 记录检查能够将客户的详细信息与一些全球数据库和信用机构的信息进行匹配；文件材料检查能够确保客户的资料不是伪造、篡改、丢失或被盗的；面部识别能够降低冒充、欺诈的风险，通过将用户身份证件照与自拍照进行比对，确保用户是本人。

（六）交易监控

合规科技还能够提供实时交易监控和审查的解决方案。例如，加拿大监管科技公司 Allagma Technologies 提供的 eTaxMan 解决方案，能够帮助税务机关通过交易监控打击销售税欺诈。eTaxMan 是一种多模块产品，可用于 VAT、GST、RST 系统经济中的销售税合规和欺诈检测。美国监管科技公司 Feedzai 致力于通过大数据、机器学习、人工智能来监控风险并提供反欺诈的解决方案，服务于银行、收购方、商人，可以保护客户的用户体验，同时通过交易监控来发现存在滥用的行为，以阻止欺诈的发生。另一家美国公司 IdentityMind Global 通过跟踪每笔交易涉及的主体来为风险管理提供及时、可靠的解决方案。信用卡、自动清算（ACH）、数字钱包、银行账户、电汇等任何支付类型，都可以通过 eDNA™①进行监控，防止与在线支付交易相关的欺诈行为。英国监管科技公司 Fortytwo Data 主要基于机器学习和大数据进行交易监控，在机器学习的交易监控中主要形成两个分数，一个基于 hurestics 基础规则而产生，另一个基于高级机器学习算法而产生，通过"冠军 vs 挑战者"的分数对比，最终使分析师能够快速了解基础规则下分数所需的潜在变化。

（七）数据加密和传输

合规科技在数据加密和数据传输中主要运用了基于区块链和云计算等技术，以防止数据被篡改，确保数据的安全、完整、有效。例如，德国监管科技公司 Drooms 致力于改变管理和共享机密业务文档数据的方式，其产品 Drooms NXG 是一个可视化的数据室，具有方便、快捷、自动化的特征。Drooms NXG 可以设置高级权限，为用户提供不同类型的访问权限，例如"查看""下载""打印"；可以通过自动化工具分析大量的文档，自动过滤信息；可以启动审核日志监视数据室的使用情况。数据室还能为企业提供安全的服务器位置以防止黑客入侵。此外，所有管理员都能够直接访问到数据仪表板，创建重要数据分析，通过 SSL 技术使用 256 位密码长度加密 AES（高级加密标准）。美国监管科技公司 Dome9 的产品 Dome9 Arc 构建了一个创新的 SaaS（软件即服务）平台，可以在公共云基础架构环境中随时为所有企业提供全面的安全性、合规性检查和治理办法。其高级 IAM（身份和访问管理）保护系统能够防止凭证受损和身份被盗用，它是在需要本地身份和访问管理保护之上提供的额外防御层，能够有效防止数据被篡改。

四　合规科技的前景

总体而言，合规科技发展之路机遇和挑战并存。合规科技的优势在于它可以实现监管数据收集、整合和共享的实时性，有效监控金融机构违法

---

① eDNA™技术能够提供数字身份，可以更准确地了解风险，从而更好地选择客户并减少错过优质客户的概率。eDNA 利用机器学习不仅可以构建身份，还可以对身份进行分析以获得最准确的信誉评分。

违规行为和高风险交易等潜在隐患，满足监管机构的监管要求；及早发现并预测金融行业风险状况，提高风险分析和预警能力，有效降低企业合规成本。因此，在金融风险防控逐渐成为全球金融监管焦点的大背景下，虽然当前合规科技（CompTech）在技术研发和具体应用上都尚处于起步阶段，但各类资本都非常看好合规科技市场的未来发展。根据 Infoholic Research LLP 在 2018 年 7 月发布的报告，全球监管科技市场利润在 2023 年将达到 72 亿美元，2018～2023 年复合年增长率预计为 25.4%。

面对空前发展机遇的同时，合规科技发展也正遭受着一些重大挑战。第一，技术发展与企业短期经营目标相冲突。技术的发展需要大量人力、物力和财力的投入，特别是在技术起步阶段，合规科技发展也不例外。同时，合规科技的成熟与应用还需要一定时间，企业前期的人力、物力和财力投入难以收到立竿见影的效果。而盈利水平又是企业短期经营目标的重要组成，也是考核管理层的重要指标。发展合规科技与企业短期经营目标、研发投入与盈利水平之间还需谨慎平衡。第二，"合规科技"自身合法性的拷问。伴随着层出不穷的金融创新，监管机构的监管理念和政策也不断变化。监管规则存在诸多模糊地带。合规科技在数据获取等方面是否符合所有监管规则，尚不能肯定。这些疑问和模糊地带有可能让"合规科技"本身面临合法合规问题。第三，行业发展不成熟。目前，在各路资本的助推下，合规科技产业发展迅速，合规科技创业公司遍地开花。但是，整个行业发展还不成熟。合规科技的发展需要长期的资金支持和技术积累，如果没有足够的资本和耐心，初创合规科技公司可能一直停留于初始阶段，合规科技产品也只能是空中楼阁。

综观目前合规科技的发展情况，可以归纳出三大趋势。首先，人工智能技术应用的广度和深度不断增加。从目前落地的应用看，在监管数据湖的基础上，企业可以通过运用人工智能技术实现对监管要求更加迅速、准确的理解。其次，合规科技中的数据使用向规范化迈进。数据是合规科技运作的重要基础。目前，各国关于数据保护的法规愈发严格。欧盟 GDPR 的出台引发了全球性的数据保护浪潮，数据保护领域的监管竞争正在升级。在这种背景下，合规科技企业只有做好准备，规范自身数据运用全流程，才能更加积极有效地应对愈加收紧的数据保护规范。最后，合规科技的运用场景不断丰富。合规技术的运用领域正在溢出到传统金融行业，并逐步扩展到所有涉及行政监管和有合规需求的行业。特别是政府行政机构严格监管的行业，如医疗卫生、食品安全、环境监测和安全生产。

参考文献

京东金融研究院：《SupTech：监管科技在监管端的运用》，2018 年 9 月 27 日。

宋湘燕、谢林利：《美国监管科技在金融业的应用》，《中国金融》2017 年第 12 期。

https：//www. apiax. com/api/.

https：//www. compliance. ai/regulatoryagencyupdates.

http：//www. atlasnlp. com/.

https：//asset-logic. com/features/.

https：//www. verba. com/.

http：//www. nexregreporting. com/.

https：//www. vizorsoftware. com/case – studies/boe-case-study/.

https：//www. finastra. com/solutions/retail-banking/risk-compliance.

https：//www. encompasscorporation. com/product-features/encompass-api/.

http：//www. smartsearchuk. com/about-smartsearch/.

https：//onfido. com/product/.

https：//etaxman. ca/.

https：//feedzai. com/products/fraud/.

https：//identitymindglobal. com/fraud-prevention/.

https：//www. fortytwodata. com/product-transaction-monitoring.

https：//drooms. com/en/products/drooms-services.

https：//dome9. com/iam-safety/.

从账户入手化解支付科技
带来的监管挑战

李 鑫 赵 亮[*]

摘 要 支付科技以及非银行支付机构的快速发展使得支付账户逐渐与银行账户相脱离，并分割为非银行支付账户与银行支付账户，同时二者功能日益趋同。在我国现有监管框架下，支付账户的分割会造成如下一些问题：与银行支付账户相比，非银行支付账户受到的监管相对较弱；非银行支付账户日益演变为实质性的综合金融服务账户；围绕两类账户所形成的支付体系间缺乏互操作性；货币量的统计受到影响。未来应在正确认识非银行支付账户存在的客观必然性的基础上，从账户入手完善监管规则，以此来化解由支付科技和非银行支付机构带来的监管挑战。

关键词： 账户；支付科技；监管

一 引言：从美国个人在线支付谈起

近些年，随着支付科技的发展，我国零售支付市场的发展可谓日新月异，新兴支付形式不断涌现，非银行支付机构蓬勃发展。然而在消费者获得越发便捷的支付服务的同时，非银行支付机构以及支付科技发展对于原有监管框架的冲击也不断地显现，并造成行业的种种乱象，风险不容忽

---

* 李鑫，中国民生银行研究院研究员。赵亮，中国社会科学院研究生院金融系博士研究生。

视。尽管监管机构审时度势，不断完善对于支付业务的监管，但诸如备付金集中存管等部分规定也引发了业界广泛的争议。至今各界仍在探讨，究竟如何监管新兴支付才真正符合行业发展的逻辑。

不过在正式探讨这个问题之前，我们想暂时离开此时此地，而将话题拉到距离较远的另一个时空，看看 21 世纪初期美国的个人在线支付发展的情况，从中或许能够有所启发。

随着电子商务和互联网的发展，美国的网络支付在 2000 年前后开始快速发展，并在当时发展起来一种基于 Email 的个人在线支付业务（Personal On-Line Payments），以 Paypal、ecount、Citigroup's c2it、BillPoint 等为代表。最早的此类在线支付业务是用于进行快速的在线拍卖，通过这种支付方式可以有效克服当时主流零售支付工具在在线拍卖过程中的局限性，大大简化拍卖流程。当时如果用纸质支票付款的话，全流程需要五天才能结清，而拍卖的卖家也很少有人愿意接受借记卡或信用卡支付。此外，网上在线支付比使用卡片支付要便宜，卡片支付服务费最少 2%，而且对于小商家还要更高。此后，这种支付方式由于其快速便捷的优势逐渐在零售支付领域拓展开来，一个粗略的估计认为，到 2001 年时，在线支付交易量大约有 50 万笔/天；而另一个估计则指出其用户量大约每年以 70% 的速度增长。

在这种类型的支付业务中，付款人使用安全加密的连接方式访问支付服务商的网站发起资金转移，输入金额、收件人的电子邮箱等相关信息及付款指令，服务商的计算机将含有支付服务商网站链接的消息发送到接收人的邮箱，收款人点击链接，建立与支付服务商服务器的安全连接，并确认资金转移。尽管交易机制是相似的，但相应的支付服务会根据资金账户的类型以及完成交易的清算、结算网络的不同而不同。一般分为两类：基于非银行支付机构专用账户的支付服务和基于银行支付账户的支付服务。而基于银行支付账户的支付服务又可进一步分为使用 ACH 或 ATM/POS 借记卡支付网络。

其中，基于非银行支付机构专用账户的支付服务的一些特征尤其会令我们感兴趣。第一，付款人需要在支付机构处建立虚拟账户，并将资金从银行支付账户或信用卡账户转移到支付机构的账户。如同我国的非银行支付机构一样，付款人可以选择仅使用支付机构的支付服务，也可将资金存在支付机构的账户上，从而形成非银行支付账户中的沉淀资金。据估计在

2001 年时，此类非银行支付账户中的沉淀资金有 2000 万美元，不过随着在线支付逐渐普及以及系统之间互操作性程度的提升，其增长十分迅速。第二，除了银行自身提供的相似服务外，由非银行支付机构提供的该类支付服务在当时并未受到充分的监管，也缺乏相应的法律法规，其账户沉淀资金往往被投资于货币市场中的一些低风险资产以获得一定的收益，然而事实上沉淀资金金额及投向等具体情况并不透明，因为该类机构不需要披露。第三，这些专用的个人支付服务在当时对消费者是免费的，尽管支付机构本身需要支付成本，但它们将这种免费视为一种营销方式以扩大该类支付业务的规模。

此外，与个人在线支付相关的一系列问题在当时的美国也引起了较大的争议。

首先，消费者保护的问题。信用卡和借记卡除了有发卡人和消费者之间的合同条款外，还受到一系列法律法规的约束，联邦法规也会给予银行支付账户一定程度的保护，尤其是有存款保险，因此消费者的银行支付账户潜在损失是有限的。但大多数基于专用账户的非银行支付机构则没有存款保险的保护，也没有相应法律法规的约束。为了防止欺诈风险，此类支付机构通常为客户提供私人保险，防止它们的客户的账户被欺诈使用，以提高其服务吸引力。然而这毕竟与存款保险不同，因为存款保险可以在银行破产时提供保障。

其次，从行业竞争角度讲，同样提供此类在线支付服务的既有银行，又有非银行支付机构，受监管影响二者在账户管理的成本上存在较大的差异。例如，银行提供相应服务被要求持有一定份额（3% 或 10%，取决于存款水平）作为非计息准备金，而非银行支付机构则没有要求。此外，与非银行机构不同，银行被要求持有最低资本金，还必须接受各类监管机构（货币监理署、美联储、FDIC 和州立银行监管机构等）的报告要求和定期检查，而非银行机构也没有相应成本。当然，银行可以利用存款保险为自己的账户余额提供高达 10 万美元的担保，这是其比非银行支付机构具有的优势。

最后，网上在线支付账户的快速增长还对货币量的统计造成影响。当时在美国，非银行机构持有的余额未被统计在货币总量中，这就使得统计指标越来越难以反映市场中实际的货币流动性的情况。不过正如纽约联储官员所讲，金融创新浪潮已使货币总量的信息内容减少到失去作为政策目标的地位，因此个人在线支付账户在这方面的影响只是个次要问题。

由于上述特征及问题的存在，个人在线支付当时在美国引起很大的争议，焦点则在于这类机构是否应该被视为银行，从而遵守相应的法律法规并接受监管。这取决于银行的定义。如果将银行视为吸收存款、发放贷款的机构，那么答案肯定是否定的，因为这些机构通常将资产投资于货币市场，而不是发放贷款。然而，如果按《格拉斯－斯蒂格尔法案》中的定义，则更多关注的是银行作为存款接收者的角色。该法案排除了受国家许可的货币发行者或银行以外的任何机构进行接收存款并在储户出示支票、存折、存单或其他债务证明及储户要求的情况下还款的业务。从经济学意义上讲，此类非银行支付机构作为资金的接收者，在客户的指示下可以提取或转移资金，因此实质上是符合《格拉斯－斯蒂格尔法案》中对于银行的定义的。实际上在当时，一些非银行支付机构，比如西联汇款（Western Union）和美国运通（American Express）等，正积极获得法律的认可，并已经在部分州获得了提供存款服务的许可。

上面对美国21世纪初个人在线支付业务的介绍，是否使得身处今天的我们有种似曾相识的感觉呢？无论是其发展特征还是由此产生的问题，很大程度上与今天我们国家的非银行支付有共通之处，只不过过去我们似乎并未对其有过多的关注。重要的是，美国无论是整个金融监管体系还是法律体系相比我国都更加完善，也更加稳定，因此与我国相比要少很多支付行业的乱象；同时与当今越来越炫的各种支付科技相比，通过 Email 进行的个人在线支付复杂程度也要小得多，因此更容易令人把握问题的核心。

从美国的案例能够清晰地看出，由科技进步引发支付创新所带来的监管难题，绝大多数指向了一点，那就是支付账户——支付创新对账户管理带来的冲击可以说是方方面面问题的聚焦点。从国内来看，不论是近些年由非银行支付机构虚拟账户所引发的争议，还是监管部门在账户分类管理方面的不断完善，同样都体现出账户问题的核心重要性。支付科技对于账户管理的冲击具有普遍性：不仅仅是中国，其他国家也同样如此，不仅仅是当下的移动支付创新，以往在支付领域的科技应用也同样会带来这样的影响。当然，与21世纪初的美国相比，信息技术和新兴科技的进一步发展，支付产业从卡基支付向账基支付的进一步升级，有可能会使得账户问题在今天，特别是在支付科技发展较为前沿的中国，变得更加严重，因此我们有必要对其进行深入的探究。

二　支付账户分割为非银行支付账户与银行支付账户

在社会经济活动中，市场交易是最基本的经济行为，而当前大部分的市场交易要以资金在交易主体的账户间的转移作为交易完成的重要标志与前提条件，完成整个交易流程的专门处理机制就是支付体系。现代支付体系下，由支付机构、支付账户、支付工具、支付基础设施以及支付监管共同组成，各组成部分相互联系、相互影响，也是相辅相成、不可分割的。除去实施主体（支付机构）和监管主体（支付监管）暂且不谈，传统意义上讲，支付功能的实现，即完全实现资金的转移需要涉及支付账户、支付工具、支付基础设施三个部分：其中账户是支付体系的基础，是市场交易主体进行一切资金管理活动的基础，也是记录社会资金运动的重要轨迹，在市场交易活动中起着至关重要的作用，需要被转移的资金只能存放于某个账户之中，而在转移之后也必然要进入新的账户中；支付基础设施（清算、结算系统）是联通各个账户的"管道"，资金正是通过这些"管道"才真正实现了最终的转移；而支付工具则是扮演信息传递者的角色，无论是支票、卡片或其他支付工具，实际上都是为了构成一套通信系统，为账户管理者或支付基础设施发出转移资金的信号。可以说，正是账户一头连接支付工具，另一头连接支付基础设施，从而将整个支付体系合为一个整体。

我们也可以从另一个角度来看，那就是将支付和清算、结算拆开来看。在资金转移的过程中，存在"支付"与"清算、结算"两个阶段，支付业务可以看作资金转移的前端，主要体现交易主体使用各种自己所认可的支付工具进行货币所有权转移的过程；而清算、结算业务则可以看作资金转移的后端，可以看作各交易主体在银行等金融机构账户间的资金结算调拨实现的清偿过程。或者简单地说，支付过程是传达付款人的支付指令，是一种信息流的传递，清算、结算过程是资金流通的渠道，是一种资金流的传递。而在这两个过程中，账户则是作为承载信息流和资金流的实体。

综上所述，支付账户在整个支付体系中具有基础性作用，然而近些年，在讨论支付领域热点问题时，人们更多关注的是支付工具的创新、支付系统（也称支付基础设施）的发展、支付机构业务的消长乃至支付监管政策的趋势，支付账户的基础性作用却遭到了一定程度的"忽视"。究其原因，主要在于近些年所谓的"支付科技"更多地体现为科技在支付工具方面的应用，而一些市场乱象则主要涉及的是支付业务和清算业务的混合，因此就事论事来看，则很难将注意力放在中间的账户上。然而当我们对整个支付体系进行剖析后，便不难发现，任何支付功能的实现必然是以账户体系为基础，而任何支付领域的问题或乱象也必然集中于账户管理体系之中。而以互联网支付、移动支付为代表的新兴支付创新之所以会给监管带来很大的压力，最主要的原因则在于，支付科技以及非银行支付机构的快速发展使得支付账户逐渐与银行账户相脱离，并分割为非银行支付账户与银行支付账户。

以往个人的支付账户基本上就是其银行账户，支付工具与银行账户之间一对一连接，支付工具的差异更多地体现在清算安排的差异上，如银行卡对应卡组织，支票对应清算所或交换所等。然而随着支付工具的载体从各类票据、电报汇款、银行卡发展到 PC 端的互联网支付和以手机为载体的移动支付后，情况则发生了根本性的变化。一是随着互联网、手机等移动终端的普及，个人的身份识别载体已经不仅仅是银行机构下认证的银行卡及其背后的银行结算账户，更是扩展至 PC 端的电子邮件或网络用户名，以及移动端的手机号码、社交用户名等各种独立可认证的账户模式。二是支付环节以非银行机构的非银行支付系统为主要服务商，从而造成信息流和资金流的处理体系发生了分离，个人的支付行为演变成：支付信息在非银行支付机构开立的个人支付账户间传递，而资金则在银行机构开立的个人银行结算账户间结算，中间的关联依靠个人在支付机构的账户与银行结算账户的绑定。三是互联网或移动支付工具与银行账户之间通常会形成一对多的连接，这种一对多并不仅仅是指直连银行带来的非银行支付账户与银行账户之间的一对多，更重要的是指支付工具与银行账户之间的更加复杂的联系。以支付宝为例，同一个支付宝账户可以进行网关支付，也可以用余额支付，在每一种支付形式背后，则体现为不同的银行账户资金流动形式：网关支付实际上只是传递支付指令，而资金则是在付款方和收款方各自的银行账户之间转移；而余额支付则需要备付金账户在其中发挥作用。个人银行结算账户与个人非银行支付账户特征区分情况见表1。

表1　个人银行结算账户与个人非银行支付账户特征区分

特征表现	银行结算账户	非银行支付账户
提供账户服务的主体	由银行机构为客户开立	由支付机构为客户开立
资金用途	日常经营活动结算及资金投资理财	互联网或移动支付交易的收付款结算
账户余额的性质和保障机制	为客户的存款资金，以客户的名义存放在银行机构，增值收益为客户所有	客户的预付款项，支付机构以其自身名义存放在银行机构，由支付机构实际使用和支配
账户法律保障	银行信用保障	企业信用保障

实际上我们知道，在我国，非银行支付账户只是虚拟的账户，其与银行结算账户相比具有明显不同的特征和功能定位（见表1），并且虚拟账户仍然需要对应特定的银行账户，即备付金账户。然而在非银行支付账户与银行支付账户针对个体消费者来说功能越发一致，并且消费者对两种账户的认知也越发趋同的情况下，则二者在纯经济学意义上讲，或者说在对于个人消费者实现其支付功能方面来讲，区别变得越来越小。实际上从美欧的情况来看，非银行结算中介持有可转账存款规模与银行结算中介相比早已相仿。尤其是当非银行支付机构进一步涉足清算甚至结算功能的时候，就会致使所有支付相关功能都集中到非银行支付机构的同一超级账户体系中；当非银行支付账户不再局限于处理信息流，而且涉及资金流时，问题就会变得更加复杂，风险隐患也会进一步加大。

三　我国零售支付发展及非银行支付账户体系存在的问题

随着市场经济活动的发展，从现金、票据、银行卡再到电子支付工具，其演变体现出支付的发展，尤其是不断适应支付场景的多样性与交易主体的便利化需求。移动互联网技术的普及应用，使得收付款人之间的应收应付信息可以通过票据之外的其他载体进行传递和确认，支付手段和工具的创新使得交易过程中的支付环节和清算环节分离趋势日益明显，金融脱媒不断加剧。在交易过程中，支付环节侧重于满足用户多样化的支付需求，更加关注用户对支付工具的体验；而清算环节则侧重于银行等货币流通机构之间资金转移的制度和技术安排，在风险可控的前提下，更加关注资金流转效率。

从我国来看，由于支付前端的金融中介服务功能逐渐转向集中于非银行支付机构，而银行支付机构在交易活动中的作用逐渐转向后台的资金结算，不同功能导向使得支付发展趋向更加追求多样化和便利性属性，这体现在以下几个方面。第一，支付平台与交易平台相结合，从而催生出"场景＋"的支付多样化模式。由于突出支付机构的金融中介作用，支付功能不断前端化，呈现支付与交易场景的紧密结合。第二，将支付平台与虚拟账户开立相结合，交易主体和非银行支付机构均在银行开立结算账户，同时，交易主体又在第三方交易平台上注册账户，而这两个账户的性质完全不同，一个是实体账户，一个是虚拟账户，通过绑卡的方式，将虚拟账户和实体账户建立关联，从而实现资金的自由划转。第三，从借记方式转向贷记方式，原有借记方式，如票据支付模式下信息流的确认分为支付请求和支付确认两个步骤，而在互联网和移动支付时代，借记方式被转换至贷记方式，即付款方主动申请资金划转至收款方账户之中，减少了支付确认的步骤，从而提升了支付效率，节约了支付成本。

在中国人民银行建设的"多层次支付服务组织体系"中，非银行支付机构主要发挥在零售支付市场的补充作用，实施支付机构市场准入工作，将其纳入统一的支付体系监管中。如2009年4月，中国人民银行发布公告，对从事支付清算业务的非金融机构进行登记；2010年6月，中国人民银行出台《非金融机构支付服务管理办法》，正式将从事网络支付、多用途预付卡的发行与受理、银行卡收单等支付服务的机构纳入监管框架；2011年5月，首批27家公司获得中国人民银行颁发的《支付业务许可证》，成为首批支付机构。自2015年起，中国人民银行又进一步完善退出机制，增加市场退出压力，推动支付机构合规经营。

在此背景下，支付账户的分割以及非银行支付账户越来越普遍的应用也逐渐暴露出一些问题。

一是与银行支付账户相比，非银行支付账户受到的监管相对较弱。由于非银行支付账户是在第三方机构设立的虚拟账户，相比于银行结算账户，这种虚拟账户在客户身份识别机制方面尚不完善，为欺诈、套现、洗钱等违法犯罪活动提供了可乘之机。同时，非银行支付机构将借记方式转化为贷记方式，虽然贷记方式提升了支付效率，但其缺少了支付方对付款信息的审核和确认环节，进一步增加了客户资金的支付安全风险。此外，相比较银行支付机构，非银行支付机构在风险管理、客户资产安全及信息安全的保障机制方面尚有缺陷，客户权益难以实现全面保障。

二是非银行支付账户日益演变为实质性的综合金融服务账户。非银行支付账户为强化客户使用黏性，逐渐发展为客户银行资产、证券资产、保险资产等各种金融投资产品的集合平台，跨市场业务的集合也加大了对非银行支付账户的资金流动性管理难度以及防范跨市场交易风险的难度。可以说，不少支付机构通过跨界的经营模式，通过与金融机构合作的形式，在本质上已经将支付账户打造为综合金融服务账户；相反似乎借助其作为销售渠道的各类金融机构，反而实质上成了这种综合金融服务账户背后的"通道"。

三是围绕两类账户所形成的支付体系间缺乏互操作性。尽管非银行支付账户逐渐发展壮大，但银行并不希望丢掉零售支付市场，同样发力新型支付领域，这种竞争虽然有助于效率的提升以及创新的涌现，但某种程度上也造成零售支付体系割裂，支付机构与银行各自支付体系之间较弱的互操作性必然会影响到整个零售支付体系的效率。此外，与银行之间以四方模式构成的零售支付体系不同，由互联网企业打造的三方模式支付体系具有表面开放、实质封闭的特点，这也造成围绕不同支付机构所形成的不同支付生态圈之间同样存在较差的互操作性。

四是对货币量的统计造成影响，或者更准确地说对于货币的概念范畴本身造成影响。尽管这个问题在美国可能早已不再是很严重的问题，因为其并不以货币量作为货币调控的中介变量，但对于我国来说意义还是十分重大的，因为其客观上弱化了我国中央银行 – 商业银行的结构与功能。非银行支付体系一旦形成"独立王国"，必然会降低人们对银行支付体系的使用，弱化中央银行通过监督管理银行支付清算设施实现法定货币供应量调节乃至货币政策目标的能力。

总的来看，非银行支付账户与银行支付账户之间出现分割，尽管在当下有助于零售支付的效率提升，但其潜在的风险和问题同样不容忽视。尤其是作为近些年我国金融界最热的领域之一，各方主体对于支付市场的参与热情空前高涨，并造成非支付账户期望增加支付功能而支付账户则努力扩张非支付功能的现象，这可能会使得支付市场格局变得越发复杂，相应的问题及隐患也可能进一步加大。

四　结论及政策建议

支付科技以及非银行支付机构的快速发展使得支付账户逐渐与银行账户相脱离，并分割为非银行支付账户与银行支付账户，同时二者功能日益趋同。在我国现有监管框架下，支付账户的分割会造成如下一些问题：与银行账户相比，非银行支付账户受到的监管相对较弱；非银行支付账户日益演变为实质性的综合金融服务账户；围绕两类账户所形成的支付体系间缺乏互操作性；货币量的统计受到影响。实际上，我们应该意识到，在金融科技的冲击下，支付体系的分野以及支付账户的分割是一个全球性的趋势，只是由于种种原因，我国在这方面表现得更加明显。支付和市场基础设施委员会（CPMI）曾于2016年发布了支付领域的金融普惠报告，其中提出了增强交易账户（支付账户）可获得性和使用性的七点原则，尤其是第四点更是直接指向了非银行支付服务提供者（PSPs）所管理的账户，指出这些账户应能够通过电子方式低成本开展支付业务，并能够安全地储存价值。这意味着我们应该在正确认识非银行支付账户存在的客观必然性的基础上，从账户入手完善监管规则，以此来解决由支付科技和非银行支付机构带来的监管挑战。具体而言，可从如下几个方面着手。

第一，对于银行支付账户和非银行支付账户应统一监管要求，避免出现监管套利以及不公平竞争。鉴于支付结算的重要地位，应提高支付结算法规制度的法律层级，并以此为契机进一步明确"结算""清算""支付""账户""实名制"等基础性概念，统一对于银行支付账户和非银行支付账户的监管要求和监管强度，促使法律法规与支付行业的发展相适应，避免出现银行与支付机构合作进行监管套利，也避免由监管成本差异而造成二者在支付业务上存在不公平竞争现象。一方面，对于银行账户来说，应进一步完善个人账户分类管理，可考虑首先明确区分支付类账户和储蓄类账户，并在监管标准方面设置差异，并要求银行在支付类账户和储蓄类账户之间做出有效的风险隔离，在此基础上再进一步视支付或储蓄类账户功能进行分类。其中，除目前的开户、使用等方面外，甚至可考虑在存款准备金缴纳等方面设置更深层次的账户区分。另一方面，应参照银行支付账户的监管标准来设置对非银行支付账户的监管标准，做到二者监管标准的统一。这意味着需进一步完善针对非银行支付机构的客户身份识别制度、可疑交易报告制度等有关账户实名制及反洗钱等方面的监管要求，并完善金融消费者权益保护机制，明确风险责任的分担、信息披露等内容，建立消费者信息保护制度。

第二，对于涉及其他金融业务的非银行支付账户，应按照实质重于形式的原则，加强功能监管和行为监管。应推动监管模式由机构监管向功能监管、行为监管转变，尤其是对已经实质上涉及其他金融业务的非银行支付账户，应按照实质重于形式的原则，进行穿透式监管，要求相应账户管理机构申领相应的金融业务资质，按照实际功能进行区分并接受与其业务实质相匹配的准入监管和日常管理。鉴于金融混业可能带来跨市场交易风险的不确定性，可将相应账户界定为综合金融服务账户，并设置更高的监管要求。总之，与第一点中着重谈论的支付业务一样，涉及其他金融服务的非银行支付账户，也应保持与相应牌照金融机构账户的监管标准保持一致，从而避免监管套利或不公平竞争。同时，针对非银行支付账户混业经营以及跨界经营的情况，不仅相应金融业务监管部门需形成监管合力，还要加强金融监管部门与公安、工商、网络信息安全等有关部门的交流合作，建立联合排查整治机制，实现信息共享。此外，加强对金融消费者的教育不仅有助于保护消费者权益，而且也是防范化解风险的重要手段之一；调动社会公众的广泛监督力量，强化公众的参与意识和监督意识，形成社会监督机制。

第三，加强非银行支付账户与银行支付账户之间的互联互通，强化系统间互操作性，构建国家快速支付体系。事实上，无论是银行支付账户，还是非银行机构支付账户，都可以执行市场交易的支付功能，并且在市场实践中，以非银行支付账户为基础的支付模式在便捷性和场景化方面甚至胜出传统的以银行支付账户为基础的支付模式。因此，在破除二者界限划分、承认二者平等地位的基础上，应打通非银行支付账户与银行支付账户之间的横向联系，而不仅仅是以通道形式形成纵向联系，并在此基础上强化非银行支付系统与银行支付系统之间的互操作性，从而提升整个支付系统的效率。可借鉴香港快速支付系统的经验，从更广的视角来构建整个快捷支付体系，统筹管理银行支付账户和非银行支付账户的支付功能。这不仅有利于助推新兴支付业务的突破性发展，同时相关数据进入统一平台，纳入统一监管，采用统一的金融标准，能有效化解金融支付风险，避免内地市场上近年来一直出现的第三方账户在监管外循环、形成事实上的"第二货币"并孕育金融风险的可能。同时信息数据的统一也便于顺势调整货币统计口径，从而避免非银行支付账户发展造成货币量指标对于货币调控指导意义的减弱。

参考文献

李鑫、胡薇：《中国互联网金融发展的基本格局》，经济管理出版社，2015。

载杨涛、程炼：《互联网金融理论与实践》，经济管理出版社，2015。

CPMI, *Payment Aspects of Financial Inclusion*, 2016, https://www.bis.org/cpmi/publ/d144.htm.

Kuttner, K. N., McAndrews, J. J., "Personal On-Line Payment", *FRBNY Economic Policy Review*, 2001, 12.

非银行支付发展的三个阶段与监管路径的演变轨迹

吴　昊[*]

摘　要　非银行支付经历了三个发展阶段，即银行卡支付阶段、网络支付阶段和条码聚合支付阶段。非银行支付在前述三个发展阶段的演变过程中，通过产品的不断创新，我国支付清算、支付结算行业呈现明显的"支付介质非银行卡化"、"支付结算网络开放化"和"支付结算服务主体多样化"趋势。非银行支付在快速发展的过程中，也给我国支付清算、支付结算的监管工作带来一定挑战。1995～2017年的23年中，监管部门对我国非银行支付监管路径的演变轨迹主要体现在监管对象的不断扩大和监管重心的适时调整两个方面。

关键词：非银行支付；监管；支付清算

一　引言

"非银行支付"是2016年《非银行支付机构网络支付业务管理办法》发布后才出现的称谓，在此之前，我们一般称之为"第三方支付"或"非金融支付"。随着互联网特别是移动互联网在我国的普及化程度越来越高，人们使用非银行支付机构提供的支付服务愈加频繁，"微信支付""支付

---

*　吴昊，深圳大学法学院硕士，现就职于腾讯公司，主要从事支付金融法律合规和运营工作。

宝"等非银行支付工具已成为人们日常生活中不可或缺的一部分。

中国支付清算协会发布的《中国支付清算行业运行报告（2018）》显示，2017 年，国内商业银行共处理移动支付业务 375 多亿笔、金额 202 多万亿元，同比分别增长 46.06% 和 28.80%；全年发生银行卡交易 1490 多亿笔、金额 760 多万亿元，同比分别增长 29.41% 和 2.67%；非银行支付机构共处理移动支付业务 2390 多亿笔、金额 105 多万亿元，同比分别增长 146.53% 和 106.06%。可见，从移动支付交易笔数上看，非银行支付的业务量已经远远超过商业银行，且移动支付交易笔数已经大幅超过银行卡交易笔数，支付介质非银行卡化趋势明显，这在一定程度上说明非银行支付的市场占有率和支付场景覆盖率已经超过了商业银行和银行卡支付，成为我国支付清算、支付结算体系的重要组成部分。

今日的非银行支付，不仅仅与人们的日常生活戚戚相关，更与我国支付清算、支付结算网络安全和国家金融安全紧密相连，因此，对我国非银行支付行业演变和监管政策制定历程进行深入研究，对促进非银行支付可持续健康发展，维护国家金融安全具有重要意义。本文拟以非银行支付发展的三个阶段和监管路径的演变轨迹为视角，对非银行支付每个发展阶段的特征和监管政策的应对逻辑进行梳理，以期对我国支付清算、支付结算行业的健康发展贡献绵薄之力。

二 非银行支付发展的三个阶段及特征

非银行支付的发展和演化主要通过支付工具和支付场景的迭代进化表现出来。本文以特定时期内的主流支付工具和支付场景为切入点，研究非银行支付的发展阶段和每个阶段的特征。

（一）银行卡支付阶段（2002～2004 年）：非银行支付在银行卡支付和清算组织网络基础上应运而生，通过银行卡支付构建线下支付场景

银行卡支付，是指付款人使用银行卡，通过 POS 收单设备（Point of Sales）读识银行卡信息、发出支付指令、验签支付单据，经特定支付结算网络向收款人转移货币资金的支付方式，业内俗称"银行卡 POS 收单"或"银行卡收单"。银行卡支付是在银行卡这种支付介质出现后才产生的一种

电子支付方式，最初仅有发卡银行、收单银行、商户三方参与支付结算流程。银行卡支付在初期没有统一的全国联网系统，无法实现全国性的联网通用，覆盖范围较小，发展较慢。

2002年，中国银联和银联商务成立，实现了银行卡的全国联网，银行卡支付得到快速发展，银联商务也作为第一批非银行支付机构，以"收单机构"的角色参与银行卡支付的业务流程，使得中国银联在"直连模式"外，开创了覆盖面最广且存续至今的"四方模式"，即"发卡银行－清算组织－收单机构（包括非银行支付机构和收单银行）－商户"四方参与的支付结算模式，这也是非银行支付机构切入银行卡支付和线下支付场景的起点，银行卡支付的业务模式见图1。

图1　银行卡支付的业务模式

银行卡支付依托的银行卡、POS机具、资金清算网络等软硬件设施和技术标准完全由中国银联一手打造，所以中国银联自然成为这个阶段中国支付结算体系的核心，在此背景下，非银行支付在该发展阶段具有以下特征。

（1）业务运行以清算组织网络为主，银行网络为辅，非银行支付机构的产品创新和研发能力较弱。大部分银行卡支付交易涉及跨行资金结算，由银联负责，以清算组织网络为主；小部分银行卡支付交易是同行资金结算，由商业银行负责，通过银行网络实现资金转移。非银行支付机构不具备自己的支付结算网络和产品研发能力，业务形态以机具布放、商户拓展和账单结算为主，较少涉足支付产品和服务的创新与技术研发。

（2）银行卡POS机具和结算网络相对封闭，支付服务种类单一。银行卡支付自诞生起至条码聚合支付问世前，其收单机具和结算网络均相对封闭，无法与其他设备、收银系统和聚合服务机构系统连接，使得支付信息、数据和指令只能在"收单机构－清算组织－发卡银行"的网络内闭环传输，相对封闭的软硬件环境，导致银行卡支付的服务形态和种类较为单一，无法提供商户营销、客户数据收集、广告精准投放等增值服务。

（3）非银行支付需遵守清算组织业务规章，清算组织对非银行支付机构有较强约束力。早期的清算组织只有中国银联独家，所有从事支付结算业务的非银行支付机构和商业银行，均需成为中国银联会员，遵守中国银联制定的业务规则、技术标准和费率定价，违者将按照业务规章接受中国银联的处罚。

在银行卡支付阶段，非银行支付是在国家"金卡工程"实施推行银行卡全国联网的大背景下，在中国银联诞生和支付清算网络初步成形的大前提下走上历史舞台的（国家金卡工程协调领导小组办公室，2018），该阶段对于非银行支付而言，具有"从无到有"的历史性意义，但也存在网络相对封闭、产品服务单一、非银行支付运营空间有限、创新能力较弱的局限性。随着互联网时代的到来，非银行支付抓住契机，广泛与商业银行开展创新型支付业务合作，助力非银行支付进入新的发展阶段。

（二）网络支付阶段（2004～2014 年）：非银行支付直连商业银行，建构网络支付和线上支付场景，打造线上支付结算网络

网络支付，是指收款人或付款人通过计算机、移动终端等电子设备，依托公共网络信息系统远程发起支付指令，且付款人电子设备不与收款人特定专属设备交互的一种支付方式（巴曙松、朱海明，2013）。非银行支付在该阶段研发了网关支付和快捷支付两种支付方式，所以该阶段又可分为网关支付阶段和快捷支付阶段。

1. 网关支付阶段（2004～2012 年）

随着互联网在中国的迅速普及，网上银行、电子商务平台和互联网电子支付方式——网关支付应运而生。网关支付，是指付款人通过非银行支付机构提供的网络链接登录网上银行账户，经非银行支付机构与商业银行直连的结算网络向电子商务卖家转移货币资金的一种互联网支付方式（施阳、胡亚丹，2009）。

2003～2006 年，国内出现了淘宝网、拍拍网等电商平台和支付宝、财付通等非银行支付机构（时称"第三方支付机构"）提供的网关支付服务，这也是非银行支付机构首创的第一代互联网支付产品，实现了网购买家和卖家、电商平台、非银行支付机构和发卡银行的支付连接，其业务模式见图 2。

网关支付主要运用在电子商务平台上开展电商交易的支付场景，需要付款人使用个人电脑接入互联网进行操作，覆盖面和交易频次远低于同时期线下支付场景中的银行卡支付。非银行支付在网关支付阶段具有以下

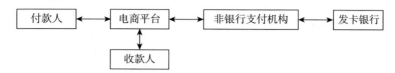

**图2 网购买家和卖家、电商平台、非银行支付机构和发卡
银行的支付连接业务模式**

特征。

（1）以个人电脑和互联网为主要载体，以非银行支付机构和发卡银行
的直连结算网络为基础，可不依赖清算组织网络。

网关支付是基于付款人开立的网上银行账户发出支付指令，无须使用
银行卡介质和POS机具，只要通过非银行支付平台进入发卡银行的官方网
页并输入银行账号和密码即可完成支付。所以，网关支付以非银行支付机
构和发卡银行的直连结算网络为基础，无须依赖清算组织网络。

（2）非银行支付机构可根据电商平台的运营需求研发定制化支付服
务，具有一定创新空间和动力。

由于网关支付不依赖封闭的清算组织网络，非银行支付在网关支付阶
段就有了创新的空间，可以根据电商平台和平台卖家的个性化需求研发不
同于银行卡支付的创新型支付服务。例如，非银行支付机构可以根据买家
确认收货的指令向卖家付款（担保支付）；根据多个卖家的约定分别付款
（分账）；多个订单合成一笔支付（合单支付）；根据卖家的需求调整结算
周期；等等。这在一定程度上解决了非银行支付在银行卡支付阶段产品单
一、创新能力较弱的问题。

（3）非银行支付机构主要遵循与发卡银行签订的关于网关支付合作的
协议，而非清算组织颁发的业务规范。

网关支付以非银行支付机构和发卡银行间的直连结算网络为基础，不
依赖清算组织网络、银行卡和POS机具，所以非银行支付机构与发卡银行
间关于网关支付合作的协议就成为非银行支付机构在网关支付场景下需要
遵守的主要法律文件和业务规范，该特征在中国人民银行发布的《银行卡
收单业务管理办法》（2013年）第二十六条的规定中得到印证。

网关支付作为非银行支付首创的网络支付产品，具有银行卡支付在很
长一段时期内都不具备的优势，非银行支付在网关支付阶段的创新能力得
到激活，为后续不断研发新产品、提升支付体验打下了坚实基础。

2. 快捷支付阶段（2013～2014 年）

快捷支付，是指付款人向非银行支付机构发出支付指令，非银行支付机构根据付款人指令扣划其发卡银行账户资金至收款人账户的一种电子支付方式（廖蓉蓉，2015）。非银行支付在快捷支付阶段停留的时间较短，但为非银行支付研发电子红包、AA 收款等 C2C 转账产品，直接连接收付款人，不再以电商平台或特约商户为支付服务的必要媒介起到了关键性作用。

非银行支付机构研发快捷支付的初衷是改善付款人在使用网关支付时的不良体验。例如，使用网关支付前，付款人需到银行柜台开通网上银行功能，使用网关支付过程中，付款人需跳转到网上银行页面，输入网银密码、插入 U 盾等。有了快捷支付，付款人无须到银行柜台开通网上银行功能，也无须跳转到网上银行页面或插入 U 盾，只要在首次开通快捷支付时通过非银行支付平台完成身份验证（俗称"绑卡"），支付时仅需输入支付密码即可完成支付，体验上更加方便和快捷，快捷支付业务模式如图 3 所示。

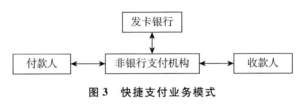

图 3　快捷支付业务模式

非银行支付在快捷支付阶段对网关支付的业务模式做了较大改造，使得发起支付指令的主体、支付信息流、资金流、支付场景、非银行支付机构的角色和功能均发生了较大变化。非银行支付在快捷支付阶段具有以下特征。

（1）以智能手机和移动互联网为载体，以非银行支付机构和发卡银行间的直连结算网络为基础，线上支付场景无须再依托清算组织网络。

与网关支付类似，快捷支付是付款人委托非银行支付机构向发卡银行发出支付指令，无须使用银行卡和 POS 机具，只要在非银行支付平台上输入支付密码即可完成支付，所以，非银行支付在快捷支付阶段同样不依赖清算组织网络。

（2）可直接向付款人和收款人提供 C2C 支付服务，不以电商平台、实体特约商户为必要媒介。

银行卡支付和网关支付均以电商平台、实体特约商户等特定的消费场景为必要媒介，而快捷支付以智能手机和移动互联网为主要载体，与社交工具融合后，得到了更广泛的运用，不再局限于消费交易场景（C2B），而是衍生出转账、电子红包、AA 收款等更丰富的 C2C 支付场景，进一步拓宽了非银行支付机构的创新空间。

（3）主要遵循与发卡银行的协议约定，而非清算组织业务规范。

在"断直连"完成前，快捷支付以非银行支付机构和发卡银行间的直连结算网络为主，不依赖清算组织网络、银行卡和 POS 机具，所以非银行支付机构与发卡银行间关于快捷支付合作的协议就成为非银行支付机构在快捷支付场景下需要遵守的主要法律文件和业务规范，这一特征在中国人民银行发布的《非银行支付机构网络支付业务管理办法》（2016 年）第十条、第三十七条的规定中得到印证。

快捷支付与智能手机的完美结合，使得非银行支付率先进入移动互联网时代，其凭借简单、顺畅、快捷的支付体验，进一步加强了非银行支付和收付款人在线上支付场景的连接。

在网络支付阶段，非银行支付在线上支付场景经历了网关支付和快捷支付两个阶段，构建了非银行支付与商业银行直连的线上支付结算网络，使得银行卡、POS 机具和清算组织网络不再是非银行支付赖以生存和运行的必要条件。但是，网络支付在发展初期仅能用于线上交易，银行卡支付依然是线下交易场景的主流支付方式，直到条码聚合支付的出现，使得非银行支付进入第三阶段。

（三）条码聚合支付阶段（2014～2017 年）：非银行支付通过条码聚合支付融合线上和线下支付场景，支付结算网络更加开放

条码聚合支付，是收付款人通过支付机构和聚合技术服务机构的技术服务实现货币资金转移的一种支付方式。条码聚合支付包括付款扫聚合码支付和聚合收款设备扫码支付（徐海勇等，2018）。付款扫聚合码支付，是指付款人通过移动终端识读收款人展示的聚合条码完成付款的支付方式。聚合收款设备扫码支付，是指收款人通过聚合收款设备识读付款人移动终端展示的条码完成收款的支付方式。

非银行支付在条码聚合支付阶段融合了条码支付和聚合技术服务，前者解决了如何将快捷支付从线上切入线下且不依赖银行卡的问题，后者解决了如何为条码支付迅速拓展实体特约商户和支付场景的问题。条码聚合支付在快捷支付的业务模式基础上引入了聚合技术服务商，在"断直连"完成前，以非银行支付机构和商业银行直连的结算网络为运行基础，条码聚合支付业务模式如图4所示。

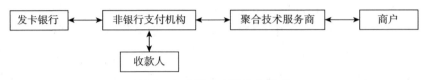

图4 条码聚合支付业务模式

与银行卡支付阶段和网络支付阶段相比，非银行支付在条码聚合支付阶段具有更加显著的特征。

1. 线上和线下两种支付场景得到充分融合，银行卡支付与网关支付、快捷支付的边界模糊化

条码聚合支付将快捷支付的支付场景从互联网延伸到线下实体商户，实现了线下条码与线上支付账户和银行账户的连接，促进了线上和线下支付场景的融合，改变了银行卡支付和快捷支付线上、线下"二分天下"的局面。

2. 银行卡不再是线下场景的必要支付介质

条码聚合支付出现前，线下支付以银行卡支付为主，付款人脱离银行卡这个支付介质就无法完成支付，网关支付、快捷支付虽然不需要银行卡作为支付介质，但仅能在电商平台、C2C转账等线上场景使用，无法解决线下支付必须以银行卡作为支付介质的问题。条码聚合支付出现后，无论是付款码支付还是收款码支付，都无须依托银行卡这种支付介质。

3. 线下支付场景无须再依托清算组织网络

在网关支付和快捷支付阶段，非银行支付在线上支付场景无须依托清算组织网络，但由于线下支付场景以银行卡支付为主，必须以银行卡为支付介质，所以线下支付场景需要依托清算组织网络。然而，在条码聚合支付阶段，非银行支付在线下支付场景中不再以银行卡为必要的支付介质，POS机具和清算组织网络也不再是必要条件（张志云，2018）。

4. 支付结算网络更加开放，支付结算功能更加丰富

在该阶段，非银行支付机构与聚合服务机构开展合作，使得后者通过

对实体商户收银设备进行技术改造、嵌入非银行支付数据接口,从而间接接入非银行支付机构和商业银行直连的支付结算网络,使得该阶段的支付结算网络更加开放。同时,聚合服务机构作为特约商户的技术服务方,围绕收银终端、营销工具和经营数据分析等方面,为特约商户提供更多的定制化技术解决方案,使得非银行支付的支付服务和结算功能更加丰富。

在条码聚合支付阶段,非银行支付将原先只能适用于线上支付场景中的快捷支付推广到线下,并开始在线下支付场景中构建新的支付结算网络,使得银行卡、POS机具和清算组织网络不再是线下支付场景的必要条件。同时,随着聚合服务机构的出现,条码聚合支付在线下支付场景中迅速蔓延,加速了线上和线下支付场景的融合进程。

(四) 三个发展阶段所呈现的非银行支付发展趋势

通过对非银行支付三个发展阶段的梳理和研究,我们可以从三个方面来总结非银行支付2002~2017年的发展趋势。

1. 支付介质非银行卡化

非银行支付从银行卡支付阶段发展到条码聚合支付阶段,使得曾经作为主流支付介质的银行卡,逐渐被银行账户和条码(二维码)替代。非银行支付在网关支付和快捷支付阶段加强了收付款人和银行账户的连接,开创了线上支付场景,改变了"无银行卡无支付"的格局;随后,在条码聚合支付阶段,非银行支付加强了收付款人和条码(二维码)的连接,促进了线上和线下支付场景的融合,从而在线下支付场景中也改变了"无银行卡无支付"的格局,最终使得银行卡在线上和线下支付场景都成为非必要条件,支付介质的非银行卡化趋势最终确立。

2. 支付结算网络开放化

非银行支付的发展历程表明,支付介质和支付工具与支付结算网络是相辅相成的,支付介质和支付工具的改变必然会导致支付结算网络发生改变。从银行卡支付阶段发展到条码聚合支付阶段,既是支付介质非银行卡化的过程,也是支付结算网络由封闭、单一走向开放、多元的过程。随着银行卡不再是人们生活中必不可少的支付介质,传统的POS机具、清算组织网络也不再是支付活动的必要条件,银行账户、条码(二维码)均成为新阶段的支付介质,相对应的支付受理工具和支付结算网络也渗透到人们的日常生活中,使得支付结算网络由封闭、单一走向开放、多元。

3. 支付结算服务机构多样化

随着支付结算网络开放化趋势的确立，非银行支付纷纷根据自身的市场优势和运营需求，与商业银行、聚合支付服务机构等合作，构建了各自的支付结算网络，由此吸引了更多的支付结算服务机构加入支付结算网络中来，提供支付结算相关技术服务。当非银行支付发展到条码聚合支付阶段时，支付结算服务机构已由最初的商业银行和非银行支付机构两种类型发展为商业银行、非银行支付机构、聚合支付服务机构（无支付牌照）和云支付系统开发机构（无支付牌照）四种类型，使得支付结算服务机构的类型呈多样化趋势发展。

非银行支付在长达 15 年的发展过程中，一方面，给中国支付结算行业的持续创新带来了不可磨灭的贡献；另一方面，也在发展过程中逐渐突破了监管部门对于支付结算、支付清算活动的监管框架，使得"非法支付结算""洗钱""商户管理缺失""交易信息不真实"等违规现象在非银行支付行业愈演愈烈，也使得银行卡支付和清算组织网络在线下支付场景的优势地位受到挑战，进而为 2016 年《非银行支付机构风险专项整治工作实施方案》和 2017 年"非银行支付机构与商业银行断直连"监管政策的出台埋下伏笔。下文将阐述监管部门在非银行支付发展的三个阶段中监管路径的演变轨迹。

三 监管路径的演变轨迹

中国人民银行是我国支付清算、结算活动的监管部门。在非银行支付发展的三个阶段里，中国人民银行的监管路径伴随着非银行支付的快速发展而不断演变，我们通过梳理历年来立法机关和监管部门发布的支付清算、结算相关法律法规和规范性文件，可以窥见监管路径的演变轨迹。

（一）监管对象从清算组织逐渐延伸到银行业金融机构、非银行支付机构和聚合支付服务机构

非银行支付机构起初并非属于中国人民银行的监管对象，自 1995 年起至 2009 年止，在长达 14 年的时间里，中国人民银行对支付清算、结算活动的监管，以清算组织为起点，逐渐延伸到商业银行，直到 2010 年《非金融机构支付服务管理办法》的出台，非银行支付机构才被纳入中国人民银行的监管对象，随着 2017 年《关于持续提升收单服务水平规范和促进收单服务市场发展的指导意见》的出台，聚合支付服务机构才被正式纳入监管，监管对象的延伸经历了漫长的发展过程。

1. 1995～2004 年：监管对象以清算组织为起点，逐渐延伸到银行业金融机构

1995 年 3 月，全国人民代表大会发布的《中国人民银行法》第四条第一款第八项明确规定"维护支付、清算系统的正常运行"为中国人民银行的职责范围之一。同时，《中国人民银行法》第二十六条规定："中国人民银行应当组织或者协助组织金融机构相互之间的清算系统，协调金融机构相互之间的清算事项，提供清算服务。具体办法由中国人民银行规定。"除此以外，1995 年的《中国人民银行法》关于支付、清算活动再无其他规定。

实践中，20 世纪 90 年代的监管部门对支付清算、结算活动的监管，主要以国内的清算组织为抓手，协调清算组织和金融机构相互之间搭建清算系统，监管对象主要为重点城市的清算组织——"金融电子结算中心"。例如，1995 年 12 月成立的深圳金融电子结算中心、1998 年 8 月成立的武汉金融电子结算中心等，这些清算组织主要负责同省、同城的银行集中代收付业务和同城票据交换等跨行支付清算业务（王歌红，1996）。

直到 2002 年，中国银联和银联商务成立后，在国家"金卡工程"实施推行银行卡全国联网的大背景下，全国人民代表大会于 2003 年 12 月修订了《中国人民银行法》，修订后的条款第二十七条（原第二十六条）规定："中国人民银行应当组织或者协助组织银行业金融机构相互之间的清算系统，协调银行业金融机构相互之间的清算事项，提供清算服务。具体办法由中国人民银行制定。中国人民银行会同国务院银行业监督管理机构制定支付结算规则。"新《中国人民银行法》将"金融机构"修订为"银行业金融机构"，同时增加了"中国人民银行会同国务院银行业监督管理机构制定支付结算规则"的规定，意味着中国人民银行对支付清算、支付结算活动的监管对象开始由清算组织逐渐延伸到银行业金融机构。

2. 2004～2014 年：监管对象延伸至非银行支付机构

2004 年起，非银行支付进入网络支付阶段，一方面，非银行支付机构在线上支付场景开始用自有资金账户沉淀客户备付金；另一方面，非银行

支付机构建立了与商业银行直连的支付接口和合作模式，在线上支付场景中与清算组织线下的银行卡支付清算网络并驾齐驱。非银行支付在网络支付阶段发展初期，由于体量不大，且交易场景仅在线上电商平台适用，所以 2004 年开始的一段时间内，暂未被纳入监管对象。

随着互联网和电子商务的快速发展，网络支付的规模日益扩大，非银行支付最终受到了监管部门的高度关注。2010 年 6 月，中国人民银行发布了《非金融机构支付服务管理办法》，第三条规定："非金融机构提供支付服务，应当依据本办法规定取得《支付业务许可证》，成为支付机构。支付机构依法接受中国人民银行的监督管理。"这标志着非银行支付机构正式被纳入中国人民银行的监管对象，长达 6 年的监管真空期结束，非银行支付行业的准入随即面临一定"门槛"和审核标准，且业务经营也将面临一系列合规要求。

3. 2014～2017 年：监管对象延伸至聚合支付服务机构

2014 年起，非银行支付进入条码聚合支付阶段。作为提供商户拓展和系统对接技术服务的市场参与方，聚合支付服务机构在拓展商户、维护收银系统和扫码机具的过程中与实体商户的连接不断加强，逐渐掌握了大量线下实体商户资源，最终成为条码聚合支付产业链中不可或缺的一环。随着线下实体商户资源不断向聚合支付服务机构集中，大量商户信息和交易数据均沉淀在聚合支付服务机构的业务系统中，直接关系到支付结算体系的信息安全，甚至资金安全，因此，要不要将聚合支付服务机构纳入监管范围以及如何监管就成为行业关注的焦点。

2017 年 2 月，中国人民银行发布《关于持续提升收单服务水平规范和促进收单服务市场发展的指导意见》，明确将聚合支付服务机构定性为银行卡收单外包机构，要求非银行支付机构按照《银行卡收单业务管理办法》和《中国人民银行关于加强银行卡收单业务外包管理的通知》的相关规定，对聚合支付服务机构进行规范化管理，严禁聚合支付服务机构从事特约商户资质审核、受理协议签订、资金结算、收单业务交易处理、风险监测、受理终端（网络支付接口）主密钥生成和管理、差错和争议处理工作等核心支付业务。同年 10 月，中国支付清算协会发布《银行卡收单外包服务机构评级指引》，要求非银行支付机构向协会上报包括聚合支付服务机构在内的所有收单外包服务机构的信息，并根据协会标准对聚合支付服务机构进行分类分级，对评级较低的聚合支付服务机构采取风险防范措施。

2018 年 8 月，中国人民银行发布《聚合支付安全技术规范》（征求意见稿），进一步明确了聚合支付服务机构的系统安全、信息安全和业务风险防控等方面应当具备的技术能力和等级。上述系列规范性文件和技术标准的出台，标志着聚合支付服务机构被正式纳入监管对象的范围中来。

综上，1995～2017 年，中国人民银行对支付清算、支付结算的监管路径随着市场参与主体的逐渐多样化而不断演变，监管对象从最初的清算组织逐渐延伸至银行业金融机构、非银行支付机构和聚合支付服务机构。

（二）监管重心从客户备付金安全、交易安全转移至支付清算、支付结算网络安全

接受客户委托转移客户资金，是非银行支付的核心业务，也是支付清算、支付结算的本质。客户资金安全，无疑是贯穿非银行支付监管工作的一条主线，也是最初的监管重心，随着客户备付金管理办法的出台和备付金集中上缴工作的稳步推进，监管重心开始向交易安全倾斜，随后颁布了《非银行支付机构网络支付业务管理办法》和《条码支付业务管理办法》，并对交易安全和限额管理进行了明确规定，再后来，监管重心开始向支付清算、支付结算网络安全倾斜。

1. 2010～2013 年：对非银行支付的监管以客户备付金安全为重心

2010 年以前，非银行支付处于网关支付阶段，客户交易资金存放在非银行支付机构的自有资金账户，一旦非银行支付机构挪用资金或卷款跑路，或自有资金账户被司法冻结，将导致客户遭遇财产损失。为了保障客户资金安全，防范非银行支付机构挪用客户资金，中国人民银行于 2010 年 6 月发布《非金融机构支付服务管理办法》，第二十四条规定："支付机构接受的客户备付金不属于支付机构的自有财产。支付机构只能根据客户发起的支付指令转移备付金。禁止支付机构以任何形式挪用客户备付金。"第二十六条规定："支付机构接受客户备付金的，应当在商业银行开立备付金专用存款账户存放备付金。中国人民银行另有规定的除外。"这是自 2004 年出现网关支付的 6 年来，监管部门首次对非银行支付机构客户备付金安全制定规范性文件。

2013 年 6 月，中国人民银行发布《支付机构客户备付金存管办法》，进一步明确了非银行支付机构客户备付金专用存款账户开立、管理和使用的具体规定。同年 10 月，中国人民银行发布《关于建立支付机构客户备付金信息核对校验机制的通知》，将客户备付金存款银行也纳入监管，要求存款银行切实承担起客户备付金安全管理和稽核责任。可见，在对非银行支付的监管初期，客户备付金的监管无疑是重中之重。

2. 2013～2016 年：对非银行支付机构的监管以交易安全为重心

2013 年以前，非银行支付无论是在银行卡支付阶段，还是在网关支付阶段，付款人均需在银行卡 POS 机具或商业银行官网上输入银行账户密码才能完成支付，鉴于银行卡 POS 机具的封闭性和银行账户密码的私密性，银行账户在银行卡支付和网关支付的场景下被盗的情况较少发生。

2013 年开始，非银行支付进入快捷支付阶段，付款人只要在智能手机等移动终端上完成"绑卡"，即可进行支付，无须事先到银行柜台开通网上银行账户，也无须输入银行卡密码。起初，由于缺乏对快捷支付的了解，不少用户因为不慎泄露了身份信息和银行账户信息而导致银行账户资金被不法分子利用快捷支付盗取，类似案件层出不穷，引起了监管部门的高度关注。

随后，2014 年 4 月，中国人民银行和中国银行业监督管理委员会联合发布《关于加强商业银行和第三方支付机构合作业务管理的通知》，规定商业银行必须联合非银行支付机构一同加强对快捷支付开通和使用时的身份鉴权和交易限额控制，防范银行账户被盗用风险，使得非银行支付的监管重心开始向交易安全倾斜。

2016 年，中国人民银行先后发布了《非银行支付机构网络支付业务管理办法》和《关于加强支付结算管理 防范电信网络新型违法犯罪有关事项的通知》，重点对非银行支付在开展网络支付业务过程中涉及的客户身份识别、交易验证、交易限额、损失赔付等交易安全相关事项做了全面规定。同年，中国支付清算协会印发《银行卡快捷支付（代扣）业务客户风险损失赔付方案》的通知，明确了非银行支付和商业银行在快捷支付止损时的赔付责任承担范围和认定标准。可见，在客户备付金被纳入监管重点工作之后，对非银行支付交易安全和支付限额的监管开始成为新的监管重心。

3. 2017 年以来：对非银行支付的监管以支付清算、支付结算网络安全为重心

2004～2017 年，非银行支付机构与商业银行建立的直连支付结算网

络，经过网关支付、快捷支付和条码聚合支付三个阶段的发展演化，逐渐形成了"多头对接""层层封装"的开放性、复杂性支付结算网络，从功能上看，该支付结算网络甚至具备了履行清算组织支付清算职责的能力。尤其是随着条码聚合支付的迅猛发展，银行卡支付在线下的市场份额和优势地位逐渐被条码聚合支付取代，原先封闭的银行卡支付结算、支付清算网络也逐渐被日益开放化的条码聚合支付结算网络替代，支付清算、支付结算网络的安全问题开始引起监管部门的高度关注。

2017年6月，《中华人民共和国网络安全法》生效实施，第三十一条规定："国家对公共通信和信息服务、能源、交通、水利、金融、公共服务、电子政务等重要行业和领域，以及其他一旦遭到破坏、丧失功能或者数据泄露，可能严重危害国家安全、国计民生、公共利益的关键信息基础设施，在网络安全等级保护制度的基础上，实行重点保护。"支付清算、支付结算网络作为国家金融关键信息基础设施，确保其安全性成为监管的重点工作。

在《中华人民共和国网络安全法》的大背景下，同年12月，中国人民银行接连发布《关于规范支付创新业务的通知》和《条码支付业务规范（试行）》，均规定银行业金融机构、支付机构开展条码支付业务涉及跨行交易时，应当由中国人民银行跨行清算系统或者具备合法资质的清算机构处理。银行、支付机构不得新增不同法人机构间直连处理条码支付业务，存量业务应按照中国人民银行有关规定加快迁移到合法清算机构处理。由此拉开了非银行支付机构与银行业金融机构"断直连"工作的帷幕。

为了推进"断直连"顺利进行，中国人民银行以客户备付金为抓手，在2016年发布《关于实施支付机构客户备付金集中存管有关事项的通知》的基础上，于2018年6月进一步发布《关于支付机构客户备付金全部集中交存有关事宜的通知》，规定非银行支付机构自2018年7月9日起，按月逐步提高支付机构客户备付金集中交存比例，到2019年1月14日实现100%集中存储。届时，支付机构备付金的资金划转应当通过中国银联股份有限公司或网联清算有限公司办理，引导客户备付金的划转以及对应支付业务处理回到清算组织的支付清算网络内进行。

可见，2017年起，中国人民银行对非银行支付的监管重心开始向支付清算、支付结算网络安全转移。一方面，要求断开非银行支付机构与银行业金融机构的直连支付接口，统一由清算组织处理跨行交易和资金清算，进而从制度层面保障清算组织在非银行支付所有支付场景中的核心地位，实现清算组织网络的全面覆盖；另一方面，要求非银行支付机构逐步实现客户备付金 100% 集中交存，且应当通过中国银联股份有限公司或网联清算有限公司办理备付金划转事宜，进而从业务实操层面保障清算组织在非银行支付所有支付场景中的核心地位和清算组织支付清算网络的主导地位。

综上，对我国非银行支付监管路径演变轨迹的梳理，可以从监管对象的扩大和监管重心的转移这两个角度进行。在监管对象的扩大方面，随着支付结算市场参与主体的不断多样化，监管部门逐渐将清算组织、银行业金融机构、非银行支付机构和聚合支付服务机构纳入监管范围，对非银行支付的监管呈体系化、层次化，从上层的清算组织，到中层的银行业金融机构和非银行支付机构，再到底层的聚合支付服务机构，均出台了对应的规范性文件，使得监管框架和体系不断完善；在监管重心的转移方面，监管部门根据支付清算、支付结算行业中存在的突出问题，适时制定和调整监管重心，从客户备付金安全到交易安全再到支付清算、支付结算网络安全，监管部门在各个阶段、各个时期分别制定了具有针对性的行业规范性文件，引导行业朝着合规和安全的方向健康发展。

四　结论

经过 23 年的飞速发展，我国非银行支付从最初的配合清算组织推进实施"金卡工程"的技术服务机构，逐渐进化成为集商户拓展、资金结算、支付结算系统研发、产品创新、支付增值服务和聚合支付服务机构运营与维护于一身的综合性支付结算组织。非银行支付独特的支付产品和服务极大地满足了人们在互联网和移动互联网时代的支付需求，也使得我国支付清算、支付结算行业呈现"支付介质非银行卡化"、"支付结算网络开放化"和"支付结算服务主体多样化"趋势，给我国支付清算、支付结算的监管工作带来一定挑战。监管部门在 1995 年以来的 23 年里，针对非银行支付所处的不同发展阶段和业务形态，有针对性地制定了各项监管政策和法规，使得监管框架和体系不断完善，有效防范了潜在金融风险，促进了我国支付清算、支付结算体系的健康发展。

参考文献

巴曙松：《加强网络支付监管》，《资本市场》2013 年第 11 期。

巴曙松：《中国网络支付服务市场的竞与合》，《中国银行业》2013 年第 1 期。

巴曙松、朱海明：《网络支付业的风险评估及监管》，《中国金融》2013 年第 20 期。

曹硕洋：《支付宝网络支付的发展现状》，《民营科技》2017 年第 6 期。

陈小童、苏丹、罗子轩：《浅析互联网金融浪潮下传统金融业受到的影响》，《现代经济信息》2016 年第 13 期。

盖春娥：《我国跨行支付清算系统发展现状及监管建议》，《金融会计》2016 年第 3 期。

国家金卡工程协调领导小组办公室：《国家金卡工程简介》，中国金卡网，2018 年 4 月 10 日。

廖蓉蓉：《支付宝快捷支付的法律风险分析》，《法制博览》2015 年第 11 期。

陆晓蔚：《提高对网络支付的风险认识》，《金融博览》2018 年第 2 期。

施阳、胡亚丹：《基于电子商务的支付网关研究》，《硅谷》2009 年第 2 期。

王歌红：《金融改革的"窗口"——访深圳金融电子结算中心副总经理孔有》，《信息与电脑》1996 年第 6 期。

武鑫、禹路、朱海明：《网络支付机构面临的风险及其防范》，《金融会计》2013 年第 11 期。

徐海勇、刘虹、张琳、蔡丹丹：《二维码扫码聚合支付模式研究》，《中国新通信》2018 年第 3 期。

虞洁颖：《支付宝网络支付的发展现状、问题及对策》，《北方经贸》2015 年第 11 期。

张鹤千、张中喜：《网络支付——新型互联网金融模式的研究》，《经济研究导刊》2018 年第 19 期。

张志云：《聚合支付乱象分析及对策研究》，《金融科技时代》2018 年第 7 期。

中国人民银行武汉分行营业管理部调研课题组：《非税收入收缴引入非银行支付机构的现状、影响与建议》，《武汉金融》2016 年第 7 期。

支付系统监管的美欧实践及启示[*]

毛术文[**]

　　摘　要　支付系统在支付清算体系中居核心地位。为确保支付系统的稳健运行，美欧从监管法律依据、监管目标、监管标准和要求、监管范围、监管权力、监管合作六个方面构建了坚实的监管法律保障。美欧的经验对我国支付系统监管具有有益的启示：主要监管主体明确，监管目标日益清晰；遵循国际最佳实践，监管标准逐渐趋同；监管范围不断拓展，统筹管理趋势明显；突出监管重点，加强监管合作。在我国支付清算立法中，应进一步明确支付系统监管主体和目标，落实国际标准，拓展监管范围，加强重点监管，强化监管统筹、协调。

　　关键词：支付系统；监管法律；美欧

　　支付系统（Payment System），也称清算系统或支付清算系统，它是两个或多个参与者之间资金转账的一套工具、程序和规则，并包括参与者和运行以上安排的实体。支付系统在支付清算体系中居核心地位。鉴于支付系统在货币清算中的重要性，美欧等国际货币化经济体都建立了较完善的支付系统监管框架，强化对支付系统的监管，对我国加强对支付系统的监管具有有益启示。

---

* 本文仅代表作者观点，与所在单位无关。本文为国家社会科学基金重大项目课题"人民币国际化的法律问题研究"（批准号：13&ZD180）的阶段性研究成果。

** 毛术文，法学博士，现供职于中国人民银行湘西州中心支行，主要研究方向为国际金融法、金融管理、支付清算法律等。

一 美欧对支付系统监管的实践

（一）美国对支付系统的监督管理

美国是最主要的国际货币发行国和国际金融市场所在国，Fedwire、CHIPS 每日处理高达几万亿美元的高频和大额交易，需要强大而稳健的支付系统作为支撑，也需要坚实的监管法律保障。

1. 监管法律依据

美国有关支付系统监管的法律依据主要包括以下方面。

（1）在联邦法律层面。2008 年全球金融危机前，美联储对支付系统的监管职责是从它在货币政策、银行监管、最后贷款人（Lender of Last Resort）和提供支付结算服务等一系列法定职能中派生出来的。如 1913 年《美联储法案》赋予了美联储发行货币、提供支付服务、监管银行机构、实施货币政策等与支付系统监管紧密相关的职能。1980 年出台的《货币控制法案》赋予了所有存款机构同等接受美联储支付服务的权利，并鼓励美联储和私营支付服务提供者之间的竞争。全球金融危机后，《多德－弗兰克法案》对美联储的职责进行了一系列重要调整，赋予或加强了美联储宏观审慎监管、微观审慎监管和金融消费者保护职权。《多德－弗兰克法案》中的《2010 年支付、清算和结算监管法》第 804 条授权金融稳定监管委员会（Financial Stability Oversight Council，FSOC）指定具有系统重要性的金融市场设施（Financial Market Utilities，FMUs）的权力，第 805 条第（a）款第（1）项授权美联储在征询 FSOC 和其他监管部门的意见后，制定指定 FMUs 支付、清算和结算的风险管理标准。

（2）在美联储条例层面。为了落实制定指定 FMUs 支付、清算和结算风险管理标准的职责，美联储对《HH 条例》进行了修订，并将《金融市场基础设施原则》（Principles for Financial Market Infrastructures，PFMI）纳入，强化了 FMUs 的风险管理标准。除了法律依据、信用风险、结算最终性、结算货币、准入和参与要求大多数表述与原标准一致外，新的标准包括综合性风险管理框架、恢复和有序倒闭计划等。

（3）其他规范性文件。2005 年以来美联储不断更新发布的《美联储支付系统风险政策》，对支付系统的发展和监管进行了进一步明确。如最新的 2016 年 9 月 23 日修订生效的《美联储支付系统风险政策》的主要内容包括适用范围、风险管理的期望和标准、合作监管、日间信贷政策（含抵押品、价格、净借记限额、监测等）。

2. 监管目标

金融市场的稳健运行取决于安全、高效的支付清算安排。美联储对支付系统监管的目标一直比较明确。2016 年修订生效的《美联储支付系统风险政策》在序言中明确规定，美联储的目标是促进包括支付系统在内的金融市场基础设施安全和效率的提高，并以此促进更广泛的金融稳定。这些政策目标与提高支付系统完整性、效率和可用性的长期目标以及国际公认的重要支付结算系统风险管理标准和惯例，具有一致性。《2010 年支付、清算和结算监管法》第 802 条第（b）款规定，其立法目的是通过授权美联储加强系统重要性 FMUs 的风险管理等方式，化解金融系统的系统性风险，促进金融稳定。据此，安全、高效是美联储对包括支付系统在内的 FMUs 监管的直接目标，其最终目标是化解金融系统的系统性风险，促进金融稳定。

3. 监管标准和要求

为实现监管目标，《2010 年支付、清算和结算监管法》要求美联储应通过规则或命令，经与 FSOC 和监管机关协商，考虑相关国际标准和现有审慎性要求，制定支付、清算和结算的风险管理标准和要求，以促进稳健的风险管理、促进系统的安全和稳健、减少系统性风险、支持更广泛的金融体系稳定。具体来讲，这些标准和要求的内容主要包括：风险管理的政策和程序；保证金和抵押品要求；参与者和对手方违约政策和程序；及时完成金融交易的清算和结算能力；对指定 FMUs 资本和金融资源的要求；其他能实现管理目标和原则的要求。2012 年 PFMI 发布后，美联储根据《2010 年支付、清算和结算监管法》的规定，参照 PFMI 的风险管理框架对《HH 条例》进行了系统修订。《HH 条例》§234.3 条对 PFMI 的规定进行了全面采纳，该条例适用于包括支付系统在内的金融市场设施。

《HH 条例》规定的包括支付系统在内的指定 FMUs 的监管要求主要包括以下方面。第一，良好的治理。指定 FMUs 的治理安排清晰、透明、可查；能促进指定支付系统安全和效率的提升；能支持更广泛的金融稳定及促进市场的公平和效率、维护利益相关者的正当利益等。第二，全面的风险管理框架。指定FMUs具有管理法律风险、信用风险、流动性风险、操作风险和其他风险的健全管理框架，风险管理政策、程序和机制能够识别、度量、监测和管控由其产生（如相互依存关系导致的支付系统对结算银行、流动性提供者、通信服务提供者产生的风险）或由其承担的风险等。第三，明晰的风险防范措施。在信用风险防范方面，要求指定FMUs具有充足的金融资源，高置信度覆盖每个参与者的信用暴露。在流动性风险防范方面，能够识别、度量、监测和管控由其产生或由其承担的流动性风险，并持有充分的流动性资源，以高置信度实现在广泛的、不同压力场景下的当日结算，乃至日间和多日结算义务的履行。在抵押品管理方面，指定FMUs接受的抵押品应具有低信用风险、低流动性风险和低市场风险，并设置和实行审慎的折扣和集中度限制。在操作性风险防范方面，指定FMUs要建立完善的风险管理框架，能识别操作风险的内外部源头，并通过适当的系统、程序和控制措施来减轻其影响。第四，明确的结算要求。指定FMUs应至迟于生效日日终提供清晰和确定的最终结算，如果有必要，最好在日间或实时提供最终结算；指定FMUs在切实可行的情况下，应使用中央银行货币进行结算。如果不使用中央银行货币，指定FMUs应严格控制使用商业银行货币所产生的信用风险和流动性风险，并使风险最小化（如对结算的商业银行实行高标准的要求，这些标准需考虑结算的商业银行适用的法规和监管框架、信用评级、资本充足率、流动性获取、操作可靠性等）。此外，《HH条例》还规定指定FMUs应具有有效的、清晰的管理参与者违约的规则和程序；客观的、基于风险的、公开的准入和参与要求，实行公平、公开的准入；满足参与者和市场需求的效率和效力；符合国际通行的通信程序和标准；公开、及时披露运行规则、关键程序和市场数据等。

4. 监管范围

《2010年支付、清算和结算监管法》第805条等规定，除在美国商品期货交易委员会（Commodity Futures Trading Commission，CFTC）注册的衍生品清算机构和在美国证券交易委员会（Securities and Exchange Commission，SEC）注册的清算机构外，美联储对FSOC指定的具有系统重要性的金融市场设施和FSOC指定的具有系统重要性支付、清算和结算活动具有监管权。① 根据《2010 年支付、清算和结算监管法》第 806 条第（e）款和第 807 条规定，SEC、CFTC 在为"指定结算实体"制定标准、进行检查或执法时，需要与美联储进行协商。② 同时，《2010 年支付、清算和结算监管法》第 808 条第（e）款赋予了美联储对不属于美联储监管的支付清算机构执行第 805 条第（a）款规定的风险管理标准执行情况的备用检查权（Back-up Authority）。备用检查权实施的条件是：有理由认为某一金融机构违规；已书面通知相关金融监管机构和 FSOC，并提供证明文件；已经提出检查请求；30 日内未被提供合理机会参与相关金融监管机构对该金融机构的检查；FSOC 表决同意。

综上，美联储的监管范围实际已经涵盖到包括支付系统、中央证券存管、证券结算系统、中央对手方、交易数据库等在内的金融市场基础设施，成为美国支付结算领域的"超级监管者"。这里需要特别指出的是，美联储将美国境外的支付系统或跨境的支付系统（包括以美元为结算货币的系统、非美元结算系统和多币种系统）也纳入了监管范围。只要该系统被美国的金融机构使用或从广泛的意义上有可能影响其金融稳定的能力，那么美联储对该系统就有直接利益。《美联储支付系统风险政策》还明确规定对离岸和跨境的具有系统重要性的支付系统，美联储将通过加强与其他支付系统监管当局的合作来实施该政策。

5. 监管权力

美联储在实现其监管目标上享有的特殊权力来源于其对各种类型的金融机构具有的法定权力。这些金融机构，或者是支付结算系统的运营单位，或者是系统参与者。美联储对不同系统监管权力的特性和范围也有所不同，主要取决于：一个支付系统或证券结算系统的运营者或服务者所取得营业执照的类型；

---

① 《2010 年支付、清算和结算监管法》第 803 条第 6、7 款规定，"金融市场设施"是指为金融机构之间或金融机构与个人之间付款，证券或其他金融交易进行转账、结算或清算之目的而管理或运营的多边系统。"支付、清算或结算活动"是指一家或多家金融机构为促进金融交易的完成而履行的活动，但不包括依据《美国 1933 年证券法》（15 U. S. C. 77a 及其他各条款）进行的任何证券发售或销售，任何报价、指令输入、谈判或其他交易前活动或执行活动。

② 根据《2010 年支付、清算和结算监管法》第 803 条第 2 款规定，在 CFTC 注册的衍生品清算机构和在 SEC 注册的清算机构，也被称为指定清算实体（Designated Clearing Entities, DCEs），其分别依据《商品交易法》第 5 条、《美国 1934 年证券交易法》第 17A 条注册。

使用某个具体系统或者服务的金融机构的类型；系统运营者、服务提供者以及它们的用户从美联储获得服务的类型。这些监管权力中可能会包括下列一个或多个职权：发放特许执照、检查、管理、强制执行、免职、吊销成员资格、罚款、强制公开必要信息，以及取消美联储提供的支付服务、取消日间信贷等。此外，美联储有为支付系统运行制定资本金、保证金和抵押品要求以及参与方、对手方违约风险控制等风险管理标准的权力。美联储可单独或由相应金融监管机构检查和执行这些风险管理标准。指定 FMUs 在有对其性质和风险构成重大影响的规则变更、程序改变时，须提前报告美联储。

6. 监管合作

与美国复杂的支付清算体系的网状关系相适应，其监管也呈现多主体、多层次，这就带来了监管冲突或真空问题。在国内监管协调方面，《2010 年支付、清算和结算监管法》在赋予美联储对系统重要性的金融市场设施基本监管权力的基础上，对监管合作机制进行了明确。一是明确总协调机构。由美联储、财政部、货币监理署、SEC、CFTC、消费者金融保护局及其他金融监管机构组成 FSOC，作为包含支付系统在内的金融系统性风险监管者，并赋予 FSOC 总协调的角色和权力。为履行 FSOC 日常和持续的工作职责，FSOC 在系统性风险委员会之外，由来自 FSOC 成员监管机构的工作人员组成非银行金融机构认定委员会、金融市场设施认定委员会、提高审慎标准委员会、有序清算机构与处置计划委员会和数据委员会 5 个常设委员会，负责具体推进各项工作和执行有关决策。其中，金融市场设施认定委员会的主要职责是为 FSOC 考虑、宣布、确定、复核哪些金融市场设施具有系统重要性提供支持。二是明晰协调机制。如在标准制定上，SEC 和 CFTC 可以对美联储制定的风险管理标准提出异议，并要求美联储给予解释。在监管实施上，如果证券结算系统的审慎监管要求不够，美联储可依法向 SEC 提出完善建议；如果 SEC 对美联储的建议不采纳，美联储可提请 FSOC 组织投票，若三分之二票数通过，则 SEC 应采纳。在监管争议上，当 SEC 和 CFTC 将某一家清算机构同时纳入其监管时，FSOC 对监管机构的监管范围具有最终决定权。三是明确的信息共享安排。《2010 年支付、清算和结算监管法》第 809 条第（e）款规定，在重大关切事项上，即便有任何其他法律规定，美联储、FSOC、有关金融管理机关和任何监管部门有权立即通知对方，并共享与该关切事项有关的报告、信息和数据。

在国际监管协调中，美联储一般都通过协议或备忘录的形式加强监管合作。如为加强跨境的持续连接结算系统（Continuous Linked Settlement System，CLS）的监管，美联储与其他十国集团中央银行签署了《CLS 合作监管安排协议》（Protocol for the Cooperative Oversight Arrangement of CLS），该协议详细列明了合作监管背景、合作监管安排、监管信息保密、协议的修改等。如在《CLS 合作监管安排协议》中明确了美联储的主要监管责任，由其负责持续连接结算系统监管委员会（Oversight Committee，OC）的日常工作；每个参与的中央银行都可指定一名负责的高级官员（RSO）作为监管委员会的主要成员。

（二）欧盟对支付系统的监督管理

欧元体系自 1992 年获得支付监管的法律授权后，特别是 2000 年《欧元体系在支付系统监管领域的职责》发布以来，在不断改革与发展过程中，其监管框架日益健全。

1. 监管法律依据

一是欧盟层面的法律。《欧洲共同体条约》第 105 条第 2 款和《欧盟运行条约》第 127 条第 2 款明确规定，促进支付系统平稳运行是欧洲中央银行体系（ESCB）的一项基本任务。《欧洲中央银行体系与欧洲央行章程》第 22 条规定，为确保欧共体内以及欧盟其他国家之间支付清算系统高效稳定运行，欧洲央行和各成员国央行可以提供便利，欧洲央行有权制定规章。①

---

① 根据欧盟法院的判决，此处的支付清算系统不包括中央对手方（中央对手方是结算过程中介入证券交易买卖双方之间，成为"买方的卖方"和"卖方的买方"的机构）。在英国诉欧洲央行案（United Kingdom of Great Britain and Northern Ireland v European Central Bank）中，英国因 2011 年 7 月欧洲央行发布的《欧元体系监管政策框架》使用"支付、清算和结算系统"作为支付系统（包括支付工具）、清算系统（包括中央对手方）和证券结算系统的一般称谓，并要求处理欧元结算的支付、清算和结算系统必须位于欧元区内的规定妨碍了伦敦金融城的运行。2011 年 9 月，英国向欧盟法院（Court of Justice）对欧洲央行提起诉讼，诉称：欧洲央行缺乏对中央对手方地点规定的权力，并违背了《欧盟运行条约》有关服务和资本等自由流动的规定以及非歧视原则。欧盟法院认为《欧洲中央银行体系与欧洲央行章程》第 22 条规定应该结合《欧盟运行条约》第 127 条第 2 款的规定予以理解。为此，首先有必要明确"payment systems"和"clearing and payment systems"的法律含义。而 2007 年《支付服务指令》第 4 条中"payment systems"的定义是：支付系统是具有正式和标准安排以及共同规则的、处理支付交易的清算和结算的资金划拨系统。关于"clearing and payment systems"的范围，欧盟法院认为，根据《欧盟运行条约》第 127 条第 2 款规定的"促进支付系统平稳运行"的任务来看，在缺乏明确规定情况下，《欧洲中央银行体系与欧洲央行章程》第 22 条规定的有关对欧洲央行通过制定规章的方式来确保支付清算系统高效稳定运行的授权，不能理解为该授权就自动包含了所有那些与证券交易有关的清算系统。2015 年 3 月，欧盟法院判令欧洲央行 2011 年《欧元体系监管政策框架》中有关证券结算的中央对手方地点要求的规定无效。

二是成员国层面的法律。除欧盟层面的法律外，欧盟成员国中央银行还根据其国内法规实施监管活动，从而对欧元体系的监管活动发挥重要的补充作用。对于跨境支付交易，则倾向于通过合作的方式来实施监管政策。在合作监管机制下，主要监管机构是支付系统所在国的中央银行，其可在需要时与其他相关中央银行联络。

三是欧洲央行规章层面。根据《欧洲中央银行体系与欧洲央行章程》第 22 条的规定，欧洲央行可以制定规章来确保支付清算系统的高效和稳定运行。2001 年 1 月，欧元体系采用《系统重要性支付系统核心原则》（Core Principles for Systemically Important Payment Systems，CPSIPS）作为欧元区系统重要性支付系统（Systemically Important Payment Systems，SIPS）的最低要求。2008 年全球金融危机发生后，为加强对支付系统的监管和透明度建设，2011 年 7 月欧洲央行发布了《欧元体系监管政策框架》，替代 2000 年公布的《欧元体系在支付系统监管领域的职责》，并于 2016 年 7 月根据 PFMI 对《欧元体系监管政策框架》进行了修订。

此外，为适应快速变化的监管环境，欧洲央行还通过"标准""最低要求"等具有软法性质的规范，提供了一些更富有弹性的监管方法。如为进一步落实 CPSS 制定的 CPSIPS 中原则 7 "支付系统应确保高度的安全性和运行可靠性，并有及时完成当日处理的应急安排"的规定，2006 年 6 月欧洲央行发布了《系统重要性支付系统业务连续性监督的展望》，其主要内容包括业务连续性战略的定义和目标、业务连续性计划的制订、沟通与危机管理、连续性计划的业务测试和修订等，并明确要求该展望在 2009 年 6 月前被所有 SIPS 实施和测试。

2. 监管目标

根据《欧洲中央银行体系与欧洲央行章程》第 22 条规定，支付系统的高效、稳健是欧元体系的监管目标。但欧盟有关支付系统监管目标的表述也曾发生过一些变化，2000 年 6 月，欧洲央行在公布的《欧元体系在支付系统监管领域的职责》中将维护支付体系稳定、防范系统性风险，支付系统高效运行，支付工具的安全，保持货币政策传导机制的顺畅等四个方面作为监管目标。这次变化着力强调要保证支付工具的安全，并增加了确保货币政策传导机制顺畅的内容，认为这对支付系统和支付工具使用者的信心，进而使公众对货币信心的保持具有实质性作用。2011 年 7 月欧洲央行发布的《欧元体系监管政策框架》，又使支付监管目标发生较大转变，明确规定中央银行的职责就是通过监测、评估各系统的安全与效率，必要时推动相关变革，以促进安全、高效目标的实现。货币政策和支付工具没有提及，最终回归安全和效率两大目标。

3. 监管标准和要求

根据监管目标，欧元体系明确了支付系统应当满足的具体标准和要求。这些标准大部分源自 CPSS 等国际机构制定的国际标准，先后有兰弗鲁斯标准（Lamfalussy Standards）、CPSIPS 等。为确保国际标准适应欧元区的特殊性，欧元体系会根据欧元区特点对相关国际标准进行消化、吸收。如 2012 年 PFMI 发布后，为落实 PFMI，2014 年欧洲央行结合欧元区特点制定了《系统重要性支付系统监管要求条例》，构建了健全的 SIPS 监管框架。《系统重要性支付系统监管要求条例》明确的监管标准和要求主要包括以下方面。第一，SIPS 的认定标准。SIPS 在 1 个年度内至少满足以下四个条件中的两个：日均支付超过 100 亿欧元；15% 以上的支付业务使用欧元，或 5% 的跨境支付使用欧元，或货币为欧元的成员国进行的支付业务中 75% 使用欧元；跨境业务涉及 5 个（含）以上的国家，欧元支付占比至少 33%；在关联性方面，用于其他金融市场基础设施的结算。第二，良好的公司治理。要求 SIPS 运营者应优先考虑安全和高效目标，自觉维护金融稳定和其他相关公共利益，建立清晰的管理制度，明确董事会、管理层的组成、工作职责，保证董事会在风险管理和内部控制职能发挥中有足够权威性和独立性。第三，全面风险管理框架。风险管理框架包括 SIPS 运营者风险容忍政策和适当的风险管理工具、风险决定的职责和责任。第四，明晰的风险管理要求。SIPS 运营者应建立信用风险管理框架，识别所有信用风险的来源，使用抵押品或等值的金融资源覆盖风险暴露。建立流动性风险管理框架，明确流动性资源范围，对流动性提供者进行评估，开展流动性压力测试。加强一般业务风险、操作风险管理，严格托管风险和投资风险管理。第五，明确的结算和清算要求。SIPS 运营者应确保最终结算处理不晚于预定结算日的最终结束时间，同时确保最终结算时使用中央银行货币。若中央银行货币未被使用，运营者应确保结算资产没有或几乎没有信用风险和流动性风险。明确参与者违约定义、违约处理规则和程序以及可以限制违约影响的机制。第六，公开的准入和参与标准。SIPS 运营者应当

建立和公开披露非歧视性的准入和参与标准，且准入标准对 SIPS 及其服务
市场的安全和效率而言具有合理性。第七，明确的效率与透明度要求。
SIPS 运营者必须识别和满足市场对 SIPS 服务的需求，应使用或适用相关国
际公认的通信程序和标准，以促进高效的支付、结算、清算和记录活动，
并要建立面向参与者和主管机关的信息披露机制。

4. 监管范围

根据实体和工具类型划分，《欧元体系监管政策框架》中的监管范围
主要包括以下方面。

一是支付系统，包括大额支付系统和零售支付系统。大额支付系统在支
付清算体系中居于核心地位，是一国银行间资金转移的主动脉。长期以来
TARGET2 等系统重要性的大额支付系统是欧元体系重点监管对象。就零售
支付系统而言，很长一段时间，对其关注度不高。随着单一欧元支付区
（Single Euro Payments Area，SEPA）建设的不断深入，欧元体系认识到某些
零售支付系统对欧元信心的维护、金融市场安全高效运行等具有至关重要的
作用，于 2003 年由欧洲央行发布了《欧元零售支付系统监管标准》。

此外，欧洲央行也将欧元区外的欧元支付系统纳入监管范围。欧洲央
行在 1998 年 12 月发布的《欧元区外欧元支付清算系统的政策声明》中，
强调了其对于欧元支付结算系统在货币政策实施、金融市场运行等方面的
直接利益，期望在任何其他货币体系中，中央银行的欧元货币只能由属于
欧元区的中央银行提供。当欧元区外的中央银行有欧元的支付清算安排
时，无论是国内、跨境还是多币种的性质，欧洲央行管理委员会（Gover-
ning Council）将积极与欧元区以外的中央银行接触。欧洲央行还在 2000
年发布的《欧元体系在支付系统监管领域的职责》、2007 年发布的《关于
以欧元计价的支付交易基础设施地点和操作的欧元体系政策原则》中对欧
元离岸支付系统的监管进一步进行了明确，主要内容包括：第一，鉴于促
进欧元市场基础设施平稳运行的任务，欧元体系对任何国内、跨境或多币
种处理以欧元计价付款交易的金融市场基础设施的设计与管理有至关重要
的监管利益；第二，从一般政策和系统性风险防范角度看，作为一个原
则，在任何情况下，欧洲央行和欧元体系国家的中央银行需要保留最终控
制其货币——欧元的权力；第三，欧元体系只有在非常特殊的情况下，在
个案基础上，接受这个原则的例外；第四，基础设施有相应的机制、措

施，在一个交易过程中有能力避免潜在的实质风险及对其他交易过程的风险溢出。而关于原则例外情形的理由需满足：对欧元体系履行其有关法定职责来说是合理的，且欧元体系直接参与该基础设施的设计和运行监督；在任何情况下和任何时候，该基础设施不能削弱欧元体系对欧元的控制；对支付基础设施处理的位于欧元区外的非对等结算（Non-PvP），其最后 12 个月日平均水平不超过 50 亿欧元或不超过由欧元区银行间资金转账系统处理的日均支付交易总额的 0.2%（两个数量指标中以更高的为准）；如以上阈值被超过，则该系统在操作上和法律管辖上都必须位于欧元区。

二是证券结算系统（SSS）和中央对手方（CCP）。证券交易是典型的由证券和资金两条腿组成的交易类型。1987 年 10 月，世界范围内的股市价格崩溃让中央银行认识到证券交易结算中的动荡有可能波及支付系统及整个金融市场。为此，基于国内法的授权，欧元区大部分国家的央行与证券、银行业监管部门一起承担对证券结算系统和中央对手方的监管职能。

三是对支付工具的监管。支付工具是支付系统最终用户在银行及其他金融机构账户之间转移资金的手段。单一欧元支付区（SEPA）的建立，使对直接借记、贷记划拨以及支付卡等支付工具的统一监管显得愈加重要，欧元体系通过《支付服务指令 2》《电子货币指令》《卡基支付交易交换费用条例》等形成了对支付工具的统一监管。

四是代理银行和托管银行。代理银行和托管银行一般集中了比较多的支付结算业务，也因此向被代理行提供了无抵押的日间或隔夜信贷，从而有较大的信用风险。为监控此类风险，欧元体系将代理银行和托管银行纳入了监管范畴。

五是第三方服务提供商。作为支付系统、银行等外包服务提供者，第三方服务提供商经营稳健与否、内控安全到位与否对支付系统安全、高效运行具有重要意义。当一家第三方服务提供商为多个关键系统提供重要服务时，则需要中央银行直接监管。例如，对于 SWIFT，比利时中央银行履行首要监管责任，并联合十国集团中央银行合作监管。此外，随着交易资料储存库在金融市场基础设施中的重要性不断提升，欧元体系在《欧元体系监管政策框架》中首次提出了关于交易资料储存库监管的问题。

5. 监管权力

欧元体系一般采用三个步骤进行监管。一是收集相关信息。包括与系统运营方双边接触、定期或不定期报告等。欧元体系部分成员国央行拥有法定的信息采集权，并可通过道义劝告等方式，在对方自愿基础上获取信息。二是评估信息。欧元体系通常根据 CPSIPS 等相关国际标准来评估有关信息，以促使支付结算系统监管协调一致和系统化。如在 2007 年 11 月 TARGET 升级为 TARGET2 后，欧洲央行开展了 TARGET2 符合 CPSIPS 的评估，并于 2009 年 5 月发布了《TARGET2 设计符合核心原则评估报告》。三是纠正与制裁。在评估基础上，如发现某一支付系统的安全和效率水平达不到要求，欧元体系就会采取行动推动变革。欧洲央行 2014 年 7 月发布的《系统重要性支付系统监管要求条例》第 22 条规定了违规行为纠正机制：若支付系统运营者违反相关规定，主管机关有权告知运营者并在给予运营者听证和解释权利情况下，责令 SIPS 运营者实施具体的纠正措施来纠正不合规行为。对于事态严重到需要立即采取行动的情况，主管机关应立即采取纠正措施，并通知欧洲央行。此外，对违反相关规定的，欧洲央行有权按照《欧洲央行实施制裁权力条例》等有关规定施加制裁。

6. 监管合作

一是加强欧元体系中央银行间合作。《欧洲共同体条约》、《欧盟运行条约》以及《欧洲中央银行体系与欧洲央行章程》赋予了由欧洲央行和欧元区国家中央银行组成的欧元体系对支付系统的监管职责。为了实现有效和高效的监管，欧元体系根据有利监管的原则对支付系统监管的主要责任进行了明确。一般是支付系统依法注册成立地所在国中央银行负主要监管责任（也会考虑欧元体系中央银行的监管利益和能力），除非欧洲央行管理委员会决定由欧洲央行承担主要监管责任。如 TARGET2 是一个由欧元区多个国家实时全额结算系统（RTGS）、欧洲央行支付机制以及一个连接系统组成的分布式系统，其本身的运行就是欧元体系中央银行间合作的典范。在欧洲央行统一管理的基础上，各国对本国的实时全额结算系统进行管理，而 TARGET2 的单一共享平台（Single Shared Platform，SSP）由意大利央行、法国央行和德国央行代表欧元体系共同负责运营。

二是加强国际合作。根据国际监管合作原则，欧元体系中央银行已成功参与多个监管协议，如 SWIFT 系统和 CLS 的监管协议等。以 CLS 为例，美联储承担了主要监管责任，并领导包括欧洲央行和属于十国集团的欧元区成员国中央银行在内的合作监管框架，但在欧元体系内，欧洲央行对

CLS 的欧元结算负主要的监管责任。对位于非欧元区，为欧元清算提供服务的多币种清算系统和离岸系统，欧元体系将根据 PFMI 等规定的有关中央银行合作监管的原则开展监管合作。

三是加强与其他权力机构的合作。中央银行与其他权力机构的合作对支付系统的有效监管至关重要，因为中央银行与其他审慎监管机构监管职责密切相关。如 2001 年 4 月，欧洲央行、欧盟成员国中央银行和欧盟银行监管当局签署了有关支付系统监管的备忘录（MoU），建立了监管合作框架。根据该协议，银行监管机构能充分了解银行等信用机构在参与支付系统交易过程中所承担的风险。此外，2015 年欧洲议会和欧盟理事会制定的《支付服务指令 2》（2018 年 1 月 13 日施行）第 22 条至第 31 条，明确规定加强欧洲央行、欧洲银行业管理局（European Banking Authority，EBA）、欧盟成员国中央银行等各管理部门在支付机构认证、监管以及信息交换等方面的合作。

二 支付系统监管的国际实践的制度启示

（一）主要监管主体明确，监管目标日益清晰

美欧等货币国际化经济体也都通过立法明确了中央银行的主要监管地位。为什么中央银行是支付系统的主要监管者而不是其他机构？这主要是因为支付系统是金融市场运行的核心基础设施，中央银行对其关注并加以监管是由其固有职能决定的。一是货币是交换的工具。作为交换工具是货币的一项最基本的功能，而中央银行负责提供能够实现这种功能的货币。如果用于方便货币转移的支付系统运行效率低下，那么，货币将不能有效实现其功能，并可能影响公众对货币、转账工具和系统的信心。同时，中央银行由于提供清算服务而在支付系统操作方面占有独特的信息优势。二是维护金融体系的稳定。支付系统与金融市场的稳定息息相关：一方面，支付系统有时处理的资金额度非常大，这就可能会发生由一个系统中的违约而导致在较大范围内出现金融和经济的波动；另一方面，在出现流动性枯竭的情况下，在试图使整个金融体系的交易有序结算的努力中，市场参与者一般希望中央银行向支付系统的特定参与者提供紧急的流动性支持。三是实施货币政策。制定和实施货币政策是中央银行的首要核心职能。而

支付系统的平稳运行是中央银行货币有效供应的一个必要条件。如中央银行通过买卖政府债券或抵押借贷来影响短期利率，并由此来实施货币政策。安全、高效的支付系统可以使得涉及上述交易的资金和证券可靠地转账。综上，对于中央银行作为支付系统监管责任主体这一点在任何国家和地区都没有异议。

在监管目标方面，不同经济体均以系统运行安全和效率为主要监管目标。例如，尽管欧元体系支付系统监管政策目标几经周折，最终回归安全和效率两大目标，并明确不积极追求反洗钱、反恐怖融资、消费者保护等其他公共政策目标。这些公共政策目标属于其他监管当局的法定义务。这也是 CPSS 和国际证监会组织（IOSCO）在 PFMI 中描述安全、高效的公共政策目标时，使用"主要"这个限定词的原因。然而，作为整个金融稳定的维护者，中央银行需协助其他监管当局完成相关公共政策目标。

为此，我国在未来支付清算的立法中，应进一步明确中国人民银行作为中央银行对大额支付系统、人民币跨境支付系统（CIPS）等系统重要性支付系统的监管主体地位，并明确将安全、效率作为法定监管目标，以利于强化对支付系统的监管。

（二）遵循国际最佳实践，监管标准逐渐趋同

2001 年 1 月，为适应支付系统的迅速发展，CPSS 在借鉴 1990 年 11 月发布的《十国集团中央银行银行间轧差机制委员会的报告》的基础上，研究制定了 CPSIPS，提出了系统重要性支付系统安全、高效运行的 10 条原则，以及中央银行贯彻这些原则的 4 项职责，为各国提供了一个综合、全面、普遍且长久延续的通用准则和惯例，以助推监管标准的统一。该原则强调其适用于所有国家或地区，各国中央银行有义务保证其支付系统符合核心原则要求。CPSIPS 扩展了《十国集团中央银行银行间轧差机制委员会的报告》中的标准，而且更加广泛地适用于所有类型的重要支付系统。CPSIPS 发布后，欧元体系立即采用其作为欧元区系统重要性支付系统（SIPS）的最低要求。2011 年 7 月，欧洲央行又根据 2005 年 CPSS 发布的《中央银行对支付结算系统的监管》，制定了《欧元体系监管政策框架》，提出了关于支付系统监管的新框架，包括支付系统监管政策的理论基础，监管法律依据，监管目标和标准，监管的对象、范围、行为和过程，监管合作等主要内容。《2010 年支付、清算和结算监管法》第 805 条也明确规

定，相关国际标准是支付清算相关规则或命令制定时的重要参考。

2012 年 PFMI 发布后，美联储则立即参照 PFMI 的风险管理框架对《HH 条例》进行了系统修订，欧洲央行则通过制定《系统重要性支付系统监管要求条例》，将对 SIPS 监管的最新国际准则融入了欧盟法律体系。具体内容上，美欧以上两个主要相关规则的修订或制定均最大限度地与 PFMI 中的标准保持了一致。实际上，虽然世界各国由于历史传承、政治经济环境以及不同的银行业金融机构，其对支付系统管理干预模式多样，但随着以 CPSIPS、PFMI 等为标准来评估支付系统的中央银行数量不断增多，监管模式和标准已经趋同化。

虽然中国人民银行办公厅在《关于实施〈金融市场基础设施原则〉有关事项的通知》（银办发〔2013〕187 号）中明确将 PFMI 所确立的原则作为我国支付系统等金融市场基础设施的监管标准，但这只是一个整体、原则的确认，还需要我国进一步在法律、法规、规章或规范性文件层面通过具体制度予以落实。随着人民币国际化深入推进，以及金融市场的广度和深度不断拓展，国内外支付系统等各金融市场基础设施之间的相互依赖程度也将不断加深，我国应积极结合实际落实 PFMI 等国际准则，建立符合国际标准的、更加完善的支付、清算、结算法规制度。

（三）监管范围不断拓展，统筹管理趋势明显

在监管范围上，2005 年 CPSS 发布的《中央银行对支付结算系统的监管》建议将支付系统、证券结算系统、中央对手方、支付工具、代理银行和保管机构、第三方服务提供者纳入中央银行的监管后，2011 年欧洲央行制定的《欧元体系监管政策框架》在监管范围上与《中央银行对支付结算系统的监管》保持了一致。美国在《2010 年支付、清算和结算监管法》中不仅将履行或支持多边支付、清算或结算活动的金融市场设施纳入监管，同时，鉴于金融机构（包括存款机构等）开展的支付、清算和结算活动对各参与金融机构和金融体系可能带来重要风险，明确将金融机构的支付、清算和结算活动纳入监管范围。此外，美联储对不属于其直接监管的支付清算机构执行《2010 年支付、清算和结算监管法》第 805 条第（a）款规定的风险管理标准执行情况有检查权。因此，美联储的监管范围实际已经涵盖到包括支付系统等在内的各类金融市场基础设施，是美国支付结算领域的"超级监管者"。我国《中国人民银行法》虽然赋予中国人民银行维护支付清算系统正常运行的法定职责，但尚没有与之配套的法律法规明确阐述中国人民银行在支付清算监管的具体范围。法律上的不明确导致实践中监管范围较窄，存在非中国人民银行运营的重要支付系统游离于监管之外，市场不确定性和潜在风险隐患较大的问题。如《中国人民银行支付系统参与者监督管理办法》（银发〔2015〕40号文）中所称中国人民银行支付系统是指中国人民银行运营的大额支付系统、小额支付系统、网上支付跨行清算系统、全国支票影像交换系统和境内外币支付系统，并不包括商业银行的行内支付系统。2017年，我国银行业金融机构行内支付系统共处理业务323.13亿笔，金额1333.69万亿元。代理行服务是全球支付体系的一个重要组成部分，特别是在跨境支付方面。鉴于其重要性，中央银行对任何影响代理行安全和高效运行的威胁都具有浓厚兴趣。如在目前人民币跨境清算中，中国银行、中国工商银行等五大国有商业银行都是人民币跨境业务的代理行。若代理行或大额支付系统、人民币跨境支付系统等系统重要性支付系统某一参与机构出现流动性风险或信用风险，且处置不及时，很可能放大风险程度和影响范围；由于代理行清算模式具有相对封闭性，且交易处理过程和交易信息透明度较低，易产生监管死角。而中国人民银行尚未对商业银行行内支付系统风险进行全面评估，无法将行内系统中存在的风险以及控制情况体现出来，并未达到真正意义上的监管。

随着金融市场的广度和深度不断拓展，支付系统、证券结算系统等各类支付清算设施之间的相互依赖程度不断加深，统筹管理的趋势明显。2012年CPSS和IOSCO联合发布的PFMI，将包含支付系统、中央证券存管、证券结算系统、中央对手方和交易数据库等五类金融公共设施统称为金融市场基础设施（Financial Market Infrastructure，FMI）。PFMI识别和消除了原有国际标准之间的差异，强调全面加强风险管理要求，提高了各类FMI安全、高效运行的最低标准，适用于其成员认定的各类FMI。从美国来看，《2010年支付、清算和结算监管法》将为金融机构之间或金融机构与个人之间的付款，证券或其他金融交易进行转账、结算或清算之目的而管理或运营的多边系统统称为FMUs。《2010年支付、清算和结算监管法》第805条、第806条、第807条中对指定FMUs的运营、风险管理标准（包括制定标准的权力、目标和原则、标准的主要内容）、执法检查等在法律层面做了统一规定。同时，2012年PFMI发布后，美联储将原先只针对

Fedwire、CHIPS 等支付系统进行监管的《美联储支付系统风险政策》适用范围扩展到包括支付系统在内的 FMUs。欧盟 2012 年 4 月根据 PFMI 制定的《欧洲市场基础设施监管条例》，① 对中央对手方和交易数据库监督管理进行了统一规定。鉴于支付系统与证券结算系统存在非常紧密的联系，欧洲央行也积极推动欧元体系证券结算系统的一体化（例如参与 TARGET2-Securities，T2S），② 将证券结算系统纳入统一的支付结算体系进行规划，且直接参与监管。

随着人民币国际化的不断发展，国际国内有关人民币的支付、证券和衍生品的交易活动将日益频繁，我国大额支付系统、人民币跨境支付系统等支付系统与证券结算系统、中央对手方等 FMI 之间的相互连接将更加紧密。目前，虽然我国在中央决策层面已经明确提出要统筹监管重要金融基础设施，但还需要相关立法予以保障。为此，我国也需要在加快发展支付系统、证券结算系统和中央对手方等 FMI 的同时，加强支付系统等 FMI 监督管理政策、制度的统筹协调，构建协同一致的监督管理政策。

（四）突出监管重点，加强监管合作

PFMI 第 4.1.2 条（FMI 规制、监管和监督）规定，管理部门应根据支付系统的交易笔数和金额、参与者的数量和类型、所服务的市场、控制的市场份额、与其他 FMI 和金融机构的相互连接、短时间内该系统的可替代方法，以及其法域内其他相关标准，来确定系统重要性支付系统。为此，美欧都在相关立法中明确将系统重要性支付系统作为监管重点，并规定了具体的确定标准。如欧洲央行根据《系统重要性支付系统监管要求条例》所规定的系统重要性支付系统（SIPS）的日均支付额、欧元支付占比、跨境业务支付占比、与其他金融基础设施的关联性等条件，在 2014 年 8 月第一次确定了 TARGET2 等 4 个 SIPS。《2010 年支付、清算和结算监管法》第 804 条授权金融稳定监管委员会（FSOC）认定包括系统重要性支

---

① 《欧洲市场基础设施监管条例》（European Market Infrastructure Regulation，EMIR）是业界对所涉一系列法规的总括性称呼，其本身是由一份基础性法律文件——《欧洲议会及欧洲理事会关于场外衍生品交易、中央对手方及交易存储处之 2012 年第 648 号法案》及若干实施细则和相应的技术标准构成。

② T2S 是由欧洲中央银行主导开发的泛欧证券交收综合技术平台。T2S 旨在通过与欧洲中央银行资金实时支付系统连接进行货银对付的证券交收，消除欧洲各国证券境内及跨境交收的差异，实现欧洲证券的无国境交收。

付系统在内的系统重要性金融市场设施（FMUs）的权力，并明确了认定系统重要性应予考虑的因素：交易的总货币价值，交易对手的总风险敞口，与其他 FMUs 或支付清算活动之间的相互依赖，失败或崩溃可能对关键市场、金融机构或更广泛金融系统产生的影响以及 FSOC 认为适当的任何其他因素。2012 年 7 月，FSOC 根据《2010 年支付、清算和结算监管法》，认定 CHIPS、CLS 等 8 个金融市场设施具有系统重要性。目前，我国尚未在法律层面明确支付系统的概念，更未明确系统重要性支付系统的认定标准，这不利于监管范围的明晰和监管重点的明确。为此，我国要借鉴美欧在法律中明确支付系统具有系统重要性的标准、认定机构等，为加强重点监管提供法律保障。

支付系统间的直接关系、大型金融机构参加多个支付系统所产生的间接关系以及广泛的共用性（如共同使用第三方所提供的清算服务）导致的更紧密的相互依存关系，在减少成本、降低风险来源的同时，也提高了失序在金融体系或金融市场间快速与大幅传播的潜在可能性。这就要求中央银行对支付系统具有更广阔的风险管理视野和进行更广泛的协调。为此，美欧在相关法律和监管实践中也在不断强化监管合作。在域内合作方面，美国为了解决对包括支付系统在内的金融市场设施的监管冲突或真空问题，在《2010 年支付、清算和结算监管法》中对监管合作的总协调机构、具体的协调方法、信息共享安排、监管争议的解决等进行了明确。欧盟则通过《支付服务指令 2》、备忘录（MoU）等明确了欧洲央行、欧洲银行业管理局、欧盟成员国中央银行等各管理部门的支付系统监管合作框架。在国际合作方面，跨境运行的支付系统在为经济、金融全球化带来众多好处的同时，也给中央银行保持对本国货币的控制力带来了挑战。有效的合作有助于消除国际社会对支付系统进行监管时可能出现的空白、重复和矛盾。为此，美欧央行通过协议或备忘录的形式加强国际监管合作。如为加强跨境的持续连接结算系统的监管，美联储与其他十国集团中央银行（包括部分欧元体系中央银行）签署了《CLS 合作监管安排协议》，明确了合作监管安排等。又如 SWIFT 是设在比利时的一家为全球金融提供报文通信服务的组织，它的主要运营设施放置在荷兰阿姆斯特丹和美国纽约等地，但其高层管理中的关键部门常驻比利时。在十国集团中央银行的合作监管方案中，比利时国民银行是负有主要监管责任的中央银行。

目前虽然我国《中国人民银行法》《银行业监督管理法》《证券法》明确要求建立金融监督管理协调机制和信息共享机制，但缺少制度性、权威性、明晰性的金融监管协调和信息共享安排，导致中国人民银行在全面掌握支付系统参与者的风险头寸和状况时还存在障碍，获得相关信息的及时性尚显不足。其他监管机构一般也仅从自身角度审视某个金融活动，而无法掌握全面情况，难以发现问题的实质。2015 年，我国股市的异常波动，凸显了支付清算和结算活动中，如何强化信息共享和联动监控是迫在眉睫的重要问题。从参与全球治理来看，我国在金融市场基础设施运行规则的制定与调整中所发挥的作用与经济、金融规模仍有差距。PFMI、CP-SIPS 等都是在美欧等发达经济体央行的主导下制定的，随着人民币国际化清算网络的发展，我国也需要加强支付系统监管的国际国内合作。

参考文献

黄萍:《支付体系监管理论——德国实践及启示》,《金融时报》2015 年 2 月 21 日。

毛术文:《欧洲央行重要支付系统监管机制的建构及启示》,《哈尔滨金融学院学报》2015 年第 2 期。

王刚、徐暮紫:《美国金融稳定监督委员会组织架构及运作情况介评》,《金融法苑》2011 年第 1 期。

新华社:《习近平在中共中央政治局第四十次集体学习时强调 金融活经济活 金融稳经济稳 做好金融工作 维护金融安全》,《人民日报》2017 年 4 月 26 日。

杨涛:《中国支付清算发展报告 (2016)》,社会科学文献出版社,2016。

Committee on Payment and Settlement Systems of the Central Banks of the Group of Ten Countries. Delivery Versus Payment in Securities Settlement Systems. 1992: 1 (1992 – 09 – 09) [2017 – 03 – 01] . http://www. bis. org/cpmi/publ/d06. pdf.

Committee on Payments and Market Infrastructures. Correspondent Banking. 2016: 1 (2016 – 07 – 13) (2017 – 09 – 05) . https://www. bis. org/cpmi/publ/d147. htm.

CPSS. Central Bank Oversight of Payment and Settlement Systems. 2005: 13 (2005 – 05 – 08) [2017 – 11 – 30] . http://www. bis. org/press/p050509b. htm.

CPSS. Core Principles for Systemically Important Payment Systems [R/OL] . 2001: 1 (2001 – 01 – 19) [2017 – 08 – 05] . http://www. bis. org/cpmi/publ/d43. htm.

CPSS, IOSCO. Principles for Financial Market Infrastructures. 2012: 8 (2012 – 04 –

16）［2016 – 10 – 12］. http：//www. bis. org/cpmi/publ/d101. htm.

ECB. Eurosystem Oversight Policy Framework. 2011：1（2011 – 07 – 05）［2017 – 06 – 10］. http：//www. ecb. europa. eu/pub/pdf/other/eurosystemoversightpolicyframework2011en. pdf.

ECB. Role of the Eurosystem in the Field of Payment Systems Oversight. 2000：1 – 2（2000 – 06 – 09）［2017 – 06 – 05］. http：//www. ecb. europa. eu/pub/pdf/other/paysysover-en. pdf.

ECB. The Eurosystem Policy Principles on the Location and Operation of Infrastructures Settling Euro-Denominated Payment Transactions. 2007：1 – 2（2007 – 07 – 19）［2017 – 01 – 02］. http：//www. ecb. europa. eu/pub/pdf/other/eurosystem_ policy_ principlesen. pdf? 254-20d9abe34368fda9b9b1184aff4f2.

Federal Reserve Banks. Federal Reserve Policy on Payment System Risk. 2016：7（2016 – 09 – 23）［2017 – 09 – 05］. https：//www. federalreserve. gov/paymentsystems/files/psr_poli-cy. pdf.

Financial Stability Oversight Council：Annual Report（2015）. 2016：94［2017 – 09 – 05］. https：//www. treasury. gov/initiatives/fsoc/studies-reports/Pages/2015-Annual-Report. aspx.

Regulation of the European Central Bank（EU）No 795/2014 of 3 July 2014 on Oversight Requirements for Systemically Important Payment Systems, Official Journal of the European U-nion, 23. 7. 2014, L 217.

See Court of Justice of the European Union. United Kingdom of Great Britain and Northern Ireland v European Central Bank. 2015：1 – 16（2015 – 03 – 04）［2017 – 05 – 02］. https：//curia. europa. eu/jcms/jcms/j_6/en/.

See CPSS. Central Bank Oversight of Payment and Settlement Systems. 2005：8 – 10（2005 – 05 – 09）［2017 – 09 – 05］. http：//www. bis. org/press/p050509b. htm.

See CPSS. The Interdependencies of Payment and Settlement Systems. 2008：1（2008 – 06 – 05）（2017 – 07 – 05）. https：//www. bis. org/cpmi/publ/d84. pdf.

See Dodd-Frank Wall Street Reform and Consumer Protection Act, SEC. 802（a）. See Dodd-Frank Wall Street Reform and Consumer Protection Act, SEC. 805（b）and 805（c）. See Dodd-Frank Wall Street Reform and Consumer Protection Act, SEC. 805（e）.

See ECB. Business Continuity Oversight Expectations for Systemically Important Payment Systems. 2006：1 – 11（2006 – 06 – 09）［2017 – 05 – 05］. http：//www. ecb. europa. eu/pub/pdf/other/businesscontinuitysips2006en. pdf.

See ECB. Eurosystem Oversight Policy Framework（Revised Version）. 2016：13（2016 – 07 – 23）.

See Regulation（EU）No 648/2012 of the European Parliament and of the Council of 4 Ju-ly 2012 on OTC Derivatives, Central Counterparties and Trade Repositories. Official Journal of the European Union. 27. 7. 2012. L 201.

农村金融科技服务的创新发展

刘伟佳　　向红艳[*]

　　摘　要　近年来，云计算、大数据、人工智能、物联网等新兴技术的快速发展和创新应用，加速了金融科技的智慧发展步伐，奠定了智慧金融发展格局。新科技的应用是金融行业的发展趋势，也是农村金融科技创新发展的新契机。本文首先对农村金融科技面临形势和发展趋势进行了分析；其次提出农村中小金融机构共享共赢的发展路线；再次分析农信银云灾备平台以共享云服务模式在为农村中小金融机构业务连续性防线建设节约成本、提升实力、提高效率等方面取得的成效；最后对农村金融科技进行展望，提出农村中小金融机构针对新兴技术共享合作服务模式的体系架构，并指出云计算、大数据、人工智能、物联网技术在共享金融云服务中的应用模式，为农村金融科技的发展提出了具有实践参考意义的思路。

　　关键词：金融科技；云计算；大数据；人工智能

一　引言

　　现如今，信息技术的发展已经越来越智能化，物联网、大数据、云计算、人工智能等技术的日趋成熟和大规模应用正悄然掀起金融科技的智慧

　　* 刘伟佳，就职于农信银资金清算中心有限责任公司，从事云灾备技术领域工作。向红艳，就职于农信银资金清算中心有限责任公司，从事云灾备技术领域工作。

化浪潮。中国工商银行大数据服务云平台在风险分析、客户画像等方面广泛应用，其利用分布式技术构建的物联网服务平台，实现海量物联网终端连接、数据采集管理、业务快速接入和数据聚合应用。中国建设银行智能客服"小微"，集合了自然语言处理、人机交互等智能技术，实现与用户的智能交互。招商银行 App 已领先融合了生物识别、智能投顾、智能风控等多项智能技术。

以前是金融业务推动金融科技的发展，现在是金融科技改变用户行为并引领金融业务的发展，助推金融业务需求的变革，再促进金融科技的进步，这种螺旋式上升的发展模式，逐渐促进金融科技新生态圈的形成。简言之，金融科技的发展，既满足了需求，也创造了需求。在这个"智慧＋"新时代，农村金融科技也要向"智慧＋"模式转型，用新科技指引新征程，助推农村金融业务的新发展。

本文首先就农村金融科技面临形势和发展趋势做了简要分析；其次结合监管要求和行业政策总结出农村中小金融机构未来可能的发展路线；再次以农信银云灾备平台为例，介绍共享云服务模式在为部分农村中小金融机构业务连续性防线建设中节约成本、提升实力、提高效率方面的成效；最后分析了云计算、大数据、人工智能、物联网技术在助推农村金融科技发展的重要作用以及应用模式，并基于此提出农村中小金融机构共享新科技合作服务模式的体系架构。

二　农村金融科技面临形势和发展趋势

近年来大众对金融产品的创新需求、监管机构对金融系统的监管要求以及迅速崛起的互联网金融对金融业务的持续挑战，助推了金融科技的快速发展，大数据、云计算、移动互联网等技术已在金融科技领域广泛应用，引发用户行为模式的转变。中国人民银行官网发布的《2017 年农村地区支付业务发展总体情况》相关数据显示，农村地区的支付方式发生了明显改变，移动支付业务需求显著提升，2017 年银行机构为农村地区开通手机银行数累计 5.17 亿户，较上年增长 38.61%；产生的手机银行支付业务数累计 91.10 亿笔，金额 38.89 万亿元，较上年分别增长 79.12%、66.2%；非银行支付机构为农村地区提供网络支付业务共计 1417.82 亿笔，金额 45 万亿元。这说明，以"互联网＋"模式为依托的金融业务产品正迅速抢占农村金融市场份额。

在这个金融科技、业务创新速度迅猛增长的时代，农村金融科技怎样能快速满足新的业务需求，怎样能引领并创造出新的业务需求，怎样在确保风险可控的前提下实现创新与转型，是新时代农村中小金融机构发展必然要面临的现实问题。在这个科技与时间比拼的时代，对金融科技创新的掌控力度将决定金融企业的生存空间，对金融市场的占领范围将决定金融企业的发展空间。更强的科技实力、更低的运营成本、更好的用户体验、更快的服务转变，就是信息化时代金融企业吸引用户流向的"法宝"，这种超快速发展模式无疑会给农村中小金融机构带来巨大挑战。

大型商业银行在运营管理、科技发展、人才培养等方面占据一定优势，得益于其较大的运营规模、多年积累的信息科技治理经验、雄厚的资本运作、丰富的人才储备等，所以其在金融科技规划、研发创新投入及新技术采用等方面都是佼佼者，其发展路线是"引领"模式。而农村中小金融机构则情形不同，其运营体量相对较小、技术起步晚、人才储备偏少等，大型商业银行所占据的优势恰恰是其发展弱势，走"引领"模式的发展路线必然不适合。反观其优势：农村中小金融机构整体上在我国金融领域网点覆盖面广，长期扎根于农村区域乡土气息浓，是普惠"三农"最后一公里的重要支撑者，是国家政策扶持保护的重点关注者，等等。党的十九大报告明确提出要实施乡村振兴战略，并强调必须始终把解决好"三农"问题作为全党工作重中之重。2017 年底召开的中央农村工作会议，研究实施乡村振兴战略的重要政策。2018 年中央一号文件《中共中央 国务院关于实施乡村振兴战略的意见》，明确指出要健全适合农业农村特点的农村金融体系，强化金融服务方式创新。农村中小金融机构作为我国农村金融市场的重要枢纽，怎样围绕实施乡村振兴战略的总体要求，为实施乡村振兴战略提供科技支持，是肩负的重要责任，也是发展机遇。《中国银行业信息科技"十三五"发展规划监管指导意见（征求意见稿）》（以下简称银行业"十三五"规划）指出，要"深入践行共享发展理念，加强银行间在基础设施领域的合作，在资源、人才、经验等方面建立合作共享机制，发挥集约效应，联合开展面向银行业的公共云平台规划和建设"。

所以，深耕本地、开放合作、共享共赢、走差异化的金融科技发展之路乃是农村中小金融机构可持续发展的首选。

三 农村金融共享云创新探索与实践

以共享云服务模式在部分农村中小金融机构业务连续性体系建设中取得的成效为例。近年来，中国人民银行及银保监会发布并实施了多项关于加强银行业信息系统业务连续性体系建设的制度文件和指导意见，业务连续性作为信息系统风险防控的重要手段，是银行业稳固向前发展的基石，尤其是异地灾备系统的建设，在现阶段已是不可或缺。而部分农村中小金融机构在灾备系统的建设中面临技术、成本、人力资源不足等困难。

2011 年，农信银资金清算中心应部分股东单位关于"共建共享共用"模式的共享灾备系统建设需求，建设农信银云灾备平台。农信银云灾备平台以共享云服务模式为农村中小金融机构提供云灾备服务，通过灾备资源、技术与服务的云共享管理，助力农村中小金融机构快速建立起与生产系统完美匹配的异地灾难备份系统，满足监管政策要求与业务快速发展需求，为业务连续性持续保驾护航。截至 2018 年 8 月，农信银云灾备平台已为全国 15 家省区农村中小金融机构的 33 个核心及外围系统提供异地灾备托管服务。经过多年实践与发展，农信银云灾备平台在为农村中小金融机构灾备建设节约成本、提升实力、提高效率方面取得了成效。

（一）资源共享，节约投入成本

异地灾备系统是由各类资源有机结合组成，包括支撑系统运行的基础设施、软硬件资源，支撑系统实施、定制开发及维护管理的人力资源等。异地灾备系统的生存与生产系统发展息息相关，随之而建，随之而变。生产系统的快速变更导致异地灾备系统的技术架构、运行资源及技术管理人员所具备的能力要求均会发生改变，甚至要推倒重来、重新投入，不免会造成资源浪费。农信银云灾备平台以共享云服务模式提供灾备托管服务，灾备系统运行的基础设施、软硬件资源及各类人力资源等都是高度共享、云化管理，各类资源按需使用、按需分配、按需收费，使用率较高。从系统实施、定制开发到维护管理再到升级变更，每个环节都配备专业技术团队支撑，有效地运转好、维护好灾备系统。针对各个应用机构生产系统的快速变更，农信银云灾备平台按需重新组合各类资源，快速适应生产系统的变更，无须重复投入和浪费资源。同各家应用机构自建相比，可大幅降低异地灾备系统建设资源和管理维护方面的投入成本。

（二）技术共享，提升科技实力

农村中小金融机构不同于其他大型商业银行，法人为独立制，业务系统也多是各具一格，完成灾备建设需要同步的数据类型更是繁杂多样，尤其是灾备建设时刻还要和生产业务的变化保持一致，这就导致要完全按照监管要求限时内完成某些业务灾备系统建设，难度系数非常高。根据行业调研，像农村中小金融机构生产业务出现的 LOB 字段、XML 等复杂数据类型，以及数据联邦、全量同步、DDL 等特殊场景，很难高效实现基于数据库的异地同步，尤其是要同时满足这些同步要求更是困难。农信银云灾备平台利用积累多年的数据同步技术经验，探索解决同步难点的新路径，强化技术研发投入，形成有效解决上述难题的数据同步技术方案，并已成功应用于多家机构，同时探索形成从选型、测试、实施、应用、上线、维护等一体化的数据同步方法论体系，打开灾备领域同步建设的新局面。农村中小金融机构再有类似的数据同步需求，不需要投入大量研发精力和成本，只需应用农信银云灾备平台即可获得相关服务，通过技术共享可全面提升部分农村中小金融机构的信息科技实力。

（三）经验共享，提高投产效率

共享云服务模式下，异地灾备系统技术及管理经验均为共享，尤其是经过多年的数据同步案例积累，农信银云灾备平台上已沉淀了大量数据同步技术方案经验，同时已建立起包括前期交流、需求调研、方案选型、测试实施、定制开发、数据比对、上线运行、实时监控、运行维护、应急演练、优化升级等一体化的应用服务流程。农村中小金融机构有新增异地灾备系统需求或已有异地灾备系统有升级变更需求，借助农信银云灾备平台经验案例知识库及经验丰富的专业技术团队即可快速实现。2017 年，农村中小金融机构部分外围业务系统通过农信银云灾备平台最快实现了 1 周测试，为农村中小金融机构灾备服务的快速应用开了先河。

有鉴于此，共享云服务模式对农村中小金融机构及农村金融科技的发展均起着正向推动作用。从行业发展的角度，云计算技术的应用已列为银行业信息科技"十三五"规划的重点工作之一；从银行科技发展的角度，在金融科技持续创新的大背景下，需要强化对外提供云计算、大数据等新兴技术服务能力；从银行机构发展的角度，在银行"传统金融"业务基础上，快速发展起"互联网金融"的新型业务模式，有相当一部分农村中小金融机构需要借助外部科技力量实现转型；从监管合规的角度，银行业业务连续性的建设，尤其是灾备体系建设势在必行，未来双活、多活架构势不可挡，是用活灾备的另一种形态。所以，农村金融科技可以借助共享云服务模式，加快对新兴技术的研究、规划及应用，通过技术共享、人员共享、经验共享、信息共享、安全共享实现农村金融科技的新发展。

四　农村金融科技未来展望

云计算、大数据、人工智能及物联网技术的快速发展和联合应用奠定了科技的智能化发展格局，是农村金融科技实现"智慧＋"发展的关键。但这些新兴技术由于其本身带有技术难度高、更新速度快、实践案例少、前沿投资多、应用风险高等特征，致使一些规模和可支出成本有限的农村中小金融机构很难领先尝试，甚至是在相当长的一段时间内都难以应用或应用不当，这方面都是国内大型商业银行占有绝对优势。在短期，部分农村中小金融机构看似可以稳步发展，但从长远发展的角度来看，部分农村中小金融机构与时代快节奏的发展步调不一致，没有强大的特点吸引用户流向，或发展路线与用户需求不匹配，长此以往，用户必然流失，业务量也将下滑，导致金融企业逐渐失去核心竞争力，甚至有些中小金融机构将逐渐被淹没在金融市场的科技浪潮中。

金融科技共享合作会降低农村中小金融机构的技术成本，实现轻化、个性化发展，也符合银行业"十三五"规划的发展方向，更会提升一些农村中小金融机构的金融科技综合实力，促进农村金融体系整体向前健康发展。

（一）农村金融科技共享模式

展望未来，有四种模式将是推动农村金融科技"智慧＋"发展的关键：以云计算技术为依托的"平台共享"、以大数据分析技术为依托的"数据共享"、以人工智能技术为依托的"体验共享"和以物联网技术为依托的"感知共享"。

1. 以云计算技术为依托的 "平台共享"

中国信息通信研究院发布的《云计算发展白皮书（2018 年）》数据显示，2017 年我国云计算整体市场规模达 691.6 亿元，增速为 34.32%。公有云市场规模保持快速增长态势，到 2021 年预计达到 902.6 亿元，这说明云计算技术的应用正在迅速扩展期。中国人民银行发布的《中国金融业信息技术 "十三五" 发展规划》要求稳步推进系统架构和云计算技术应用研究。银行业 "十三五" 规划指出，"十三五" 末期，面向互联网场景的主要信息系统尽可能迁移到云计算架构平台。互联网金融业务强调速度和敏捷性，具有高弹性、海量数据规模等特点，适合分布式这种灵活度高的架构构建，所以云计算技术在金融领域将有很大的应用规模和很好的市场前景。农村中小金融机构可以联合探索建立共享的行业云服务平台，发挥技术集约效应，为快速支撑智能化业务的新需求提供基础资源环境支撑。

2. 以大数据分析技术为依托的 "数据共享"

"数据＋预测" 促进服务模式向 "主动" 转型。金融科技的发展已助推用户行为模式的转变，如何精准掌握用户动向、吸引用户流向事关农村金融科技未来发展方向及业务创新模式。中国支付清算协会金融大数据应用研究组编制并发布的《大数据在金融领域的典型应用研究》白皮书数据显示，以银行业为例，目前中国单家股份制商业银行累计的数据已经达到上百 TB。波士顿咨询的调研表示，银行业每创收 100 万美元，平均就会产生 820GB 的数据。因此，充分利用并发挥农村中小金融机构已积累的和实时产生的庞大数据资产价值，可以有效推动农村金融科技和农村地区业务需求的完美匹配，更是农村中小金融机构发展战略不可或缺的手段之一。中国人民银行印发的《中国金融业信息技术 "十三五" 发展规划》指出，鼓励和引导金融机构结合自身实际，开展大数据应用创新，助力自身业务发展和管理模式创新。所以，建立农村中小金融机构共享的大数据分析平台是农村金融科技的发展趋势之一，联合挖掘数据价值，对农村地区用户实现数字化洞察，预测行为及需求走向，进行精准定位、多维分析，从 "用户找上门" 转变为 "上门找用户" 的精准营销，实现服务模式由 "被动支撑" 向 "主动引领" 模式的贴心转变，助力健全适合农业农村特点的农村金融体系。

3. 以人工智能技术为依托的"体验共享"

人工智能的兴起和商用助推了金融科技的智慧转型，智能化可以丰富用户体验场景。2017 年 7 月，国务院印发的《新一代人工智能发展规划》提出了发展智能金融，要创新智能金融产品和服务，发展金融新业态；鼓励金融行业应用智能客服、智能监控等技术和装备。"人机交互＋智能学习"可以实现部分业务的便捷、高效服务，为用户带来更好的体验。农村中小金融机构未来可以联合建立共享的智能服务平台，并且可以和大数据分析平台相结合，将业务场景智能化、数字化，丰富用户服务产品，如产品助理、客服助理、决策助理等。

4. 以物联网技术为依托的"感知共享"

物联网环境下，人与人、人与物、物与物之间均有感知、均可沟通交流。《2016—2017 年中国物联网发展年度报告》显示，中国物联网产业规模从 2009 年的 1700 亿元跃升到 2016 年的 9300 亿元，预计到 2020 年产业规模将超过 1.5 万亿元。这说明物联网技术在逐渐成熟、快速发展和大规模应用。将物联网技术应用到共享金融云平台中，可以实时、动态、真实、全面地采集到整个金融业务链的各个环节、各个元素的数据，结合大数据分析技术、机器学习技术，就可以将这些数据进行整合分析，比如建立风控模型，分析监测数据是否在监管要求的范围内，动态监控数据的合理性、合规性，实现动态监管；也可建立智能评估模型，综合采集个人或企业的信用数据，360°整合分析，评判融资或信贷的相关资格和风险；还可以助推无人超市的发展，超市内任何物品只要被消费者带出，这些物品消费记录自动和消费者信用卡或其他信用凭证相关联，消费者在一定期限内进行还款，实现智能支付。

（二）共享智慧金融服务平台架构

农村中小金融机构未来在保持现有关键业务的基础上，可将一部分拓展业务考虑以共享合作的服务模式，共享应用以云计算技术为基础的共享服务平台，联合研究并应用云计算、大数据、人工智能和物联网技术，实现平台共享、数据共享、体验共享和感知共享，从而实现智慧金融服务共享。共享智慧金融服务平台架构可如图 1 所示，农村中小金融机构共享智慧金融服务平台在资源、平台、技术、数据、标准、服务等方面可实现共享。

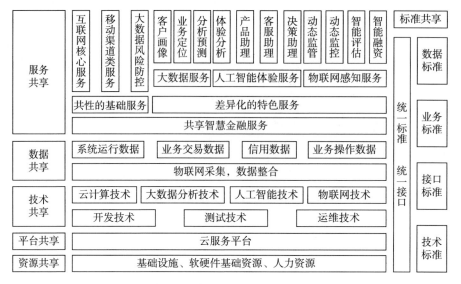

图 1 农村中小金融机构共享智慧金融服务平台架构

资源共享方面，包括支撑平台运行的机房、电力、空调、门禁等基础设施，主机、存储、网络、安全、数据库等软硬件基础资源，以及系统开发人员、测试人员、运维人员、管理人员等人力资源。

平台共享方面，主要是指云计算平台，为大数据技术、人工智能技术、物联网技术的实现和应用提供足够的计算能力。

技术共享方面，一方面包括实现平台建设的云计算技术，支撑智能化服务的大数据、人工智能及物联网技术；另一方面包括上述技术实现和农村中小金融机构对接落地过程中涉及的开发、测试、运维等技术。

数据共享方面，主要是指共享智慧金融服务平台运转过程中产生的各类数据，包括系统运行数据、业务操作数据、业务交易数据、信用数据等，可以借助物联网技术，强化数据采集的实时性、全面性。

服务共享方面，主要是指共享智慧金融服务，包括共性的基础服务和差异化的特色服务。其中，共性的基础服务侧重于基于互联网模式的核心业务、基于移动模式的渠道类业务以及基于大数据技术实现的风险防控系统；差异化的特色服务，即可以为农村中小金融机构提供针对其地域、业务、用户特点而定制开发的个性化服务，如基于大数据技术可实现客户画像、业务定位、分析预测，基于人工智能技术的体验分析、产品助理、客服助理、决策助理等，基于物联网技术的动态监管、动态监控、智能评估、智能融资等。

共享智慧金融服务模式下，既能提高农村中小金融机构的整体服务水平，降低共性技术的投入成本，又能保持各农村中小金融机构之间的差异化、特色化发展。

五　结论

本文首先通过对农村金融业务需求转变、新兴技术助推金融科技发展、农村地区支付行为改变、农村中小金融机构与国内大型商业银行运营及科技管理的差异等方面进行简要分析，总结归纳了农村金融科技目前面临的形势和发展趋势。接着以农村中小金融机构业务连续性体系建设需求为引，说明在金融业务快速发展情况下，部分农村中小金融机构因运营、资金及人力方面受限需要通过借助共享服务云平台实现异地灾备系统的建设。再以农信银资金清算中心云灾备平台为例，介绍共享云服务模式在为农村中小金融机构构建异地灾备系统时，在节约成本、提升实力、提高效率方面的成效，说明共享云服务模式在农村金融科技发展中有很大的助推作用和实践意义。最后从发展格局、体系架构、关键技术等方面对农村金融科技的未来发展进行展望，提出农村中小金融机构共享合作服务模式的体系架构，并指出云计算、大数据、人工智能、物联网技术在共享金融云服务中的应用模式，为农村金融科技的发展提出了很好的实践参考建议。

量化投资的实证研究与分析展望

杨　波[*]

摘　要　本文以一个典型的机器学习量化策略入手，通过分析其中的股票、期货投资情况，对目前流行的量化投资策略进行了回顾、分析与展望。该策略依托量子金服的 QuantDesk 平台，参考了东方证券发布于 2015 年 6 月 26 日的研究报告《单因子有效性检验——多因子选股模型的基石》，选取多个有效因子，结合多品种策略（股票、期货），采用机器学习的集成算法，在 2018 年 6 ~ 9 月贸易战背景下进行了实证研究。此文同时对比了目前主流量化投资策略，并对量化投资的结果进行了分析，结果表明，机器学习投资策略效果受贸易战影响极大，需要引进舆情分析或预警系统，以便对于突发事件进行正确的处理，进一步说，人机耦合的复合策略乃至自动化人工智能，将成为量化投资未来的一个值得注意的方向。

关键词：量化投资；机器学习；多因子；多策略

一　引言

最近 10 年，量化投资（Quantitative Investing）已成为全球资本市场发展的重点。随着大数据、人工智能的迅猛发展，量化投资已成为第三大主流方法，与基本面分析（Fundamental Analysis）、技术面分析（Technical

---

* 杨波，光学工程博士，主要研究方向为模式识别、人工智能、数据挖掘、量化投资。

Analysis）并称。量化投资由于业绩稳定，市场规模与份额不断扩大。

所谓量化投资是指通过建立数学模型，采用公开数据，挖掘公开市场信息，从而取得战胜市场的投资手段。

首先，量化投资由于采用计算机技术，大大节省了人力，有效的量化模型可以复制多个产品，而且也可以增加单个产品规模，所以容易冲规模。世界最大资产管理公司贝莱德（BlackRock）在 2018 年 10 月 16 日公布财报，旗下资产超过 6.4 万亿美元；12 年前，贝莱德集团与美林证券于 2006 年 2 月 15 日宣布双方已达成协议，将美林投资管理公司（MLIM）与贝莱德集团合并，成为全球规模最大的资产管理公司，管理将近 1 万亿美元的资产。短短 12 年，增长超过 5 倍，令人瞩目。

其次，量化投资可以利用量化对冲构建与市场涨跌无关的产品，并制定市场中性策略，适用于保险基金等追求稳健回报的大型机构客户。该产品的代表性公司就是目前世界上最大的对冲基金 Bridge Water。近日，最引人注目的消息是，2018 年 6 月 29 日，Bridge Water 基金在中国证券投资基金业协会完成了私募基金管理人注册登记，正式成为境内私募管理人，标志着其在华私募业务正式起步。

量化分析的不足在于，该分析很大程度上是以观测到的市场价格的历史关联性和走势为基础，其基础源于市场短期对于均衡价值的偏离或估值无效，在突如其来的外部冲击或市场结构化改变时常常失效，最典型的案例莫过于 LTCM。

前文的量化体系较多的是传统技术指标的量化，在此基础上，基于国内 A 股市场的管制环境和脉冲性特点，结合基本面分析、组合管理和风险控制的专家经验等的嵌入，有助于提升拐点时刻的量化系统的鲁棒性。

典型的，对于个别技术指标体系量化结果导致的个股、行业和风格资产集中度过高，可以用简单的分散度要求予以平衡，实际上公募基金要求的双 10%，即为典型的控制阀值。就量化体系的未来而言，很大程度上需要按照适应性市场假说的要求，不断增强和内生化专家知识，动态跟踪、调整和优化量化系统，可能是未来之路。

从动态跟踪、调整和优化量化系统角度来看，机器学习是目前应用较多的方法之一。它包含监督学习和非监督学习两类，监督学习是使用者

（教师）给出特征（问题）和标签（答案），算法（学生）通过数据挖掘，找出规律，据此用新的特征（问题）给出新的标签（答案）。非监督学习没有标签（答案），仅由算法（学生）根据特征（问题）自行寻找标签（答案）。监督学习因学习效果好，应用广泛。此文中所应用的是监督学习，包括广义线性模型、支持向量机、决策树、自适应增强树、梯度提升决策树、随机森林、K 最近邻算法、神经网络等。

广义线性模型（Generalized Linear Model）是线性模型定义的扩展，通过连接函数建立特征和标签的关系，本质是一种降维方法，但在异或问题的解决上存在局限（二维的异或问题无法用一条直线解决）。

支持向量机是增加维度来建立特征和标签的关系的方法，二维的异或问题可以通过升维，用截面将此问题解决（线性核除外）。

决策树是通过特征逐步区分确定标签的办法，逻辑上可以用一组 if、else 关系表达，与人类日常思维较为接近，生成决策树的根本原则是节点分裂后信息增益最大，可以很好地解决异或问题。

自适应增强树以串行方法对弱学习得到的弱分类器错误进行适应性调整，以此确定特征和标签的关系。

梯度提升决策树是通过串行方法将众多决策树组织起来，以此确定特征和标签的关系。

随机森林顾名思义是由众多决策树组成的森林来确定特征和标签的关系，多棵决策树用并行方法集成得到随机森林。

K 最近邻算法建立在如下假设之上：每个样本对应的类别应当与其周围 K 个邻居有关，由此可以建立特征和标签的关系。

单个神经元相当于一个线性模型，无法解决异或问题等非线性问题，但是通过将多个神经元层层连接，由此得到含隐藏层的神经网络，由此可以建立特征和标签的关系。

机器学习策略流程如图 1 所示。

图 1　机器学习策略流程

机器学习与多因子、多品种结合是本文的关注点，由于机器学习是对历史的总结，在预测未来时，我们要保持敬畏，这不仅需要进行回测，在策略实际运行时，需要对于组合的实时持仓、交易进行充分掌握和分析，对于风险要十分警惕，而且预测只能是短期有效，时间放长则要考虑事件冲击与市场的自组织性。

上面的想法来源于布朗运动，1827 年英国植物学家布朗用显微镜观察悬浮水中花粉时发现，小颗粒花粉在水中不规则运动，这就是布朗运动，布朗运动是小颗粒花粉受到周围水分子不平衡碰撞导致的。1900 年，法国数学家巴契里耶完成了自己的博士论文——《投机理论》，他认为市场价格反映在全时域上，但事件与价格变动无相关性。股价受到投资者买卖影响而呈现的波动可以类比于布朗运动，波动振幅与时间的平方根、温度成正比，波动振幅与粒子的质量成反比，如果将估值与温度、市值与粒子的质量做类比，可以做一些有趣的讨论。

从热力学第二定律的角度看，布朗运动波动振幅与时间的平方根成正比，是符合熵增原理的，因为不确定程度越来越大。而不确定程度又与风险存在关联，这样我们就可以将上述概念联系起来，这将被用于本文的理论分析。

严格以布朗运动比照股市并不完全可取，布朗运动的理论分析只针对短期效应，因为投资者买卖影响受制于任何意想不到的事件，行为金融学把引发股市调整事件称为"最后一根稻草"，任何事件都可能引发转折，而时间放长，市场的自组织性会抹平布朗运动的一些特征，面对这些风险，仓位控制、战略配置是可行之道。

二　主体

作者自 2015 年开始关注量化投资，从分析 Matlab 到 Python 开发的策略，有幸见证了最近 3 年量化投资的发展，依托量子金服的 QuantDesk 平台参加了 2018 年 6 ~ 9 月的模拟实盘比赛，对于量化投资策略有了更为直观的感受，现将相关技术手段与结果介绍如下。

作者在平台上对下述策略进行了回测：海龟交易策略、机器学习选股、史蒂芬·路佛价值选股策略、彼得林奇基层调查选股、双均线策略、VOL 指标选股策略、股指期货趋势突破策略、商品期货跨品种套利、SMART Beta 策略、戴维·波伦价值选股、彼得林奇 PEG 估值法投资选股、形态反转法、MTM 指标、MACD 策略、乖离率、罗伯特－巴卡雷纳成长型投资法、羊驼策略、迈克尔·喜伟收益型投资法、理查马文价值导向选股法则、Bolling Band 策略、Dual Thrust 策略、Kauffmann 新上市股投资策略、OBV 策略、RSI 策略、查尔斯·布兰德斯选股法则、罗伯·瑞克超额现金流选股、三一投资管理公司选股法则、基于股票短期动量效应的投资策略、基于 Beneish 模型增强选股、STOCH（KD 线）策略、均值回归（BIAS）策略、多因子选股策略、股值期货对冲 alpha 策略等（策略的相关介绍，参见附录 A）。

机器学习与多因子相结合，主要基于模型形式相似性的考虑。多因子的本质是回归，监督学习中有一大类也是回归，这就为模型之间的联系带来了基础，机器学习非线性算法，因子提取引入正则化，参数优化对于预测强化均有促进作用。

回测时间为 2016 年 6 月 30 日 ~ 2017 年 1 月 1 日，之所以选这段时间，是因为当年经历了英国脱欧公投、法国尼斯恐袭、G20 峰会、人民币加入 SDR、人民币贬值、美国大选、OPEC 达成减产协议、美联储加息事件等，国内外发生不确定性事件较多，这与预估的贸易战大背景的不确定性有所相似，而且机器学习策略相对其他策略较稳，但是从事后来看，对于贸易战风险估计不足，这充分暴露了投资者与投资策略的不足之处，也给了日后在策略中引进舆情分析等最新分析手段，提供了一定启迪。2016 年重要事件与中国上证综指行情图解见图 2。

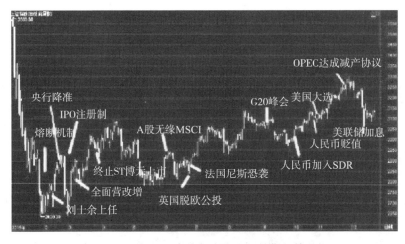

图 2　2016 年重要事件与中国上证综指行情图解

（一）半年本地回测结果

借助量子金服的 QuantDesk 平台得到的回测结果见表 1。

表 1　2016 年 6 月 30 日～2017 年 1 月 1 日回测结果

策略名	年化收益率	夏普比率	最大回撤
基于 Beneish 模型增强选股	0.896%	1.084	-3.6%
Bolling Band 策略	1.061%	0.374	-2.2%
罗伯·瑞克超额现金流选股	-0.932%	-2.126	-0.6%
三一投资管理公司选股法则	-0.932%	-2.126	-0.6%
史蒂芬·路佛价值选股策略	-5.521% ~ -1.747%	-1.153 ~ -0.355	-4.4% ~ -3.5%
查尔斯·布兰德斯选股法则	-1.356%	-0.057	-25.7%
股票价格形态分析 - 贝叶斯岭回归	-8.425%	-1.33	-5.5%
股票价格形态分析 - LassoLarsIC 回归	-8.035%	-1.573	-5.2%
股票价格形态分析 - 向量机回归	-10.992%	-1.847	-7%
股票价格形态分析 - 岭回归	-10.002%	-0.412	-27.6%
股票价格形态分析 - Lasso 回归	-6.786%	-1.089	-4.6%
股票价格形态分析 - 随机梯度下降回归	-12.222%	-2.244	-7.8%
梯度提升决策树选股策略 - 多因子	1.648% ~4.714%	0.813 ~1.45	-1.7% ~ -1.4%
自适应增强树选股策略 - 多因子	2.001%	0.713	-2%
自适应增强树选股策略 - 多因子	7.579%	2.389	-1.2%
自适应增强树选股策略 - 多因子	7.124%	1.762	-2%
自适应增强树选股策略 - 多因子	0.498%	0.15	-2.7%
K 最近邻投资策略 - 多因子	4.12% ~6.538%	1.599 ~4.203	-1.6% ~ -0.9%
随机森林投资策略 - 多因子	1.247%	0.347	-3.1%
LightGBM 投资策略 - 多因子	5.104% ~5.299%	1.34 ~1.527	-2.2% ~ -2%
ExtraTree 选股策略 - 多因子	2.857%	2.245	-1%
Bagging 集成算法选股策略 - 多因子	4.12%	1.599	-1.6%
决策树算法 - 多因子	2.857%	2.245	-1%
神经网络算法 - 多因子	2.857% ~3.37%	2.245 ~11.213	-1% ~ -0.3%
线性回归 - 多因子	2.379%	1.051	-1.2%
XGBoost 高频 5 分钟 - 多因子	4.745%	1.437	-1.3%
XGBoost 高频 1 分钟 - 多因子	5.485%	1.746	-1%

策略名	年化收益率	夏普比率	最大回撤
XGBoost 日频－多因子	1.86%～4.586%	0.683～1.375	－3%～－1.4%
Dual Thrust 策略	7.065%	1.677	－1.8%
控制回撤	2.858%	2.247	－1%
彼得林奇 PEG 估值法投资选股	4.319%	1.433	－2%
均值回归（BIAS）策略	2.86%	0.67	－2.4%
SMART Beta 策略	3.502%～6.724%	1.138～1.785	－2.5%～－2.3%
羊驼策略	2.917%	2.212	－1.1%
MTM 指标	1.849%	0.403	－3.4%
形态反转法	－7.145%	－1.422	－4%
多品种－冉冉上升形态策略（高频）	8.706%	1.162	－3.1%
多品种－冉冉上升形态策略（日频）	3.063%～3.975%	0.686～0.775	－3.3%～－3.1%
多品种－史蒂芬·路佛价值选股策略	3.614%	0.634	－3.8%
多品种－彼得林奇基层调查选股（高频）	14.422%	2.32	－3.1%
多品种－彼得林奇基层调查选股（日频）	3.28%	2.433	－0.9%
多品种策略（日频）	2.279%～4.946%	0.824～1.555	－2.4%～－1.9%
多品种策略（高频）	7.202%	2.435	－1.7%
股值期货对冲 alpha 策略	1.184%～6.986%	2.349	－1.7%
股指期货趋势突破策略	2.508%	2.04	－1.1%
彼得林奇基层调查选股	2.832%	0.537	－3%
VOL 指标选股策略	－3.493%	－0.939	－3.3%
双均线策略	－1.978%	－0.496	－2.8%

分析表 1，可以得到如下结论：

（1）就单一策略来说，机器学习量化投资多因子策略，年化收益率及相关指标略优于其他量化策略；

（2）但是基于机器学习的股票价格形态分析，年化收益率及相关指标并不比其他策略好；

（3）多品种策略，由于同时有期货和期权投资，年化收益率优于单一品种策略；

（4）高频策略优于低频策略。

（二）在线实测

基于上述四点结论，作者采用了多品种策略（机器学习和其他策略）参与了随后的实测。实测结果见表2。

表2　2013年1月1日~2018年9月9日实测结果

策略名	年化收益率	夏普比率	最大回撤
多品种－自适应增强树选股策略－多因子（无期权）	10.19%	0.92	14.01%
多品种－梯度提升决策树选股策略－多因子（无期权）	16.60%	1.21	9.47%
多品种－梯度提升决策树选股策略－多因子（有期权）	13.21%	1.14	13.00%
多品种－随机森林选股策略－多因子	4.18%	0.55	13.64%
多品种－K最近邻选股策略－多因子	1.50%~1.80%	0.26~0.45	7.60%~13.48%
多品种－Bagging集成算法选股策略－多因子	1.70%	0.45	7.60%
多品种－彼得林奇基层调查选股（日频）	1.60%~2.50%	0.14~0.23	20.70%
多品种－羊驼策略	0.00%	0.00	61.80%
彼得林奇基层调查选股（日频）	-4.10%	-0.41	47.20%

根据年化收益率结合竞赛要求，选择了多品种－自适应增强树选股策略－多因子（无期权）、多品种－梯度提升决策树选股策略－多因子（无期权），为简化，仅对多品种－自适应增强树选股策略－多因子（无期权）进行介绍，另一个组合投资风格更激进一些。

1. 多品种－自适应增强树选股策略－多因子（无期权）：初始2亿元资金（1亿元股票，1亿元期货）

从表3和表4可以看出，2013~2018年策略经历牛熊市，表现较为稳定。2018年6~9月尽管经济形势严峻，策略表现仍然稳定。

表3　组合情况（2013年1月1日~2018年9月9日）

净利润（元）	总收益率（%）	年化收益率（%）	最大回撤（%）	夏普比率	波动率（%）
172169613.556	57.39	10.19	14.01	0.9246	9.07

表 4　分资产情况（竞赛期间 2018 年 6 月 19 日～9 月 9 日）

单位：元

账户类型	当前权益	可用资金	盈亏	持仓市值
证券	270666513.511	221786999.6509	－17396590.924	48879513.86
期货	99892776.2502	99892776.2502	0	0

从表 5 中 58.16% 的胜率可以看出该策略是可行的。

表 5　业绩分析（2013 年 1 月 1 日～2018 年 9 月 9 日）

复合年化 收益率（%）	买入数 （只）	卖出数 （只）	年化换手率 （%）	手续费（含印花税） （元）	手续费占比 （%）	胜率 （%）
8.39	1167	1167	308.496	37064535.1911	17.71	58.16

从图 3 可以看出，主要的收益和风险来自股票，期货交易量相比于股票可以忽略不计。

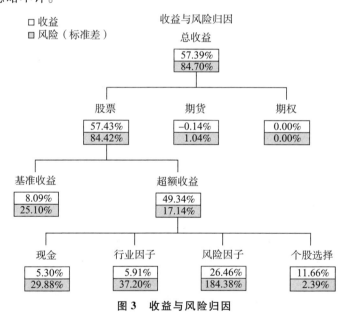

图 3　收益与风险归因

从图 4 可以看出，组合收益主要来自 2014 年和 2015 年，其后股票收益增长放缓，2018 年由于受贸易战影响，收益下降。

从图 5 可以看出，2015～2016 年股灾和 2018 年贸易战时期净值下降，回撤上升，其他时间策略表现非常稳定。

从图 6 可以看出，品种贡献度中股票收益占绝大多数。

从图 7 和图 8 可以看出，2018 年 6 月以后，由于贸易战爆发，6 月、7 月、8 月三个月损失惨重，9 月由于利空出尽，月收益率才扭转。

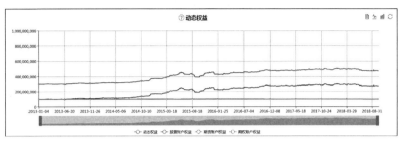

图 4　动态权益

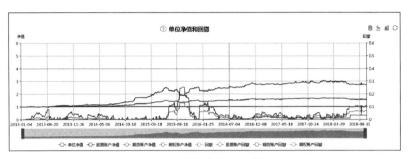

图 5　单位净值和回撤

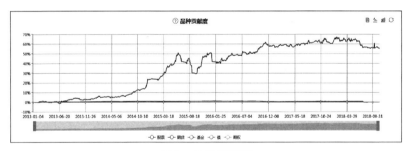

图 6　品种贡献度

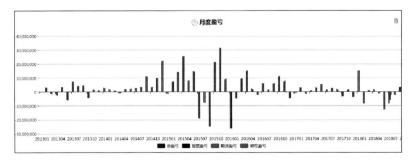

图 7　月度盈亏

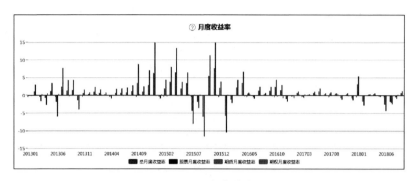

图 8　月度收益率

从年度收益率可以看出（见图 9），只有 2018 年股票、期货收益率为负，原因是受贸易战影响。

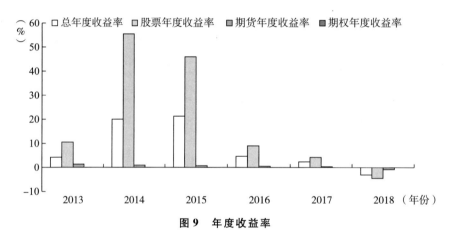

图 9　年度收益率

机器学习选股从本质上说，选取中小盘股的概率大，因中小盘股赚钱效应逐年递减，而收益率变化反映了这一趋势，从年度收益率的变化情况看，经常需要对收益率予以关注，以便及时调整策略。

从布朗运动的角度分析，粒子质量与其振幅成反比，将市值与粒子质量类比，一般情况下投资者投资中小市值股票很可能会获得更高的收益，因为中小市值股票数量众多，赢面较大，与此同时，企业在基数较低时扩张会更容易，虽然风险也较大，从基本面角度分析也有类似结论。

另外，振幅与温度成正比。对于股市而言，估值与市场热度正相关。当市场比较热时，投资者将不得不面对估值较高的市场，就算是垃圾股也很可能会处于高位。如果希望等待市场热度降低再去投资,固然规避了垃圾股高位的风险,但这将失去投资机会。高估值虽然也面临估值下调的风险,但正是因为承担了风险,投资者才有机会获得分享企业成长的收益。

从图10中可以看出,策略会根据市场环境动态分配资产。

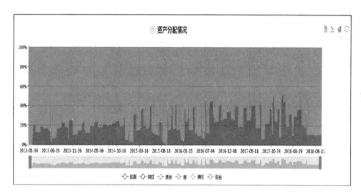

图10 资产分配情况

2. 股票分析

从表6可以看出,对比不同的基准,策略的超额收益较为稳定。

表6 自然年份超额收益

单位:%

自然年份	对比沪深300指数年超额收益率	对比中证500指数年超额收益率
2018	17.62	29.35
2017	−17.67	4.30
2016	20.31	26.81
2015	40.36	2.82
2014	3.99	16.65
2013	18.35	−6.18
累计总超额收益率	148.02	146.26
复合年超额收益率	17.50	17.35

从图11可以看出,策略的超额收益表现很稳定,当市场急剧下跌时,能够保持相对平稳的趋势,牛市时也可以跟上市场的上涨趋势。

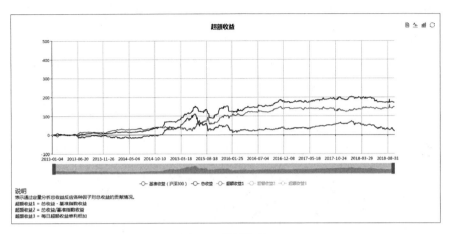

图 11 超额收益

用 10 个风险因子（见图 12）描述市场价格波动风险的主要来源，一般的，股票持仓采用与基准对应的股指期货进行对冲，因此相对基准的风险因子敞口越大，风险越高。一般风险因子的敞口用标准差的倍数描述，持仓组合数量较多，控制严格的组合的风险因子敞口通常在 0.5 个标准差左右。完全无风险对冲会影响整体长期收益，因子投资管理人会根据其对市场的理解对风险因子敞口进行放开限制。行业偏差（见图 13）反映了经过 2017 年全年的全市场机器学习，目前的投资策略已经略微转向大盘股。从 2017 年的年收益率也可以看出这一趋势。

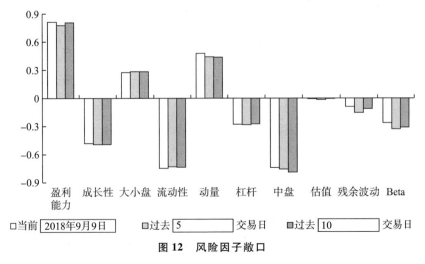

图 12 风险因子敞口

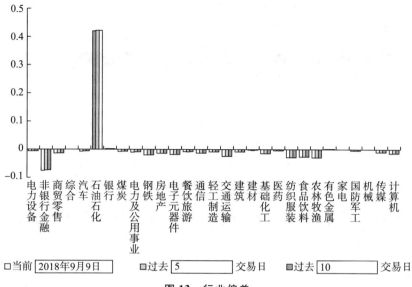

图 13　行业偏差

3. 期货分析

从图 14 中可以看出，期货策略以做空为主，并且可以获得利润。

统计指标	全部交易	多头	空头
净利润	212675.85	-2389.19	215065.03
总盈利	721963.98	8230.16	713733.82
总亏损	-509288.14	-10619.35	-498668.79
总盈利/总亏损	1.42	0.78	1.43
交易手数	941	70	871
盈利比率	42.61%	42.86%	42.59%
盈利手数	41	3	38
亏损手数	54	4	50
持平手数	0	0	0
平均利润	226.01	-34.13	246.92
平均盈利	767.23	117.57	819.44
平均亏损	-541.22	-151.70	-572.52
平均盈利/平均亏损	1.42	0.78	1.43
最大盈利	65351.07	4618.59	65351.07
最大亏损	-92686.02	-7632.66	-92686.02
最大盈利/总盈利	0.09	0.56	0.09
最大亏损/总亏损	0.18	0.72	0.19
净利润/最大亏损	-2.29	0.31	-2.32
最大连续盈利手数	70	20	70
最大连续亏损手数	110	30	90
最大使用资金	1848200.46	0.00	0.00
最大持仓手数	50	30	50
交易成本合计	0	0	0

图 14　期货分析

从图 15 中可以看出，回撤在可以承受的范围内，用以保证账户安全。

最大资产回撤值比率（按Bar收盘计算）	
回撤值/前期高点	3.51%
净利润/回撤值	-3.43%

图 15　最大资产回撤值比率（按 Bar 收盘计算）

从图 16 交易分析上看，期货策略是赚钱的，赚得不多的原因是，交易手数不多。

交易分析			
统计指标	全部交易	盈利交易	亏损交易
交易手数	95.00	41.00	54.00
平均利润	226.01	767.23	-541.22

图 16　交易分析

从图 17 盈亏分析上看，最大盈利时间发生在 2013 年，最大亏损时间发生在 2016 年，反映了期货策略在这几年效益下降，需要在后续继续改进。

盈亏分析		
统计指标	盈利	亏损
平均浮动盈亏	4080.79	-3799.78
最大单次浮动盈亏	31020.00	-29630.00
发生时间	20130422	20161115
最大交易盈亏	65361.07	-92696.02
最大交易盈亏/总盈亏	0.09	0.18
最大连续盈亏	209932.74	-1096.71
最大连续盈亏/总盈亏	0.29	0.00

图 17　盈亏分析

从图 18 上看，期货策略在这几年效益下降，2016 年发生最大亏损导致表现不佳，2018 年的亏损则主要是因为受贸易战的影响。

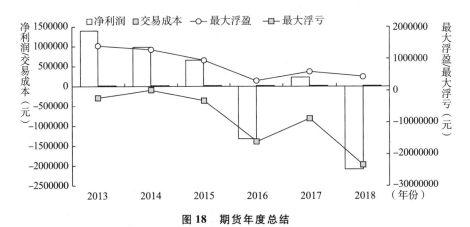

图 18　期货年度总结

从图 19 可以看出，年度收益为负的主要原因是 7 月收益为负。

从图 20 可以看出，2017 年之所以期货收益为正，与 2017 年 2 月赚钱有关，但自此之后，此策略的表现一般，需要后续改进策略。

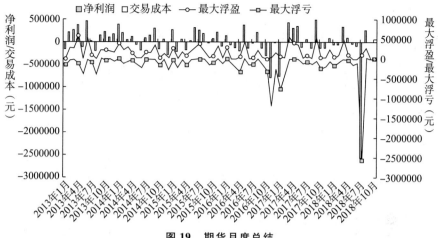

图 19　期货月度总结

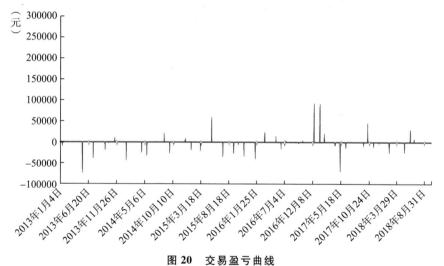

图 20　交易盈亏曲线

从图 21 可以看出，图中的极大、极小值点恰好发生在 2017 年，说明当年的策略表现不稳，从策略维护的角度看，此时需要对策略进行改进。

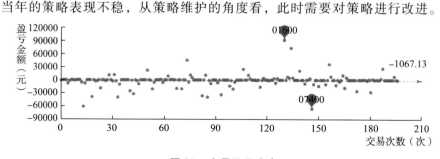

图 21　交易盈亏分布

从图 22 可以看出，2018 年 7 月期货交易保证金占用上升，反映了 2018 年 7 月期货策略由于受贸易战的影响而发生问题。

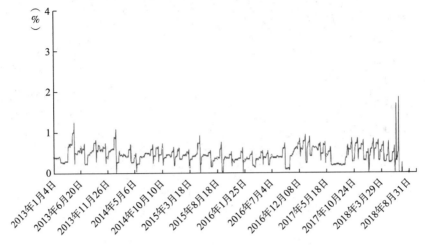

图 22　期货账户保证金占用情况

从图 23 可以看出，2018 年 7 月净敞口暴露下降，从另一个角度反映了贸易战给期货策略带来的风险。

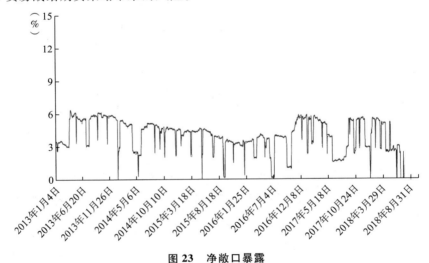

图 23　净敞口暴露

从图 24 可以看出，受贸易战的影响，沪深 300 指数呈下降趋势。

表 7 是 2018 年周收益率情况，由于比赛周记录，只记录前 30 名，因此部分周空缺。从表 7 中可以看出，由于没有引入证券池，机器学习收益率受大盘影响较大，盲目依赖算法进行全市场学习的结果必然是持仓散布

图 24 沪深 300 行情

于全市场，面对 2018 年的贸易战千股跌停的格局，只有从宏观经济角度考虑策略，才可以避免此风险。

表 7 周组合情况

日期	年化收益率（％）	最大回撤率（％）	夏普比率	波动率（％）	000300 行情涨跌
6 月 19 日～6 月 24 日	14.60	−13.00	1.24	9.40	跌
6 月 25 日～7 月 1 日	—	—	—	—	跌
7 月 2 日～7 月 8 日	−27.07	0.73	−6.21	4.36	跌
7 月 9 日～7 月 15 日	44.01	0.26	10.36	4.25	涨
7 月 16 日～7 月 22 日	−1.54	0.21	−1.00	1.53	涨
7 月 23 日～7 月 29 日	—	—	—	—	涨
7 月 30 日～8 月 5 日	−28.74	0.57	−12.55	2.00	跌
8 月 6 日～8 月 12 日	35.30	19.62	2.15	0.00	涨
8 月 13 日～8 月 19 日	—	—	—	—	跌
8 月 20 日～8 月 26 日	16.09	0.10	7.9237	2.20	涨
8 月 27 日～9 月 2 日	1.15	0.26	0.4583	2.52	跌
9 月 3 日～9 月 9 日	−6.38	0.29	−2.95	2.09	跌

表 8 中前 7 列为从 QuantDesk 选取的持仓数据，根据证券代码结合
Wind 的分析功能，可以对持仓进行分析，我们发现对个股个券分析可以对
策略运行中持股集中度进行分析，虽然按照比赛要求（尽量屏蔽其他操作
对策略的影响），我们是没有办法实现事中控制的。

但是在实际投资过程中，对持仓进行集中度分析，有利于消除投资过
程中的偏差，及时纠错。对于 AI 量化投资也有利于打开黑箱，实现一定程
度的耦合。

三　结论

（1）就单一策略来说，机器学习量化投资多因子策略的收益率及相关
指标略优于其他量化策略，且机器学习与多因子由于模型相似性，则因子
多样性、权重的灵活性降低了风险；

（2）但是基于机器学习的股票价格形态分析，收益率及相关指标并不
比其他策略好，原因是采用广义线性模型并不完全适应股票市场的非线性
特征；

（3）多品种策略，由于同时有期货和期权投资，收益率优于单一品种
策略，原因是组合投资可以降低投资风险；

（4）高频策略略优于低频策略，从布朗运动的角度看，随着时间的推
移，不确定性增大，则预测正确的概率变小，所以高频策略相较于低频策
略有优势，但是从另一个角度看，高频交易费用的增多，又存在一定的反
作用，孰优孰劣，还与外部大环境有关；

（5）单纯的机器学习算法必须辅以相关研究才能发挥最大的效力，比
如个券、宏观、因子等研究，这就是人机耦合的复合策略的想法，另外，
在策略运行过程中，对于持仓进行分析，有利于打开人工智能黑箱，实现
一定程度的互动；

（6）从风险的角度看，AI 策略并非万能灵药，它凭借遵守交易纪律，
消除了贪婪与恐惧带来的风险，但是其他风险，诸如外部事件的冲击、策
略本身的风险，则需要通过仓位控制、战略配置等手段解决；

（7）从长远的角度看，为了减轻投研人员的工作压力，NLP 对于自动
报告的处理，已经得到一定范围的应用，这也对持仓的分析和预警有一定

表 8 7 月 19 日持仓分析

名称	总持仓（只）	摊薄持仓成本（元）	浮动盈亏（元）	盈亏比例（%）	市值（元）	交易代码	行业	EPS（元）	PE（元）	PB（元）	自由流通股本（万股）	前十大流通股股东持股（万股）	户均持流通股数量（股）	机构持股比例合计（%）	市值占比（%）
万华化学	39700	-18.11	2831943	0	2112834	600309	聚氨酯	4.5667	11.6495	5.4444	142375.64	150893.28	21244	57.8864	2.09
汇金科技	763758	20.87	1724603	10.8	17665723	300561	软件开发	0.4057	57.0126	5.9259	5702.03	1114.75	5244	12.5416	17.48
中国国旅	75600	67.68	387223	7.6	5503680	601888	旅游综合Ⅲ	1.5223	47.8210	10.1000	87278.33	146009.49	62914	74.9564	5.45
康泰生物	3300	-24.71	321660	0	240108	300601	生物制品Ⅲ	0.4677	155.5519	35.7885	23970.13	4822.90	26422	29.3086	0.24
群兴玩具	481490	3.90	133106	7.1	2012628	002575	文娱用品Ⅲ	-0.0124	-338.1155	2.7599	32466.70	34074.25	26341	47.8025	1.99
艾德生物	4800	35.73	133057	77.6	304560	300685	生物制品Ⅲ	0.7122	89.2163	13.9696	3600.00	486.91	3597	17.8779	0.30
海川智能	8600	25.00	90961	42.3	305988	300720	仪器仪表Ⅲ	0.5458	64.5664	6.1390	1800.00	93.83	1404	0.6656	0.30
片仔癀	16500	124.44	18341	0.9	2071575	600436	中药Ⅲ	1.6455	76.3048	17.1014	25084.36	41232.18	10332	67.2549	2.05
中国中铁	783800	7.46	6917	0.1	5854986	601390	铁路建设	0.7285	10.1032	1.0667	621212.72	1460479.29	28603	83.0360	5.79

续表

名称	总持仓（只）	摊薄持仓成本（元）	浮动盈亏（元）	盈亏比例（%）	市值（元）	交易代码	行业	EPS（元）	PE（元）	PB（元）	自由流通股本（万股）	前十大流通股东持股（万股）	户均持流通股数量（股）	机构持股比例合计（%）	市值占比（%）
海天味业	98400	74.14	0	-1.4	7194024	603288	调味发酵品	1.3910	52.5611	15.2434	63390.35	224694.37	137044	65.5264	7.12
涪陵榨菜	9000	29.51	-9264	-3.5	256320	002507	食品综合	0.5895	48.3136	11.6820	40648.27	47186.10	28181	66.1402	0.25
莲花健康	36800	2.25	-11942	-14.4	71024	600186	调味发酵品	-0.0875	-21.9540	531.7784	93690.18	20077.75	11798	16.1200	0.07
达志科技	2120	51.86	-46879	-42.6	63070	300530	其他化学制品	0.7411	40.1560	4.5178	2107.42	609.15	2230	6.4103	0.06
双鹭药业	6100	44.97	-46929	-17.1	227408	002038	生物制品Ⅲ	0.8597	43.3270	6.2113	38405.98	23504.57	17016	29.8479	0.23
工商银行	743900	5.32	-67958	-1.7	3890597	601398	银行Ⅲ	0.8111	6.4484	0.9291	2156398.60	25698676.99	606307	95.9641	3.85
中公高科	15750	38.83	-124042	-20.3	487462.5	603860	路桥施工	0.7090	43.4581	3.7228	1668.00	214.57	2327	0.0000	0.48
沪宁股份	990	154.36	-131839	-86.3	20978.1	300669	楼宇设备	0.4496	47.0236	4.1111	2585.00	422.71	2780	1.4689	0.02
中国银行	1458700	3.57	-141997	-2.7	5061689	601988	银行Ⅲ	0.5936	5.8285	0.7530	2049395.67	20056117.44	376738	95.3629	5.01

续表

名称	总持仓(只)	摊薄持仓成本(元)	浮动盈亏(元)	盈亏比例(%)	市值(元)	交易代码	行业	EPS(元)	PE(元)	PB(元)	自由流通股本(万股)	前十大流通股股东持股(万股)	户均持流通股数量(股)	机构持股比例合计(%)	市值占比(%)
美思德	22260	24.77	-147568	-26.8	403796.4	603041	聚氨酯	0.4358	41.8298	2.5819	3211.75	2141.58	4106	18.8608	0.40
天铁股份	30	5358.00	-160207	-99.7	532.8	300587	其他橡胶制品	0.7133	24.9108	2.2029	4170.02	1292.16	3910	24.1809	0.00
纳尔股份	210	792.68	-163402	-98.2	3059.7	002825	其他塑料制品	0.2260	64.4356	3.6367	4092.34	508.49	2548	12.3959	0.00
安丰文化	180	979.46	-172692	-98.0	3610.8	002862	文娱用品	0.5365	37.0566	2.9358	2516.00	816.19	4626	40.8096	0.00
上海天洋	15460	33.20	-173377	-33.8	339965.4	603330	聚氨酯	0.4060	54.0884	2.8739	2631.70	833.06	3268	16.5162	0.34
晨化股份	700	270.84	-180631	-95.3	8960.0	300610	其他化学制品	0.4866	26.3063	2.8073	4974.16	1403.22	3768	24.6103	0.01
中信银行	898200	6.06	-192616	-3.5	5254470.0	601998	银行Ⅲ	0.8857	6.6047	0.7973	296623.58	3042843.08	212670	95.6321	5.20
艾艾精工	18090	28.28	-198574	-38.8	312957.0	603580	其他塑料制品	0.2931	59.0589	4.3745	3016.30	152.34	3326	1.2166	0.31
恒瑞医药	14000	89.44	-213371	-17.0	1038800.0	600276	化学制剂	0.9109	81.3502	17.0245	219161.71	207700.54	51876	77.3161	1.03

续表

名称	总持仓（只）	摊薄持仓成本（元）	浮动盈亏（元）	盈亏比例（%）	市值（元）	交易代码	行业	EPS（元）	PE（元）	PB（元）	自由流通股本（万股）	前十大流通股股东持股（万股）	户均持流通股数量（股）	机构持股比例合计（%）	市值占比（%）
诚邦股份	25290	18.23	-215262	-46.7	245818.8	603316	园林工程Ⅲ	0.3268	29.6773	2.4644	8274.27	1101.52	7186	0.0000	0.24
农业银行	946400	3.64	-217505	-6.3	3227224.0	601288	银行Ⅲ	0.5600	6.0894	0.8392	3543299.07	27283978.37	664356	93.5833	3.19
贵州茅台	4700	791.21	-250907	-6.7	3467801.0	600519	白酒	23.4542	31.4417	10.7541	44961.38	92842.36	12634	77.1952	3.43
天龙股份	7769	47.30	-251475	-68.4	115991.2	603266	其他塑料制品	0.5191	28.8597	2.6334	3500.00	319.64	4034	1.4000	0.11
中国太保	136100	33.73	-261873	-5.7	4329341.0	601601	保险Ⅲ	1.8112	17.5630	2.0358	323969.36	424029.80	59444	71.2731	4.28
格力电器	4800	107.70	-301699	-58.4	215280.0	000651	空调	3.9843	11.2566	3.8043	433729.05	279689.09	13717	54.4992	0.21
中国石油	602300	7.80	-311573	-6.6	4384744.0	601857	石油开采Ⅲ	0.1489	48.9059	1.1197	1277890.96	15947258.08	305466	98.5250	4.34
海康威视	8200	74.78	-318847	-52.0	294380.0	002415	电子系统组装	1.0562	33.9892	11.9949	317749.92	603757.53	57532	76.0192	0.29
万科A	11300	52.04	-334170	-56.8	253911.0	000002	房地产开发Ⅲ	2.5592	8.7801	1.8214	554628.88	625042.48	39127	66.5561	0.25

续表

名称	总持仓（只）	摊薄持仓成本（元）	浮动盈亏（元）	盈亏比例（%）	市值（元）	交易代码	行业	EPS（元）	PE（元）	PB（元）	自由流通股本（万股）	前十大流通股股东持股（万股）	户均持流通股数量（股）	机构持股比例合计（%）	市值占比（%）
亨通光电	101000	24.77	-341194	-13.6	2160390	600487	通信传输设备	1.2149	17.5975	3.9460	119854.79	47409.02	16110	22.6929	2.14
韶钢松山	33700	16.52	-341694	-61.4	215006.0	000717	普钢	1.3253	4.8138	4.0285	113600.39	138423.25	17767	56.5642	0.21
佳发教育	630	623.02	-368117	-93.8	24387.3	300559	软件开发	0.5649	68.5305	8.4743	3824.87	2461.00	8470	21.8300	0.02
上海亚虹	50320	28.15	-376224	-26.6	1040114.0	603159	其他专用机械	0.4643	44.5605	5.2975	2500.00	94.47	1785	0.0000	1.03
洋河股份	1100	478.06	-380142	-72.3	145728.0	002304	白酒	4.8835	27.1118	6.8507	50796.83	93899.82	46634	78.9866	0.14
山鼎设计	150	2602.35	-386988	-99.1	3364.5	300492	房屋建设Ⅲ	0.2614	85.8316	6.1987	2264.11	428.15	2788	10.4420	0.00
五粮液	900	551.00	-429914	-86.7	65988.0	000858	白酒	2.8472	25.7483	5.1671	166739.96	249535.64	14197	71.3668	0.07
宏盛股份	77410	21.25	-467384	-28.4	1177406.0	603090	其他通用机械	0.2199	69.2257	3.3680	4068.13	1330.26	3090	29.6669	1.17
美的集团	4100	162.45	-477810	-71.7	188231.0	000333	空调	2.7456	16.7177	4.2292	426381.57	360471.27	39890	58.9440	0.19

续表

名称	总持仓（只）	摊薄持仓成本（元）	浮动盈亏（元）	盈亏比例（%）	市值（元）	交易代码	行业	EPS（元）	PE（元）	PB（元）	自由流通股本（万股）	前十大流通股股东持股（万股）	户均持流通股数量（股）	机构持股比例合计（%）	市值占比（%）
科力尔	2100	282.51	-526458	-88.7	66822	002892	电机Ⅲ	0.7302	43.5485	4.7080	1760.00	125.86	1353	0.6250	0.07
口子窖	140700	64.06	-559394	-6.2	8453256	603589	白酒	2.0589	29.1666	7.0878	36635.98	8817.71	38853	34.8021	8.36
上汽集团	7300	110.57	-569201	-70.5	237980	600104	乘用车	3.0690	10.6258	1.7890	331198.29	988990.37	103778	87.1727	0.24
东方雨虹	14900	71.24	-822813	-77.5	238698	002271	其他建材Ⅲ	0.9095	17.6464	3.3225	83991.29	20080.88	23020	34.4496	0.24
东方银星	122000	28.92	-958105	-27.2	2570540	600753	贸易Ⅲ	0.1859	113.3564	16.3017	4736.00	9299.16	24777	72.6497	2.54
亚星化学	472200	7.36	-1138486	-32.8	2337390	600319	其他化学制品	0.1196	41.3940	35.7391	17642.98	14924.37	20433	44.6080	2.31
永悦科技	217230	17.96	-1231479	-31.6	2669757	603879	其他化学制品	0.3096	39.6931	3.4798	5609.00	275.08	8172	1.5178	2.64
惠发股份	229220	17.22	-1724192	-43.7	2223434	603536	食品综合	0.3287	29.5066	2.6438	6025.41	795.21	9314	0.0000	2.20

作用，当然，未来随着技术的进一步发展，人工智能自动化（比如参数自动优化、粒子群算法、遗传算法在 AI 方面的应用等）将是一个越来越明显的趋势。

附录 A　策略简介

1. 海龟交易策略：海龟策略是一种趋势跟踪策略，通过唐安奇通道突破方法确定入场、离场信号，根据市场的绝对波动幅度来调整头寸规模。

2. 机器学习选股：机器学习（Machine Learning，ML）是时下最热门的话题之一，应用范围十分广泛。其中，对分类问题的解决是机器学习的一个常用领域。对于选股策略来说，其本质就是一个分类问题，即将股票分成持有和不持有两类。那么，应用机器学习的技术进行选股是一个可行的方向。

3. 史蒂芬·路佛价值选股策略：

（1）史蒂芬·路佛的三个观察角度：

（a）股票组合具备合理的估值；

（b）股票具备一定的分红收益；

（c）公司财务状况健康。

（2）史蒂芬·路佛的七条选股标准：

（a）市净率低于全市场平均值的 80% 且小于 1.5 倍；

（b）以五年平均盈余计算的 PE 低于全市场平均值的 70% 且小于 12 倍；

（c）每股现金至少是股价的 15%；

（d）股息收益率不低于全市场平均值且不低于 3%；

（e）股价现金流量比低于全市场平均值的 75%；

（f）长期借款加未提拨退休金负债占总资本比率低于 50%；

（g）流动比率高于全市场平均值。

4. 双均线策略：顾名思义就是有两条移动平均线，即一条为短期均线，称为快线；另一条为长期均线，称为慢线。双均线系统买点和卖点相对简明。买点：当快线上穿慢线，即所谓"金叉"。卖点：当快线下穿慢线，即所谓"死叉"。

5. VOL 指标选股策略：每天进行回测，当 5 日均量线超越 10 日均量线且当天是阳线的股票，则在第二天开盘时执行买入操作；当面对 5 日均量线下穿 10 日均量线的情况，则在第二天开盘时执行卖出操作。

6. 股指期货趋势突破策略：当昨日收盘价大于历史最高价均值，且没有持仓时，则多开；当昨日收盘价小于历史最低价均值，且没有持仓时，则空开；当昨日收盘价小于历史最高价均值与最低价均值的平均数，且持仓时，则多平；当昨日收盘价大于历史最高价均值与最低价均值的平均数，且持仓时，则空平。

7. 商品期货跨品种套利：是指利用两种不同的，但是有很强相关性的商品之间的合约进行套利交易。通过买卖相同时间的不同商品合约，以期在未来二者价差扩大或缩小时，对冲平仓获利。跨品种套利主要包括产业链套利和替代品种套利。产业链套利指的是在同一条产业链中选择两个或多个品种。这些品种往往相关性较高，无论是从基本面还是从统计结果出发都比较容易找到逻辑支撑

8. SMART Beta 策略：SMART Beta 从本质上讲，它是一种服务于指数投资的策略。指数投资是指以复制指数构成的股票组合作为资产配置的方式，其绩效评价标准是最大限度地减少组合收益率与指数收益率之间的跟踪误差。其特点和优势在于投资风险分散化、投资成本低，追求长期收益和投资组合透明度。

9. 戴维·波伦价值选股：

（1）以总市值在 5 亿美元以上的公司的股票作为备选股票；

（2）具备杰出的财务强度（Companies with Outstanding Financial Strength），如此才能在市场环境恶劣时，不需要用大量举债或发行新股的方式募集资金；

（3）充足的自由现金流量（Free Cash Flow），自由现金流量可增加企业的价值及财务强度，而股价与自由现金流量比越低，代表公司有越低的安全边际；

（4）盈余动能（Earnings Momentum），盈余对自由现金流量及财务强度都有贡献；

（5）评价模式（Pricing Model），比较公司的内部报酬率（Internal Rate of Return）相对于其他公司及固定收益投资工具，来判断股价是否在

低估的水平；

（6）风险分散（Diversification），投资不分产业，分散化风险。

10. 彼得林奇 PEG 估值法投资选股：

（1）EPS（Earnings Per Share）指每股收益（一般逐年计算），即 EPS = 本期归属于普通股股东的净利润÷本期实际发行的普通股加权平均数；

（2）P/E（Price to Earnings Ratio）表示市盈率，是当前股价（P）与每股收益（EPS）之比，即 P/E = P÷EPS；

（3）G（Growth Rate of Expected Profit）表示企业的收益增长率。EPS 增长率 G =（EPS This Year – EPS Last Year）÷EPS Last Year；

（4）基于以上几个指标，得出 PEG 的计算公式，即 PEG = P/E÷（G×100）。

11. 形态反转法：基于机器学习的线性模型对于股票价格形态和反转进行预测，即通过广义线性模型进行股票价格的预测。

12. MTM 指标：又称动量指标，英文全称为"Momentum Index"，是专门研究股票价格中短期波动的技术分析工具。

13. MACD 策略：MACD（Moving Average Convergence and Divergence）又称异同移动平均线。作为一种技术指标，Geral Appel 在 1970 年开发的技术分析策略中首先提到，其从双指数移动平均线发展而来。通过分析收盘价的短期（一般是 12 日）指标移动平均线（EMA12）和收盘价长期（一般是 26 日）指标移动平均线（EMA26）之间聚合和分开的情况，得到快线 DIF，再用 2×（DIF – DIF 的 9 日加权移动均线 DEA）得到 MACD 柱，由此我们可以对买进和卖出的时机做出判断。MACD 的意义和双均线策略基本相同，即由快、慢均线的离散、聚合表征当前的多空状态和股价可能的发展变化趋势。当 MACD 从负数转向正数（可类比金叉），是买的信号。当 MACD 从正数转向负数（可类比死叉），是卖的信号。当 MACD（异同移动平均线）以大角度变化，表示快均线和慢均线的差距非常迅速地拉开，代表了市场大趋势的转变。

14. 乖离率：简称 Y 值，是根据移动平均原理得出的技术指标。其作用主要是测算股票价格在波动过程中与移动平均线之间的偏离程度，从而在股价剧烈波动中获得偏离移动平均趋势而导致的股价回调或反弹，以及股价在正常波动范围内移动而形成继续原有趋势的可信度。

15. 罗伯特－巴卡雷纳成长型投资法：罗伯特－巴卡雷纳对于股票池设定了几个严格的筛选指标，具体为：

（1）每股获利 20% 以上；

（2）税前边际盈余 10% 以上；

（3）负债占股东权益不得超过 50%；

（4）每季度盈余成长必须高于 5%；

（5）市场上股票价格必须合理。

16. 羊驼策略：具体策略实现如下：

（1）设置参数，包括股票池，调仓周期 holding Period（代码中为 tc），收益率计算周期 holding Period（代码中为 N），每次持仓股票数目为 num_stocks，每次换仓换股数量为 change_No 等；

（2）计算股票池和持仓中所有股票的上一周期的收益率，即收益率 ＝［昨天的收盘价 －（return Period ＋ 1）天前的收盘价］／（return Period ＋ 1）天前的收盘价；

（3）将可行股票池内的股票按照上一周期（return Period）收益率排序，将目前持仓股票按照上一周期（holding Period）收益率排序；

（4）卖出当前持仓中收益率最低的 change_No 只股票，卖出股票得到的现金和原来库存现金等金额买入回测期收益排名最差的 change_No 只股票，如果持仓中的某只股票在持仓中排在收益率最差 change_No 中，同时又在所有可行股票池最差收益率排名 change_No 中，则仅调仓不换股；

（5）每 holding Period 天进行 Rebalance，调整持仓股票到手中所有股票市值／ num_stocks。

17. 迈克尔·喜伟收益型投资法：迈克尔·喜伟是价值投资的拥护者，他认为价值收益型的投资者在进行选股时的目标是找出具有以下四个特性的个股：

（1）具有高于平均的收益率；

（2）具有诱人而可预测的成长率；

（3）财务健康；

（4）相对低的股价。

18. 理查马文价值导向选股法则：其策略主要从五个角度对股票提出要求：

（1）股票具备一定的市值规模；

（2）股票具有一定的分红收益；

（3）公司的财务状况要求健康；

（4）股票具备合理的估值；

（5）公司有充足的现金流。

19. Bolling Band 策略：由三条轨道线组成，其中上下两条分别是价格压力线和支撑线，两条轨道线之间是价格平均线，一般来说，价格线在由上下轨道组成的区间内游移，并随价格的变化自动调整轨道的位置。

20. Dual Thrust 策略：Dual Thrust 是一个追涨杀跌的策略，原理并不复杂，是一个简单而又有效的短期趋势策略。

21. Kauffmann 新上市股投资策略：考夫曼（Kauffmann）基金的两个灵魂人物（罗伦斯·奥里安及汉斯·乌许）在选择投资时，考虑公司的财务状况、获利能力和获利成长，两人偏爱获利成长高的股票以及新上市的股票。在选股过程中有非常多的衡量标准和指标，如盈利能力、财务状况、公司成长情况等。财务方面的指标就有总资产回报率、投资回报率、利润率、利润增长率、营收增长率等。该基金特别喜欢选择每年获利成长至少20%的企业。

22. OBV 策略：OBV（On Balance Volume）指标由美国投资家 Joe Granville 首创，是通过观察市场成交量变化来分析和预测股价走势，进而寻找热门股的技术指标。将成交量与股价关系数字化和可视化，可以通过股市成交量变化来衡量股市驱动力，进而判断股价的走势。OBV 能量潮指标是成交量研究领域中一个非常重要的分析指标。

23. RSI 策略：在股票市场上，买方和卖方力量的消长会影响股票的价格，如果股票买入力量大于卖出力量，则股票价格上涨；如果股票卖出力量大于买入力量，则股票价格下跌，1978 年 6 月 Wells Wilder 于 1978 年 6 月在 Commodities 月刊上发表了一种衡量证券自身相对强度的指标，即 Relative Strength Index，简称 RSI，也即"相对强弱指标"，是衡量证券相对强度的指标。投资者可以通过 RSI 的价值来判断股票的买卖情况，进而预测股票未来的走势。

24. 查尔斯·布兰德斯选股法则：

该投资策略主要从三个角度对股票提出要求：

（1）公司要具备强力的资产负债表；

（2）公司要具备合理的估值；

（3）公司经营阶层具备诚信且持股充足。

以这三个角度出发选择六个指标，分别是：

（1）负债净值比；

（2）董监事会持股比例；

（3）PE（相对全市场）；

（4）市现率（相对全市场）；

（5）市净率；

（6）市净率（相对全市场）。

这六个指标共同构建了选股准则，形成了查尔斯·布兰德斯价值投资法。

25. 罗伯·瑞克超额现金流选股：

罗伯·瑞克超额现金流选股法则从三个角度对投资标的进行考察：

（1）估值水平；

（2）分红水平；

（3）财务状况。

从这三个角度，瑞克共提出五个选股标准：

（1）市净率；

（2）市盈率；

（3）股息收益率；

（4）市现率；

（5）借款总额占总资本比例。

26. 三一投资管理公司选股法则：三一投资管理公司价值选股策略的三个价值投资的指标为市盈率、市净率、股利收益率。

27. 基于股票短期动量效应的投资策略：基于海通证券发布于 2016 年 7 月 11 日的研究报告《基于股票短期动量效应的投资策略》。

28. 基于 Beneish 模型增强选股：Beneish 模型是一个公司金融领域常见的财务模型。它主要着眼于公司的财务指标，对公司的财务合理程度进行打分，以此来判断一家公司是否具有操控盈利数据、财务报表作假的现象。

29. STOCH（KD 线）策略：随机指数（KD）是乔治·莱恩（George Lane）在多年前发明的指标，用于指导金融交易，近年来，它在股票和期货市场得到了广泛的应用。以 K 线图中的 K 线和 D 线为研究重点，综合了动量概念、相对强弱指数和移动平均线的一些优点，主要研究了计算中高低价格与收盘价的关系，并通过计算当日或近期的最高价、最低价和收盘价等价格波动的真实波幅，由此反映价格走势的强弱和超买、超卖现象。

30. 均值回归（BIAS）策略：均值回归的理论基于以下观测，即价格的波动一般会以它的均线为中心。也就是说，当标的价格由于波动而偏离移动均线时，它将调整并重新归于均线。那么如果我们能捕捉偏离股价的回归，就可以从中获利。

31. 多因子选股策略：参考了东方证券发布于 2015 年 6 月 26 日的研究报告《单因子有效性检验——多因子选股模型的基石》，选择了多个研报中检验为与收益率相关性最强的因子，用来刻画每一只股票的不同维度的特征。

32. 股指期货对冲 alpha 策略：年初买入沪深 300 成分股，按照市值调整权重，于年中卖出，并且开空期货与股票进行对冲。

33. 随机指标（KDJ 指标）策略：由芝加哥期货交易商乔治·莱恩博士所创。结合了动量概念、强弱指标优点的 KDJ 指标，以一定时期内最高价格、最低价格和收盘价的比例关系为基本数据进行计算（运用均线平滑或乖离思想捕捉动能的变化），将得出的 K 值、D 值与 J 值连接成曲线图，就形成了反映价格波动趋势的 KDJ 指标。

34. 冉冉上升形态策略：冉冉上升形态属于缓慢上攻形，即指数或个股在某时间段处于向右上方抬升的一小段 K 线，因其小幅上升走势就如冉冉上升的朝阳，所以被称为冉冉上升形态。从沪深股市历年来的一些大牛股来看，它们在启动初期，就是常以这种形式表现的。

参考文献

蔡立峁：《量化投资：以 Python 为工具》，电子工业出版社，2017。

《世界最大资产管理公司公布财报　旗下资产突破6.4万亿美元》，http://www. so-hu. com/a/259864116_119759。

《2016年中国股市绝处逢生　明年料迎"金鸡"行情》，第一黄金网，http://www. dyhjw. com/gold/20161223 - 38322. html。

https://baike. baidu. com/item/% E6% A1% A5% E6% B0% B4% E5% 9F% BA% E9% 87% 91/22705039？fr = aladdin，桥水基金_百度百科。

https://baike. baidu. com/item/% E8% B4% 9D% E8% 8E% B1% E5% BE% B7% E9% 9B% 86% E5% 9B% A2/9777662？fr = aladdin，贝莱德集团_百度百科。

结合大数据和人工智能技术的区块链平台助力传统金融审计行业应用

王毛路　李莉莉　叶灏文[*]

摘　要　在大数据时代，审计面临复杂的环境和耗时的过程，手工作业的工作模式日益捉襟见肘。提升业务效率和防控风险是智能审计的核心需求。区块链技术的去中心化、不可篡改、共识机制等特点，理论上可用于解决审计中的相关问题。本文分析了国际"四大"会计师事务所的区块链智能审计应用概况，提出了一种基于区块链的数据采集和流通系统框架，旨在解决审计过程中数据的管理、采集和共享应用难题。在此基础之上，本文提出了一种构建数据提供者、统计加工者、数据使用者的各方参与的共识激励机制，鼓励可信数据流通，有助于形成审计业务参与方形成新型信任模式。对过程中的海量合同及文本信息处理问题，本文提出了一种基于NLP（自然语言处理）的解决思路，利用深度学习形成风险审计业务规则智能模型，形成审计机构的新型资产和竞争力。

关键词：区块链；人工智能；审计；数据管理；数据共享

* 王毛路，北京共识数信科技有限公司联合创始人，首席科学家，北京航空航天大学电子工程系博士，主要研究方向为区块链技术在金融科技的应用、神经网络和深度学习在智能审计行业的应用。李莉莉，北京共识数信科技有限公司联合创始人，上海交通大学硕士，主要研究方向为金融业数据模型和数据应用领域。叶灏文，北京共识数信科技有限公司资深咨询总监，中山大学学士，主要研究方向为区块链激励机制研究、企业级区块链应用系统设计等。

一　区块链研究简介

2008 年 11 月某密码学讨论小组中，一个化名为"中本聪"的学者（或者组织）发表了一篇论文——《比特币：一种点对点的电子现金系统》，开启了区块链技术的定义和应用。这项技术是加密算法、时间戳、共识机制和激励模型等多种技术的融合，构造了一个新型的点对点分布式存储网络。

根据不同的应用场景和技术机制，区块链可以简单分为三种类型：完全公开，透明加入，无须许可的公有区块链，简称公有链；通过密码学认证机制授权管理加入的区块链，可以分配权限来定义信息访问权限，通常被使用在不同单位间的区块链，被称为许可链或联盟链；一家单位掌握所有的链上节点，被定义为私有链。联盟链面对的是具体一些参与机构的成员和相关的第三方，每个区块的数据确认和打包是由所有的参与节点共同确认的。联盟链的优点是具有准入机制，不必在 POW 上浪费大量的计算和电力成本。可以得出结论，在可以预见的相当长的时期内，联盟链、私有链在商业应用上具备比公有链更大的优势。

袁勇和王飞跃（2016）仿照 TCP/IP 的分层模型，将区块链分为 6 层。底层是数据层，包括基于时间戳数据打包的区块和使用的加密技术；第二层是网络层，包括 P2P 网络机制、传播机制、验证机制等；第三层是共识层，包括各类共识机制模型和算法；第四层是激励层，基于各种经济学的激励模型；第五层是合约层，封装了可编程的智能合约，是区块链和实际应用产生关联的基础；最上层是应用层，封装了区块链的各种应用场景和案例。

闫树等（2018）介绍了区块链和数据调用授权机制的结合，从而解决大数据领域流通的痛点应用。Bartoletti 等（2017）设计了区块链数据适配器的工具框架实现。该框架类似一个区块链浏览器，支持数据分析，允许链上数据和传统中心化数据库的导出合并。

2017 年 9 月初，央行等七部委发布的《关于防范代币发行融资风险的公告》，预示了对数字货币发行等行为的治理整顿，区块链技术的发展"脱虚向实"趋势明显，行业生态链已经初步成形，在各个领域都产生了创新业务场景。在司法认可方面，2018 年 9 月 6 日，最高人民法院发布了《关于互联网法院审理案件若干问题的规定》，其中第十一条明确提出，"当事人提交的电子数据，通过电子签名、可信时间戳、哈希值校验、区块链等证据收集、固定和防篡改的技术手段或者通过电子取证存证平台认证，能够证明其真实性的，互联网法院应当确认"。

本文重点研究并设计了针对审计行业的区块链架构，既要对于参与成员有所限定，实现行业整体使用，同时又必须满足各个专业机构对于管理的要求，联盟链区块链网络结构是适宜该业务场景的技术架构。学术界对分布式的数据管理课题早有研究，区块链因为多种技术结合优势适用于数据库管理和数据流通。

二　审计行业面临的问题

近年来，伴随审计业务范围的不断扩展，审计环境的复杂化和业务要求的精细化，手工作业的工作模式在大数据时代必然捉襟见肘，事务所需要把越来越多的精力放在审计工作本身，以提升效率和防控风险。目前行业面临的问题主要有以下几个方面。

一是有效利用大数据问题。传统的审计做法是，被审者提交财务数据及各类证明，审计方就材料审核并采用一系列的工具模型分析研判。存在的主要问题包括：有可能存在被审者及关联方隐匿对自己不利证据的情况；避重就轻，针对性的美化是必然选择；各类数据很漂亮，基本面理论上完美的公司但项目沦为骗局的比比皆是。目前利用互联网的风险控制主要通过手工搜索百度等搜索引擎，主要的问题在于：范围受限，每个人监控的信息范围有限，分析的交易对手有限；时效性差，无法确保 7×24 小时的监控，在非上班时间，负面情报发生并被"和谐"删除的情况很多，往往错失高价值的敏感情报；没有体系化传承，人工的操作受限于监控者的审计业务经验、互联网的搜索能力与责任心，人员的流动会造成前后工作的不连贯。手工作坊的工作模式在大数据时代必然捉襟见肘，因此，亟须利用已有的先进的成熟研究成果，将互联网大数据和审计业务结合起来。

二是海量合同及文本信息处理问题。在开展审计的过程中，审计机构同样面临大量非结构化信息获取、整理和分析的工作。海量信息处理工作依赖知识型工作者的大量劳动投入,在人力成本高企的当下,亟须采用强有力的处理工具和高效的自动化处理模式。而且,审计受工作时间和投入的限制,传统模式下只能采用抽样方式管中窥豹,难以覆盖被审企业的全部业务和风险。将智能投研等自动化技术应用于金融业审计时,可以赋能审计人员,大幅度提升其信息处理效率,显著替代信息加工整理等初级劳动,并且更加有针对性地深度挖掘金融企业风险点,提供更具洞察力的分析成果。

三是构造审计业务参与方的信任问题。区块链技术的兴起让中心在多元化协作、科技化建设方面找到新机遇。区块链本身源自一种点对点的电子现金交易系统,强交易场景是区块链的优势,区块链的防篡改和可追溯特征能保护链内的信息完整性。最近北京互联网法院采信的区块链证据并形成判例,对区块链数据的司法认可提供了强有力的司法保障。审计业务如何借用区块链打造一种新型的组织形态与协作模式,辅助广大企业尤其是中小微企业在新形态的信任体系下,使得司法证据、管理咨询、投融资服务等业务更顺畅地开展起来,是行业探索区块链应用的初衷。

三 国际会计师事务所区块链使用情况概述

利用区块链进行项目审计的结构如图 1 所示。

(一) 德勤 (Deloitte)

德勤的全球区块链团队由来自 20 多个国家的 800 名专业人员组成,并且已经开发超过 30 种区块链原型,涉及领域包括数字银行、支付和奖励计划。其中,实时审计功能引入各类财务系统报告并实现节点间账本同步,使采购等业务过程公开化,实现一个参与方都认可的账本。最终,审计师可以通过区块链实时访问和调用,实现审计过程与自动进行报表合并申报,简化监管的流程。因为链上记录了不可篡改的业务数据,所以审计的过程可以省略验真等步骤,从而加快进度。同时,区块链不可篡改同时集成了数据的时间戳属性,使得审计过程公开透明、可验证。这将加快审计进程,降低成本,增加透明度。审计区块链可以直接通过接口对接财务系统数据上链,可以建立大范围内的行业联盟,大大提高审计效率。

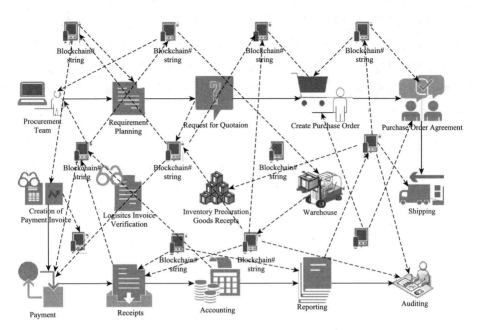

图1　利用区块链进行项目审计

（二）普华永道（PWC）

普华永道提出了保险参与者和监管者之间的交涉和会商行为进行上链，随后公布其 PoC（区块链概念验证）项目报告，证明结合新区块链技术实现保险市场实时审计的可行性。项目报告详细表示："保险机构可以查阅链上的监管法规文件，提供价格核算来覆盖相关的政策风险，而代理商可以在链上进行价格谈判。区块链记录了这个业务场景的沟通过程。如果满足某个政策的要求，可以基于区块链产生相关参与方的保险合同。"

此次实验清晰地为我们展示了新区块链技术如何简化文案工作并对审查文件布局优化，如此结合该革命性技术的审计技术实质上具有实时性。

（三）安永（EY）

安永使用了一套区块链审计技术，实现了客户公司的加密货币业务的审计和合规性审查。该系统能够实现客户加密货币的交易核算并进行深入审查，同时支持对加密货币资产、负债、股权等进行评估及通道，对智能合约等进行创建，目前支持包括 BTC、ETH、BCH、LTC 在内的多种机密数字货币的审计。安永表示，区块链的下一阶段将包括多个节点加入扩容技术，其中包括发展管理节点和参与节点。

另外一个应用是基于区块链技术的身份管理平台，该平台是为了帮助客户更好地管理客户注册和验证，同时解决数据管理和隐私性中固有的矛盾；使客户能够基于传统的"了解你的客户"（KYC）监管要求创建客户身份，并管理客户身份在区块链中其他受信任成员节点之间的传递；同时满足第三方数据存储和验证。

（四）毕马威（KPMG）

2016 年 9 月，毕马威会计师事务所推出了一套平台性质的工具，该工具可以满足为银行和其他金融机构利用区块链技术的需求。为了将其分布式账本的服务工具化，它们宣布与微软合作来整合微软的区块链，即服务（BaaS）工具。数字账本服务将致力于为区块链应用的"整体生命周期"提供平台支持，这就意味着它不仅仅是工具，更是可以集成整个基于区块链的社区管理和运营服务。这些服务支持将审计、管理、咨询与监管相结合，以此作为平台应用的主要功能。

四 人工智能在审计中的应用

审计工作中的合同处理量非常庞大，并且已经积累了比较久的合同样本和素材。若能将这些样本和合同信息解构之后，以知识库的形式汇聚，形成知识积累，供审计机构内部行业应用研究，将极大程度上降低人工审计成本、提升审计效率、降低审计风险，从而推动审计机构业务的发展。

具体实现以审计机构工作中需要审核与阅读的合同为基础，通过合同中关键要素的语言描述，按照"快速要素核对法"相应标准，对比训练后的各行业类型合同中相应数据，分析合同中的要素点及其数据项审核要求。通过比对审计要求，设计合同中要素名称和审核逻辑与功能要素表中相应数据，检查项目的业务需求与审计逻辑是否有审计方面的问题，并对可识别的问题进行标注。

在积累一定历史数据后，伴随内部和外部多维度数据的整合，可以提升计算机辅助审计风险控制的能力。帮助审计用户设计智能化的风险模型，进行风险模型库建设，设计风险因子，输出智能评估结果；参照历史数据和理论模型，对项目的需求一致性、量化规模、人力时间投入等维度的数据进行合理性评估和审计。NLP 应用过程见图 2。

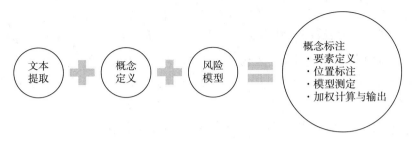

图 2 NLP 应用过程

技术上主要通过"回源追溯"与"概念标注法"实现主要功能。系统一方面需先将用户输入转化为结构化文本，另一方面需要通过预定义或通过用户输入的方式对"要素点"所涉及的概念进行定义，然后通过上述定义对文本进行概念标注与识别。

后续评估、比对和校验等相关功能是在上述要素点标注的基础上，对要素点进行对比分析或是对计数项进行差异分析。

智能合同审计平台以 AI 自然语言处理 + 大数据技术为基础，其作为国内审计行业的科技前沿应用，主要设计如下几个部分。

➤ 利用 AI 自然语言处理解析和训练合同文本，形成基于销售、采购的合同文本处理子系统。特征训练见图 3。

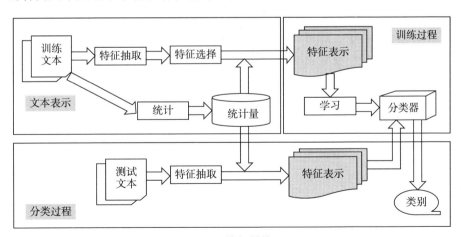

图 3 特征训练

➤ 设计兼容性强的数据模型，存储解构后的结构化合同数据，形成基于销售、采购的合同数据模型。

➤ 设计风险模型，基于大数据技术，通过模型识别虚假合同、融资性贸易合同，初步建设审计风控子系统雏形。

➢ 通过合同解构、数据采集、数据挖掘等模块，初步建设大数据平台，为后期汇整内外数据，叠加更深度大数据服务应用奠定基础。

人工智能用于审计定位技术驱动业务，利用机器智能处理海量特征数据的能力，发现大量合同材料的审计点和风险，以最少的人力投入换取最大的效率产出，颠覆传统审计模式，由"劳动密集型"向"技术密集型"发展。本部分涉及的 AI 技术基本成熟，这些技术在金融行业有很多落地实施的成功案例，但用于智能合同审计的，目前尚未有成熟应用。AI 技术是当今热点，发展速度很快，在审计应用中的新技术需要业务方的持续酝酿和投入。

五　区块链加大数据在审计中的应用思路

审计在服务企业的过程中，业务环节的起点都是了解企业和关联人，对企业的了解越精准，服务就越可靠。审计报告可信的前提是获取更多的企业信息，更全面和更加多维度地去描述企业、评估企业。这个过程就是大数据采集的过程，这个过程中积累了大量的数据，包括文本、影印件、视频、图片等，这些信息目前都以静态的方式保存在各业务办理人员的电脑上，既没有集中规制也没有统一管理，这些尽调信息都是审计相关团队通过花费大量的心血和努力得到的，而其再利用和共享循环能为审计机构带来更大收益。与此同时，审计业务团队也想共享和交换其他组织或单位的可靠尽调数据，但多方因为缺乏可信的环境，这个问题一直没有得到解决。

区块链数据可信流通平台的思路是通过区块链技术营造一种新型的信任环境，在这种环境里各参与方可以公平、公正地共享数据和使用数据，并且同样作为联盟区块链内部的节点，在数据流通方面通过区块链自带的经济模型，做到可信可激励。整个参与统计数据的区块链体系内采用统一的激励机制，比如虚拟积分，其激励结算使用统一的区块链账本记账，搭配智能合约的运行，让激励机制公平、公正。通过区块链底层支持的数据可信流通系统，合法合规经营各种统计数据信息，共享脱敏数据获取激励，区块链账本记录数据调用的来源、去向、内容和次数，用于后续存证和结算。

我们根据区块链研究和实践经验，结合大数据应用所面临的关键点，提出了基于区块链的审计数据价值流通体系。数信平台3.0架构见图4。

图4中几个重要的参与方如下。

➢ 数据主体方：在业务链条初期对数据完成相关授权。对于核心审计业务，能够对接财务数据或手工录入，针对财政部标准格式4张表，即资产负债表、利润表、现金流量表、所有者权益变动表，建立通用、证券、保险、银行等各类行业模型，输出财务报表分析底稿。

➢ 数据拥有方：数据拥有方通过业务运作，积累、运营和管理大量数据，通过标签化形式，形成数据进行画像，并将数据标签共享至区块链；数据源方共享数据，获取激励收益，以提升数据源方共享数据的积极性。数据标签形式的共享，保护了数据源方的商业机密，也保护了隐私信息。

➢ 数据服务方：数据服务方协助数据源方完成数据标签化的加工，并结合一定的技术特性辅助完成数据深度服务。

➢ 数据需求方：数据需求方通过区块链平台共享的标签，结合数据使用场景，对数据发起使用请求，数据源方收到数据需求方的使用请求，协助数据需求方完成对数据的场景化使用。数据需求方向数据源方发放一定的商业收益作为数据使用的激励。

其中，激励措施的发放在联盟链内部可以使用联盟链内部Token，也可以采用其他虚拟货币形式。若使整个体系运转起来，首先体系内成员将自有数据标签化，通过数据标签（对数据的画像）使数据在区块链进行共享（俗称数据上链），为区块链参与方提供数据资源目录，数据需求方可以在区块链上准确筛选所需数据，并向数据源寻求基于具体原数据的精准数据服务（例如数据转化、精准推送）。

从建设实践上，我们设想用区块链辅助大数据平台的方式来建设新型的审计业务大数据处理平台。整个数据体系，即数据存储、数据处理、数据记账都有据可查。

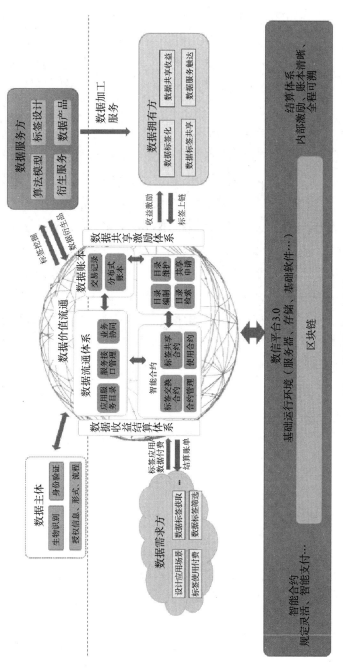

图4 数信平台3.0架构

在区块链＋业务平台的架构下，大数据处理平台仍然有非常重要的地位，审计机构仍然需要建设自己的大数据处理体系，包括数据湖（大数据平台）、数据仓库、ETL、数据挖掘、数据分析、数据产品及服务等。数据平台的数据包含审计机构内部数据和外接以及采购的外部数据，外接数据如工商、税务、外部金融机构等的数据，通过区块链生态接入外部数据，相互之间营造信任、协同、高效的环境。AI自然语言处理技术融入整个应用建设过程，将企业各种半结构化、非结构化数据如备案材料进行解构，抽取要素信息形成数据，存入审计机构知识库，为每个企业形成电子信用档案以及知识关联图谱。区块链＋AI辅助完成整个过程的信息登记和存管，中心化数据仓库或数据库保存最原始的文件和数据信息。另外一个是AI知识图谱应用，将企业股权结构、投资方、融资信息、工商信息、董监高等信息形成网状知识图谱，指导审计参与企业投融资双方过程，为双方提供更精准和更深层次的服务。

通过区块链技术的引入，形成去中心化、多节点、数据不可篡改的数据库。各类型参与主体（政府、投资机构、上市公司、企业、中介机构、服务机构、金融机构等）在其中登记的信息（需求、服务、反馈、评价）不可随意篡改，信息透明可查。通过大数据抓取和线下采集等手段，对各类数据进行完善、分类、梳理、规整和加工，形成企业、股权、投资人、金融机构、服务机构、政府等信息之间的知识图谱，为各审计参与主体提供查询服务。

六　技术风险分析

有研究认为区块链技术是继第四次工业革命之后的颠覆性创新。我们认区块链适合的场景一定是社会现有中心化经济组织模式短期内难以打破，在需要多个参与主体共同维护又无法解决信任的场景，其解决的痛点包括以下方面。

➤ 参与方组织需求：数据信息不共享、数据真实、数据有效、不可伪造、难以篡改，彼此不互信。

➤ 参与方互信需求：协作方不可信、利益不一致、缺乏权威第三方介入。

➤ 参与方业务强相关：彼此业务协同性强，但业务逻辑不同、对账成本高。

目前区块链的落地还存在如下一些障碍。

（一） 政策制度障碍

现在大量的区块链项目受限于政策要求，且国内的区块链本身的监管更加严苛。比如美国很快可以在纳斯达克通过区块链发行私募债券，中国还没有这类支持政策。联合国也开始推动区块链的落地应用；欧盟推出"区块链合作项目"，促进各成员国之间部署可操作性的基础设施。目前国内只发展了一些产业技术联盟，比如区块链标准化联盟等，但仍然缺乏推动区块链产业发展的积极政策。政府应鼓励发展联盟链，它可以把必要的信息进行共享对接。这样一来，政府就可以通过对应的开放接口来了解基础数据信息，加强监管。同时，政府也在脱敏的基础之上，以公平、公正、公开为共享原则，提升社会的整体效率。

（二） 人才、资金困难

虽然区块链属于新兴产业，但伴随着公司业务的急剧增长，各家公司在人才招聘上也遇到了困难。一方面，因为技术还处于初期发展阶段尚不成熟，大家对区块链持观望态度，所以行业资深专家并不多，尤其是技术型人才。另一方面，对区块链感兴趣的人才因为学习渠道以及学习资料的缺乏，面临成长缓慢的问题，一切都需要漫长的实践。所以，面对行业高难度、专业性的要求，寻求区块链行业的专家或人才对于企业来说有着重重困难。

一方面，因为政策导向的缺失而得不到相应的政府补助，大部分的区块链企业面临资金难题。另一方面，对于投资者来说，面对这样强不确定性的企业都会有所顾虑，不论是从技术研发上还是从应用落地上都还不成熟，所以融资难一直是需要解决的问题。90% 的区块链企业都处于刚刚起步的阶段，初期的启动资金远远不足以支撑企业后期的发展，所以资金问题亟待解决。

（三） 技术发展问题

目前，区块链仍处于发展阶段，还存在很多的技术难点，例如并发量低、扩展性较差和各链间无法兼容等。

1. 并发性

区块链尚未完全成熟，在区块链的去中心化特性下，所有交易都点对点进行，追求极致的可靠性，受限于共识算法和现实硬件网络资源，目前交易的效率并不高，具体体现在交易处理的并发量较低、并发能力弱。

2. 隐私性

区块链重要特点是数据共享与透明，这在很多商业领域是非常敏感的词语，或者是一些非常对立的内容。因此，区块链在建立这种去中心化技术信任的同时，如何满足商业隐私的保护和操作权限的控制，是在区块链商业应用落地过程中需要重点解决或者面对的问题。

3. 可扩展性

在 POW 或者说公有链里，可扩展性严谨地说应该叫提高输出或者叫扩容方案。POW 或者比特币的扩容方案和 POS 或者以太坊其实大同小异。POW 的输出是受到网速制约的，也就是说，在当前的网速情况下，每秒钟能达成的共识大小是有限的，过多就不可能保证安全可靠。

4. 系统兼容性

目前，着手研究区块链的机构、企业很多，相应的，出现链的种类各不相同，采用的技术、共识机制等也存在差异，如需桥接不同链，会遇到各种问题，即存在系统的兼容性问题。

考虑到区块链是一个新兴的技术，审计行业又是与区块链属性和应用非常匹配的行业，审计机构和专业技术公司应该深度合作创新，按照需求进行技术攻关，主要面向区块链 + 审计市场的开发及产品服务，将区块链、人工智能、大数据技术融入传统审计业务，开发智能化的审计产品，服务整个审计行业，打造整个审计行业的产业升级。

由此可见，充分发挥区块链尤其是联盟链的技术优势，改造或融合 B 端行业各类业务系统，已经成形的区块链各平台类、业务类产品逐步云化、模块化，向行业级大场景延伸，是区块链服务的发展方向。

七　总结

区块链用密码学和激励机制保证链上数据极强的公信力，匹配数据流通在网络安全、可信流通、权益分配、追溯审计和公开透明等方面的需求，在审计业务过程中可实现不可篡改的数据存证、管理留痕，以及合法合规的数据获取使用，构建了"数据可溯源，使用有授权，应用可追溯，业务可监管，参与有激励"的良性生态环境。

基于区块链的审计平台设计的出发点是共享激励和使用收益并存，鼓励数据流通形成价值再造。融合人工智能和大数据技术的平台构造了一种释放数据价值的生态体系，提升参与企业和机构活跃度，重新构造审计的业务流程。

从落地实现上，"平台"不是单一的软件系统，而是由一套大数据平台，一条联盟链，同时以基于自然语言处理 AI 为支撑，搭建基于多个审计业务的"知识库＋智能工具"，以及现有企业应用系统基础框架组成。其中还需要实施标准化过程，由可定义扩展的业务数据字典、多种类型的业务模板、基于 Excel 和 Word 的填报软件、业务报告管理系统组成；应用基础框架主要由企业服务总线系统（ESB）和大数据平台组成，将前中后端各个业务系统联通，实现信息资源的整合。

就行业区块链的发展前景，可以预见的是，通过审计联盟链内的激励措施运营，设定激励措施规范及标准，影响和辐射到其他行业区块链，可以建设跨链的可信的大运营体系。通过打通不同区块链之间的激励机制，完善智能合约对接方式，形成区块链之间的激励共享，虚拟资产共生和互通。辅助更大的业务模式扩展，深化业务服务交叉度，有望形成审计行业和其他行业的创新联合运营服务体。

参考文献

刘肖飞：《基于动态授权的拜占庭容错共识算法的区块链性能改进研究》，浙江大学硕士学位论文，2017。

涂成：《区块链重塑审计》，《新理财》2016 年第 10 期。

王毛路：《大数据和金融科技，新驱动，新连接》，《科技与金融》2018 年第 Z1 期。

王毛路、叶灏文、李莉莉：《基于区块链技术应用选型的关键问题研究》，《网络空间安全》2018 年第 4 期。

闫树、卿苏德、魏凯：《区块链在数据流通中的应用》，《大数据》2018 年第 1 期。

袁勇、王飞跃：《区块链技术发展现状与展望》，《自动化学报》2016 年第 4 期。

张继元、刘笑辰：《区块链公司管理——从自动化审计到分布式自治》，《环球财经》2016 年第 7 期。

Bartoletti, M., Bracciali, A., Lande, S., et al., "A General Framework for Block-chain Analytics", *ArXiv Preprint ArXiv*：*1707. 01021*, 2017.

Nakamoto, S., "Bitcoin：A Peer-to-Peer Electronic Cash System", 2008, http：//bitc-oin. org/bitcoin. pdf.

基于区块链应用的相互保险发展研究

周运涛　金卓芳*

摘　要　区块链的技术理念与相互保险经营理念具有高度契合性。区块链在相互保险领域的应用，有利于保护保险消费者信息安全与隐私、改善保险客户识别与管理、强化保险欺诈识别与防范、提升保险理赔效能与质量、扩大相互保险承保能力、提高相互保险自主化治理水平、构建新型保险互助新模式，推动相互保险创新发展。同时，区块链还是一种发展中的技术，在相互保险领域的应用过程中，还面临诸多困难和挑战。因此，建议一是要辩证看待区块链与相互保险的融合发展；二是保险监管也要与时俱进，不断强化行业引导与创新培育；三是要注意防范网络互助平台风险，规范区块链互助平台发展，最终实现区块链与相互保险的有效融合。

关键词：区块链；相互保险；刚性信任；智能合约

保险起源于互助理念，相互保险的发源也是保险的萌芽。相互保险的发展，见证和推动了保险行业的发展壮大，历经数千年的不断积累、自我完善和突破发展，相互保险一直都是保险领域的一种重要组织形态，在推动保险进步和发展过程中扮演着独特的重要角色。根据国际合作与互助保

---

* 周运涛，中国人民财产保险股份有限公司高级主管，保险区块链项目团队核心成员，金融科技 50 人论坛青年成员，南开大学保险专业硕士校外导师，头条财经、金融界网站名家专栏作者。主要研究领域为保险科技、互联网保险、汽车金融、风险管理等，合著有《保险区块链研究》，在《中国金融》《中国保险》等核心刊物发表论文十多篇。金卓芳，对外经济贸易大学金融学硕士。

险联合会（ICMIF）的统计研究[①]，相互保险公司和互助保险组织的投保人数近年来持续增加，截至 2016 年底，全球互助保险和合作保险产品的保单持有者超过 9.9 亿人，全球从事合作和互助保险行业的从业人数超过 113 万人，互助合作保险业保费收入占全球保险市场保费收入的比例稳定在 27% 以上。总体来看，相互合作保险公司服务的保单持有人和全球雇员的总数持续增长，在全球业务范围继续扩大，在欧洲和北美保险市场占有重要地位，并在非洲和拉丁美洲等新兴市场中影响力不断扩大并发挥出更加重要的作用。

　　作为一种独具特色的保险组织形态，相互保险在有效缓解公司利益冲突、减少逆向选择、防范道德风险、降低运营成本等方面充分发挥自身的制度化优势，能够有效结合社会与经济发展需求，在推动保险行业发展进步过程中发挥了至关重要的作用。与此同时，在激烈的市场竞争环境下，也存在力不从心的一面，对自身的持续发展壮大形成制约。

一　相互保险经营发展之困

　　相互保险的发展，既经历了全球保险份额占比过半的辉煌时期，也遭遇过全球性的"去相互化"的困难时期。这与不同经济发展阶段的特点与对保险的需求有关，也与相互保险自身的特点有很大关系。特别是随着技术进步加快推动金融保险业升级进化，金融保险服务，包括相互保险，在移动互联网时代愈加呈现个性化、实时化、社交化的特点，相互保险经营发展面临更加严峻的挑战。

（一）信任机制不够完善

　　作为典型的服务行业，保险以一纸承诺对外提供相应的保险产品和服务，信任是保险行业的立业之本、强业之基。尤其对于相互保险而言，其本身不以营利为目的，由具有相同风险特质和需求的特定人群组成，完善和稳固的信任基础是维持组织持续健康发展的根基和前提。从相互保险运营管理的整个过程剖析来看，具体包括三个方面：一是保险公司对于投保人的信任问题，主要体现在客户信息真实性以及承保风险方面；二是各个保险主体或相互机构之间的信任问题，例如相互保险公司与其他保险主体

[①] 数据来源：https://www.icmif.org/。

或者再保险公司之间存在的信任方面的问题；三是投保人对于保险公司的信任问题，例如对于保险产品和服务的理解以及保险公司能否履行承诺的顾虑等。在保险运营管理过程中，由于涉及的相关方较多，存在不同程度的信息不对称，行业透明度相对有限，保险主体、保险消费者以及行业监管机构之间尚未构建起一个相对完善、透明、可靠的信任机制，对相互保险的长远发展形成困扰。

（二）公开透明与安全隐私难以兼顾

不同于股份制保险公司，相互保险公司的会员即保单持有者，都是公司实际上的所有权人，对于公司整体运营状况、盈余情况以及风险披露等相关事项均具有法理上的知情权和决策投票权，因此相互保险公司对于信息公开和透明披露具有更高的要求。当前，相互保险公司在向会员进行信息数据公开和披露方面做了很多尝试，以实现公司的阳光透明运作，特别是基于互联网大数据等有效技术实现工具，更好地保证了会员的知情权，但同时也在保证信息数据的安全性、准确性、可靠性上给公司带来很大挑战。然而，在最大限度地保证数据公开的前提下，带来的另一个问题便是如何保证用户隐私不被泄露。保险公司掌握了大量客户的投保信息和交易信息，其中包含了很多较为隐私的个人信息，如果不能切实做好安全防控，或者控制好信息披露范围，或者做好对于网络信息篡改或破坏行为的防范，则很可能由于隐私泄露引起客户的极大不满，甚至威胁到客户人身或财产安全，从而影响到公司的整体声誉。因此，如何在确保会员个人信息隐私以及交易安全、受保护的前提下，合理化满足会员公开披露诉求，是相互保险公司运营需要考虑的一个重要问题。

（三）内部人控制下的公司治理难题

理论上，保单持有人作为相互保险公司的实际所有权人，可以通过行使投票权参与公司经营管理决策。事实上，保单持有人众多且分散，彼此之间交流甚少，个体话语权相对微弱，对于公司运营管理缺乏深入理解，并且对于投票权利又缺乏足够重视，实际参与公司经营管理决策的少之又少。因此，在相互保险公司的内部治理结构上，一般采取成员代表大会、董事会和管理团队三个层次的运作方式。由管理团队开始向上逐级负责，治理结构与股份制保险公司几乎无差异，也陷入"股份公司制魔咒"。事实上，董事会一般不存在或不发挥实际意义，而外部治理机构仅有政府监管一个层次①，从而容易形成管理团队对于相互保险公司的实际控制，成为公司经营管理的"内部人"。随着"经营者支配"色彩的加深，公司决策更加体现出经营管理者的个人意志和自主决策，保单持有者的身份认同会逐步淡化，不利于相互保险的健康持续发展。

（四）资本制约下的发展规模困境

保险属于资本密集型的行业，尤其随着业务发展规模的不断扩大，为更好地适应和满足由业务规模扩大而带来的未来大额偿付责任的需求，公司需要不断补充资金。由于无法利用资本市场进行直接股权融资，相互保险公司开展运营资金募集相对困难，利用资本市场的渠道和能力相对有限，只能依靠公司运营的留存盈余或通过外部借入资金来补充和扩大公司资本规模，且融入资金规模相对有限，而扩大相互保险公司运营留存盈余的唯一办法，就是要求保单持有人执行追加保费的法定义务，否则就视为保单持有人自动放弃对公司的相应权利。因此，在公司业务发展规模不断扩大，需要补充资本以保障公司持续发展方面，现有的相互保险公司运营模式远远无法与股份制保险公司进行竞争。② 相对单一和低效的资本补充方式，成为制约相互保险公司发展壮大的一个重要因素。

传统的相互保险公司在信用机制构建、信息透明披露、信息安全与隐私保护、公司内部治理、资本金补充等方面，还存在一些问题和弊端。而当前移动互联网，特别是保险科技的深入发展，为保险行业的发展、转型与突破带来全新的机遇，同时也给相互保险制度的完善、推动相互保险未来的持续发展带来新的想象空间。

二 区块链助力相互保险发展

区块链的技术架构与相互保险的运行模式具有高度的契合性，两者的

---

① 股份制保险公司具有较为完备的外部治理和监督结构，包含资本市场、职业经理人市场和政府监管三个层次。

② 20 世纪 90 年代后期，在全球化背景下，"去相互化"盛行的一个重要原因就是，当时相互保险公司自身偿付能力不足，且不能利用资本市场快速补充资本金，保单持有人失去对公司的信任而脱离公司，最终导致公司破产或转制。

核心理念具有基因性关联。分布式是区块链的最主要特征，链上的所有节点相互独立且彼此连接，权利平等，没有中心管理机构，所有节点通过对等网络，利用共识机制，共同维护区块链运行，实行自主管理。相互保险是由具有相同风险需求的人群自愿组成范围相对固定的团体组织，组织运营以所有成员利益最大化为核心目标，不以商业营利为目的，所有参加的成员即保单持有人凭保单享有平等的投票决策权和盈余索取权，并承担相同的义务。无论分布式的模式、民主共识式的管理机制，还是开放共享式的运行理念，区块链与相互保险殊途同归，形似神聚，具有高度的契合性。

特别是随着移动互联网、保险科技的兴起以及与保险应用融合的不断深入，互联网保险以其透明、高效、经济的交易实现方式，成为推动保险行业快速发展的重要力量，相互保险也深受其益。然而，互联网保险发展面临的最大困境在于，网络信用环境不佳、信用基础不牢，网络安全机制尚不完善，开放共享与隐私保护不能很好地兼顾等。区块链技术可以很好地解决这些问题。利用区块链技术，通过创建完整、分布式、不可篡改的连续账本数据库，借此构建一个信息对称、开放、透明、不可篡改的信任网络，使得点对点的区块链相互保险，从而能够建立起全员参与、安全、可靠的互信体系，打造不依赖第三方、基于网络的线上刚性信任。与此同时，利用区块链的信息对称、不可篡改的特性，可保证相互保险数据信息的安全、可靠；利用区块链的时间戳、可追溯等特征，可确保交易记录和客户信息真实性，确保可控、可溯、可验证；利用区块链的可编辑、可扩展等特征，将相互保险的保障规则和赔付执行流程用智能合约的形式予以固定，确保保险合同执行高效、准确。因此，区块链在推动和助力相互保险发展升级方面可以发挥重要的支撑作用。

（一）保障保险消费者信息安全与隐私

作为以"大数法则"为根基的服务性行业，数据信息是保险的生命线，而保障客户信息安全与隐私是保险公司永恒不变的重点工作，特别是对于人身保险领域，由于涉及个人的医疗和隐私信息，是保险消费者、保险公司、医疗机构、行业监管者等各方都很关注的问题。美国为保障患者个人信息的安全，专门颁布了 HIPAA 法案。因此，为符合法规要求、保护客户隐私，医疗服务提供方和保险公司之间难以实现协作，建立共享的信息数据库。2017 年，仅美国医院体系内，保险索赔遭遇拒赔的数额高达2620 亿美元。拒赔的原因可能是某一流程未获得授权或数据录入出现错误。虽然在医院的帮助下，最初有 63% 被拒赔的索赔申请最终得以通过，但是整个赔付过程的管理费用大幅上升。利用区块链技术，特别是同态加密、零知识证明等技术，可以实现对客户敏感信息的加密、核验和授权共享，从而将客户的身份、健康档案、消费行为、出行记录等信息管理权真正归还给客户自己，在分布式账本上进行记录并加密签名进行脱敏，而无须在区块链上实际存储任何敏感信息，在满足法律对客户隐私严格保护的基础上，实现客户信息在不同行业、不同机构之间的数据共享，有效降低管理和协调成本，提升应用效率。

（二）改善保险客户识别与管理

在传统模式下，相互保险公司对于申请加入的新会员都需要做一项重要的工作，即"了解你的客户"（KYC），特别是要对涉及投保客户的身份信息、健康档案、银行征信等各项信息进行详细核验，既是对客户真实性进行有效校验，也是确保承保风险有效可控。利用区块链技术，只需要将用户 KYC 相关信息经可信的政府机构或公证机构核查校验后，在区块链上记录核验机构的电子签名并由此生成相应的加密令牌即可，并不需要将用户的原始数据信息上链，其他应用场景的信息需求方利用用户 KYC 信息对应的加密令牌，即可确认核验机构的电子签名真实性，对用户信息进行核验，进而大幅降低了通过人工和系统对用户信息进行核验的烦琐程序，提高了核验效率，有效降低操作成本。另外，利用区块链上信息记录真实可靠、不可篡改以及可控、可溯的特点，相互保险公司可以基于此真正建立起"以客户为中心"的客户信息管理系统，将客户的身份信息、保险交易信息、个性化需求等多方信息进行有效整合、记录，建立起客户维度的信息管理系统，同时将客户的家属等利益相关体纳入客户管理体系，数字化管理客户信息，实现客户信息菜单式管理，搭建起真正以客户需求为导向的客户服务界面。

（三）强化保险欺诈识别与防范

研究数据显示，美国保险行业为防范欺诈每年投入的费用约为 400 亿美元，在增加保险公司经济负担的同时，也让每个投保家庭每年额外承担

400～700 美元的保险费用支出。欺诈者主要利用了保险理赔涉及流程较长、单证较多、相关各方信息不对称等特点，伪造理赔事故或就同一事故向多个保险人提出索赔申请。区块链可以将保险行业主体、再保险公司、银行机构、医疗机构、保险行业外部供应商等利益相关方有效联合起来，实现跨行业互通与协作，利用分布式账本技术，各家保险公司将客户信息记录和交易记录在区块链上永久记录，并通过严格访问权限保证数据安全，同时将出险客户的索赔信息记录存储到分布式共享总账上，有效强化各家保险主体的信息共享与合作，打破信息不对称，防止欺诈者进行身份信息造假以及骗保和骗赔，快速有效识别保险欺诈行为。与此同时，由于存储在区块链上的信息记录永久真实、不可篡改，所以为客户信息记录，特别是以往所有索赔记录的追溯和监控提供了有效工具。值得说明的是，客户个人信息以及理赔记录涉及很多客户的隐私信息，即公司的机密信息，传统方式下无法为保险公司之间共享提供合适的实现渠道，区块链的非对称加密技术以及零知识证明等技术，可以使得各保险主体之间在数据脱敏的情况下实现共享，有效打击保险欺诈行为。

（四）提升保险理赔效能与质量

智能合约是区块链技术的主要特征和核心创新。利用智能合约，将保险责任范围、保险事故发生条件、理赔量化标准等保险合同要件以及核保核赔条件以代码形式写入区块链，构建一种基于智能合约的保险合同透明、可靠、准确的支付机制，通过代码按照保险合同自动执行支付流程。在保险事件发生并满足保险赔付条件的情况下，智能合约会按照合同约定，自动执行代码指令，自动启动保险理赔程序，实现自动划款赔付，将对应的赔款支付给被保险人指定的账户，同时在相应的保险合同项下做好理赔记录，整个保险理赔过程由计算机自主执行，没有人工操作和干预环节，合同自动执行。在确保保单和客户信息真实有效的前提下，实现理赔的高效性和准确性，同时基于智能合约的保险理赔记录的存储、读取和执行过程透明、可信、可追踪并且不可篡改性，可以大幅降低理赔相关的运营成本，提高理赔时效性，增加保险理赔的信誉度，改善客户体验。这保证和提高了智能合约的可信性。区块链在航空延误保险、天气指数保险等赔付条件可量化的保险产品的理赔中可以发挥非常好的支持作用。基于超级账本联盟发布的 Hyperledger Fabric 区块链模型，安联保险推出一款针对职业保险和财产保险的名为"专属自保"的模型，将保单信息、保费支付和理赔记录等登记到区块链上，并通过与花旗的 Citi Connect API 系统相关联，实现指令和款项的接收，具有很好的应用效果。

（五）提升相互保险承保能力

相互保险公司资金筹集能力相对有限，因此，其业务规模的不断扩大对公司的再保险分出提出更高要求。传统模式下，再保险公司与直保公司之间信息不对称，加上业务操作流程冗长、系统对接困难、信息化程度低等因素，造成再保险道德风险和操作风险较高，再保险交易操作复杂且低效，极大增加了再保险交易成本。数据统计显示，再保险公司成本中，理赔成本占据营业收入的 60%，理赔风险控制和法律费用也在其中，另外，客户获取和运营管理费用占比为 35%，高昂的交易和运营成本影响了再保险人的交易信心，阻碍了再保险市场的发展。利用区块链技术，可建立起连通保险公司与再保险公司的网络共享账本系统，实现客户信息、保费、损失等业务信息的链上共享，有效压缩直保与再保之间信息交换和传输过程，大幅简化再保险操作流程，同时有助于再保险公司合理规划业务承保和资金配置。普华永道研究数据表明，区块链技术可以实现再保险大部分业务流程的自动化，有效实现业务开展的提质增效，可以为再保险业节约 15%~20% 的运营费用，每年可以为再保险业节约 50 亿~100 亿美元，进而推动保险产品降价。再保险交易和运营成本的大幅下降，有利于强化再保险人的交易信心，增强交易动机，进而为相互保险公司提供更为有力的再保险支持，有效服务和支撑相互保险公司业务承保能力提升，助力相互保险做大做强。

（六）提高相互保险自主化治理水平

尽管保单持有人是相互保险公司理论上的所有人，并对公司经营管理具有投票决策权，但是由于保单持有人数量众多且分散，无法很好地通过投票履行公司治理职责，故无法回避"股份制公司陷阱"，只能委托经营管理者协助做好公司管理，但该模式显然有违相互原则和初衷，而且容易导致"内部人控制"，最终侵害保单持有人的利益。将区块链技术引入相互保险的投票决策中以实现公司治理，是一个很好的解决路径。基于区块链的投票系统，在一个去中心化的平台上可以通过加密手段对投票数据进行统计，并能够有效保护投票人的私人信息不被泄露，从而有效消除投票过程中的人为因素，同时避免匿名投票可能导致的刷票可能。利用区块链技术，特别是通过发挥区块链的"自证公正性"作用，相互保险公司保单持有人可以实现安全、透明、自主、公正的投票决策，操作过程方便、快捷、准确、易行，从而解决传统模式下无法通过投票体现组织民主的问题，真正推动相互保险公司的互惠、共享、民主等理念落实到位，可以有效避免委托代理模式的弊端和不足，发挥保单持有人在公司经营管理中的决策作用，有效提升相互保险的自主化治理水平。

（七）构建新型保险互助新模式

利用区块链的技术理念和特点，可以在相互保险组织内部有效构建一个安全、透明、可信、可靠的"信任链"，打造基于区块链的网上刚性信任机制，同时利用智能合约实现保险合同在分布式系统下的自动化执行，强化保险交易的信任交互，为相互保险组织成员提供分布式、个性化的微型保险解决方案。具有相同风险保障需求的群体成员，根据保险需求可以有组织地自建风险池体系，同时基于区块链打造分布式的微保险或微互助平台，并可根据智能合约执行情况实时修正风险模型，合理反映风险水平，调整赔付资金池，实现风险的有效控制以及组织的自主管理。在区块链的深入运用下，相互保险逐步演化为一个去中心化的自治型组织，所有组织成员在既定的规则下有效参与、相互监督、相互制衡，建立起安全透明的信任和互惠机制，构建起完全自治的相互保险生态系统。

三　相互保险领域区块链应用实践

相互保险是区块链应用的典型场景，很多相互保险组织和机构积极开展研究，力图通过区块链技术，有效破解相互保险经营管理困境和瓶颈，实现相互保险的创新发展。

（一）信美人寿相互保险社：整体布局区块链创新与应用

信美人寿相互保险社于 2017 年 5 月 26 日正式开业并签发了首批保单，意味着我国首家相互制寿险机构正式"启程"。信美人寿相互保险社成立之初，即以区块链等保险科技创新作为自身的定位和发展特色，积极布局区块链研究与应用，广泛利用云计算、大数据、生物识别等创新科技，不断提升会员对信美人寿相互保险社的信任感，打造透明开放、多方共享的普信普惠机制。基于蚂蚁金服区块链技术的有力支持，信美人寿相互保险社陆续上线了"会员爱心救助账户""理赔档案室""赔审团"等相互保险创新产品和服务。其中，会员爱心救助账户是国内首个运用区块链技术记账的相互保险。信美人寿相互保险社按照会员所交保费的一定比例提取，纳入爱心救助账户的资金，同时账户也接受会员捐赠。救助账户面向所有会员，以及会员配偶和未成年子女。年度报告、会员捐赠明细、救助案件详情、支出项目明细等相关信息都会向所有会员同步公开，会员对爱心救助账户具有完全知情权。账户的每笔资金流向都公开透明，每笔资金流转数据都不可篡改，每笔资金的去处和用途都可溯可查，以确保爱心救助账户的透明性，真正实现开放透明、阳光普信的相互保险机制，同时有利于大幅降低运营和管理成本，增强会员满意度和获得感。

（二）MediShares：基于区块链的相互保险合约市场

MediShares 是全球第一个基于以太坊的、去中心化的、开源的相互保障合约市场，是基于区块链技术提供相互保障智能合约创建和使用的平台，核心组件包括以太坊、智能合约、DAPP、Oracle 和 IPFS 等。在 MediShares 平台上，全球范围内任何一个人均可以发起一个个性化、定制化的保障计划，以非常低的成本配置获得一个特定的相互保障合约进行保障，并能够因此获得奖励，还可以邀请其他人自愿加入该相互保障。MediShares 的优势明显：一是不设资金池，用相互保障合约解决资金安全问题；二是高效运营，通过相互保障合约和分布式自治组织（Decentralized Autonomous Organization，DAO）提升相互保障合约运营效率；三是设立激励机制，任何人均可自主发起设立共享保障合约，并可获得代币奖励；四是价值共享，让所有保障参与者均可分享社区所产生的收益和价值；五是全球市场，基于通证（Token）的全球流通特性，MediShares 市场对全球用户开放，并通过区块链完成赔付和清算。MediShares 可以有效降低保障产品的运营成本，同时提供更高的保障资金安全性和保障性。相互保障市场不断快速增长，特别是在传统保险难以覆盖到的特定或细分风险领域，相互保障市场具有巨大的发展空间。例如，MediShares 当前的主要产品集中在大病保障合约、风险运动爱好者保障合约、豪车车主保障合约、匿名疾病保障合约、天气灾害保障合约、虚拟资产保障合约。MediShares 的系统架构见图 1。

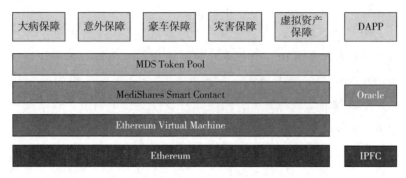

图 1　MediShares 的系统架构

（三）ShineChain：基于区块链的平安健康互助保障

利用区块链技术，ShineChain 旨在改变当前传统的平安健康保障行业商业模式，力图打造全球区块链平安健康互助生态体系，让更多的人能够拥有平安健康保障的权益，是对全球现有人身保障体系的全面升级。ShineChain 的核心特点是加入门槛比传统的保险低很多，能够去中心化地支持全球任何个人和组织，使用 ShineChain 加入成为会员，此部分 ShineChain 将被智能合约锁定并逐笔支付平台中的赔付。当前产品部署在以太坊上运行，未来将建设自身的公链，支持第三方组织在 ShineChain 公链上部署智能合约，推出互助计划。社区理念是所有成员共同承担全员意外或健康风险，一旦一人出险，则众人均摊，用户间通过智能合约形成协议，去中心化地长期自动运行。同时，数字资产 SHE 将作为整个 ShineChain 区块链相互保障生态系统的基础流通载体，确保整个平台的所有交易行为、价值转移和信息传递同步进行，并受到智能合约的有效管控。该项目数字资产依托于以太坊，由于以太坊之前多次爆出账户被盗等安全事件，因此数字资产的安全性会是困扰该项目用户的一个重要问题。

（四）水滴互助：基于区块链的互联网互助保障社群

水滴互助是中国首家基于区块链技术的互联网互助保障社群，定位于公益社会组织，旨在为中低收入人群提供预防式社会医疗保障，促进社会稳定。利用区块链技术，水滴互助有效杜绝了平台运营方人工作弊行为，解决了陌生人之间的信任问题，打消会员加入互助保障体系的顾虑，强化组织互信机制。在具体产品方面，水滴互助针对不同年龄段进行了互助划分，目前已推出 18～50 周岁普及型"中青年抗癌互助计划"，针对 51～65 周岁的高发人群则推出了"孝敬父母抗癌互助计划"，同时还为出生满 30 天至 17 周岁的青少儿推出了"少儿大病无忧互助计划"。从本质上看，区块链技术使得互助池更加丰富，场景化数据和区块链技术的结合，使得互助池细分更加明确，验证成本逐步降低，有效实现了平台运营数据的全透明化运作，有利于打造公开透明、诚信友爱的互助平台。该项目并未将区块链作为底层技术重塑组织经营架构，因此，该项目更多的还是将区块链技术作为数据管理、身份认证的工具，尚属于区块链的浅层次应用。

综上所述，从区块链技术在保险行业，特别是相互保险和互助保险领域的应用情况来看，当前的落地项目更多的是将区块链技术的某一特征应用到保险领域的某一具体场景上，尚属于较为局部、浅层面、价值较低的应用，甚至存在"为了区块链而区块链"的赚眼球项目，并未能真正将区块链的技术理念、独特优势与保险经营管理的痛点有效结合起来。这可能与当前区块链技术的发展阶段和保险行业对于区块链深入应用所衍生风险的担忧有关。然而，区块链真正的核心价值在于其技术理念，而并不在于技术本身，如果仅仅将区块链当成一个技术实现工具来对待，则容易走偏，并不能真正实现区块链的应用价值。因此，可以预见，区块链给保险行业，尤其是相互保险领域带来真正创新的时候，必将是区块链技术理念与保险经营理念实现真正有效融合的时刻。

四　推动区块链与相互保险融合发展的建议

作为一种发展中的技术，区块链在相互保险领域的落地应用过程中，还面临诸多困难和挑战，应该辩证地看待区块链与相互保险的融合发展。

（一）客观看待区块链技术

区块链技术不是万能的，不是包治百病的"万能贴"，而是一种尚在发展中的技术，本身还存在一些瓶颈和缺点，区块链应用还处于初级阶段，因此将区块链引入相互保险领域进行落地应用，要对区块链本身存在的问题和面临的挑战要有一个清醒认识：一是在技术层面，由于区块链对于算力要求非常高，因此需要极高的耗能供应算力产出，容易造成极大的资源浪费，同时，区块链的交易速率由于受到工作量证明机制的限制，无法与目前大规模、高频交易实现同步，对于大规模交易处理的抗压能力存在不确定性，极大的数据空间要求、较低的交易效率以及交易延迟等问题都限制了区块链在大规模交易环境下的应用；二是在安全层面，当前区块链的数据安全性主要体现在"51攻击"和非对称加密等相关加密算法上，随着数学、密码学、计算机技术的快速发展，区块链现有加密技术和遭受"51攻击"的可能性将逐步提高，威胁到基于区块链技术的数据可信任性，同时，在区块链技术应用基础上，如何实现信息安全保密与信息不可篡改之间的平衡问题，值得研究与实践；三是在操作层面，区块链的交易规则以及智能合约都是在计算机程序和语言控制下自动实现的，然而人终究还是决定性因素，但出现技术性和操作性失误的风险是不可能完全避免的，一旦出现问题，则需要花费巨大成本对失误造成的损失进行修复，应高度关注并警惕相关风险。另外，区块链的落地应用过程，还要充分与其他技术手段或工具进行有效融合，结合区块链的发展，稳步推进区块链应用取得好的实践效果。

（二）保险监管与时俱进

区块链在相互保险应用过程中，始终绕不开的一个话题就是行业监管。无论对于区块链而言，还是对于相互保险，在当前创新不断涌现的背景下，都面临监管天花板的情况，需要监管部门与时俱进，不断提高监管的适应性、有效性和指导性。一是进一步完善相互保险组织监管细则，尽快研究制定适合实际的配套实施细则，明确相互保险组织偿付能力管理体系，指导相互保险组织开展风险管理，保障投保人的合法权益，保障相互保险规范健康发展；二是借鉴"监管沙盒"制度（Regulatory Sandbox）创新机制，健全区块链治理体系，为相互保险区块链等新兴金融业态提供了"监管实验区"，放松参与实验的创新产品和服务的监管约束，为探索区块链应用提供空间，同时将相应风险限制在一个可测、可控的范围，可以很好地兼顾鼓励创新和稳定金融的双重目标，培育和健全健康、科学、合理的区块链治理体系；三是监管机构要及时提供规则和标准供给，同时还要充分利用科技手段完善行业监管规范，对于创新的领域和事物，监管机构要及时研究跟进，做好行业规则制定和标准供给工作，给予行业创新更多指导，明确政策预期，稳定创新基础，同时监管机构也要充分利用科技手段不断创新监管工具，完善监管体系，利用监管科技（RegTech）引导和规范行业发展。

（三）有效规范区块链互助平台发展

网络互助在保障原理、付费机制等很多方面，与传统保险具有本质差异，网络互助并不属于保险范畴。但是，由于网络互助是一种非营利性的社会信用契约，是一个会员互帮互助的社群，具有公益的基本属性，很好地迎合了特定的社会风险需求，因此，网络互助平台近两年迸发出强大的生命力，同时也暴露出不少问题。一是虚假宣传，变相经营，违背公益互助的初衷，危害会员权益；二是运营规则不明确，违规运营并获利；三是道德约束力不强，会员彼此信任度低，阻碍互助保险的发展。区块链与互助保障规则的结合，可以建立起一条公开透明、可靠可信的信任链，解决制约网络互助发展最核心的信任问题，并能够利用智能合约实现契约在分布式系统下的自动和自主执行，从而保证契约的公正性，大大提升运作效率和交互性。同时，区块链的时间戳机制能够完整记录会员信息、理赔信息以及互助计划的实施全过程，且记录不可伪造、不可篡改，为实现网络互助惠及更多人提供绝佳的技术解决方案。

参考文献

保险区块链项目组：《保险区块链研究》，中国金融出版社，2017。

方国春：《相互制保险公司治理的逻辑与价值》，《保险研究》2015 年第 7 期。

江生忠、王成辉：《论相互制保险公司在中国的发展》，《保险研究》2006 年第 10 期。

〔挪威〕卡尔·博尔奇：《保险经济学》，庹国柱等译，商务印书馆，1999。

马昂等：《区块链技术基础及应用研究综述》，《信息安全研究》2017 年第 11 期。

庹国柱、朱俊生：《对相互保险公司的制度分析——基于对阳光农业相互保险公司的调研》，《经济与管理研究》2008 年第 5 期。

王和、周运涛：《我国"区块链+保险"的应用实践与发展》，《当代金融家》2018 年第 6 期。

许闲：《区块链与保险创新：机制、前景与挑战》，《保险研究》2017 年第 5 期。

赵大伟：《区块链技术在互联网保险行业的应用探讨》，《金融发展研究》2016 年第 12 期。

周运涛:《区块链之于保险,理念比技术更重要》,金融界网站,http://opinion. jrj. com. cn/2018/03/26165824299791. shtml , 2018 年 3 月 26 日。

Euroclear, Slaughter and May, "Blockchain Settlement: Regulation, Innovation and Application", *Research Report*, 2016, (12).

PWC, "Redrawing the Lines: FinTech's Growing Influence on Financial Services", *Research Report*, 2017.

Sachs, Goldman, "Blockchain-Putting Theory into Practice", *Research Paper*, 2016, (5).

关于金融科技透明度研究

韩　月[*]

摘　要　金融监管的本质是公开，公开使得信息不对称状态被扭转，从而保证市场交易平等、有序开展。近年来，金融科技在世界范围内悄然兴起，保持相对高质量的透明度对金融科技的投资者、政府，乃至市场主体自身长远发展都有重大的现实意义。本文围绕金融科技的透明度展开讨论，首先对金融科技的定义加以概述，在此基础上展开对金融科技透明度的必要性研究，并从对投资者的透明度和对政府的透明度两方面探讨如何确定金融科技的透明度，最后通过对比两种透明度的一致和不一致，揭示金融科技透明度的本质。

关键词：金融科技；透明度；监管沙盒

一　绪论：关于金融科技的概述

金融科技在我国发展起始于互联网金融，之后在"互联网＋"战略背景下又提出了"互联网＋金融"和"金融＋互联网"两个概念。2013 年被称为互联网金融元年，那一年，互联网金融产业呈现井喷式增长发展，P2P、互联网金融理财产品等新兴的互联网业务层出不穷，并彻底走入大众的视野。但是随着各种问题逐渐暴露，国家开始着手对互联网金融乃至对整个互联网加强管理。在国内互联网金融如火如荼的发展过程中，国外

---

* 韩月，中国政法大学研究生院经济法学硕士研究生。

也早已开始对金融科技（Financial Technology，简称 FinTech）的研究。到目前为止，对金融科技尚没有一个公认的定义，不同机构和学者尝试着从不同角度对其予以界定。根据金融稳定理事会（FSB）的定义，金融科技是技术带来的金融创新，它能创造新的产品、流程、应用或业务模式，从而对金融市场、金融机构或金融服务的提供方式产生重大影响（廖岷，2016）。学者 Lawrence G. Baxter 则认为金融科技是利用云计算、大数据、区块链技术、物联网、预测编码法、模型分析及其他技术平台和处理器、传输系统提供金融服务（李文红、蒋则沈，2017）。因为技术日新月异、一日千里的发展，我们难以预料最终技术会给科技带来怎样的变化，恰如有学者断言金融科技没有尽头。我们只能基于目前已经出现的金融科技类型对透明度问题加以讨论和研究。根据巴塞尔银行监管委员会对已有的金融科技的分类，金融科技包括支付结算、存贷款与资本筹集、投资管理、市场设施四类（见表 1）。

表 1　金融科技的分类

支付结算	存贷款与资本筹集	投资管理	市场设施
● 零售类支付　　移动钱包　　点对点汇款　　数字货币　● 批发类支付　　跨境支付　　虚拟价值交换　　网络	● 借贷平台　　借贷型众筹　　线上贷款平台　　电子商务贷款　　信用评分　　贷款清收　● 股权融资　　投资型众筹	● 智能投顾　　财富管理　● 电子交易　　线上证券交易　　线上货币交易	● 跨行业通用服务　　客户身份数字认证　　多维数据归集处理　● 技术基础设施　　分布式账户　　大数据　　云计算

资料来源：李文红和蒋则沈（2017）。

根据表 1，我们可以看到，有一些金融科技产品已经在我们生活中随处可见，例如零售类支付在我国最为常见的是支付宝或者微信支付，网贷和网上基金理财产品也触手可及，例如余额宝、余利宝、花呗等多种产品。而另外一些金融科技并不为大众所知悉和使用，比如多维数据归集处理、客户身份数字认证、云计算等，这些都属于金融中后台业务，直达金融的心脏，距离消费者比较远，但悄然间它们很多都已经在幕后发挥了重要的作用，从而渗入人们的生活，例如我们经常收到一些广告电话或者短信，这些垃圾信息往往来自某个网贷公司或者互联网理财公司，用以推销它们的产品或者服务。这些信息是金融企业经过大数据筛选后，有针对性地发出的，而并不像之前那样未加区别地投放广告信息，像老年人就被排除在网贷推销范围外，购买力强、工作收入稳定的中年人收到互联网理财广告信息的频率就会高一些。从金融的前端到后台，金融科技都在发挥着作用，而这种作用的特点总结出来就是：普惠、便捷和包容。在前端，金融科技已经并且未来将更进一步地实现向中等收入乃至低收入的人群提供价格合理、方便快捷的金融服务，以及可以解决广大中小微企业在传统金融市场难以融资的问题，P2P 贷款等平台为小微企业融资打开了新的大门。便捷有两个层面的含义，一个是对于消费者而言，购买、支付方面的便捷；另一个是金融后台的便捷，例如中国的电子商务平台使用计算程序进行分析交易、搜索数据和开展信用评级，大大减少了人工的运用（马克·卡尼等，2017）。包容是指金融服务的包容性，有学者认为金融科技使得人与人之间的联系变得更为紧密，人们的知情权得到了很好的尊重，从而有利于更好地处理个人投资事务（马克·卡尼等，2017）。

金融科技带来了前所未有的改变，同时也提出了一系列问题。《多德·弗兰克法案》的起草人巴尼·弗兰克在"硅谷对话北京 2017"峰会上发表了对金融科技（FinTech）的看法，他认为金融科技需要能够提供给政府足够的透明度。基于弗兰克的观点，作者在此希望延伸讨论金融科技的透明度问题。关于为什么透明度对于金融科技而言是不可或缺的，在下文中，作者将予以解释。

二 金融科技透明度的必要性

透明度是指市场主体向投资者和监管者等提供与价格相关的信息能力和程度，广义上的透明度还包括向投资者和监管者公布的上市公司财务数据和临时公告的披露（金永军、刘斌，2014）。信息不透明，一方面诱发垄断和操纵，另一方面是金融危机产生的根源，正如芝加哥商业交易所名誉主席梅拉梅德所论述：美国次贷危机的根源是"信息不透明和政府监管缺位"（赵文龙，2012）。根据费尔南·布罗代尔（Fernand Braudel，1992）的理论，如果以市场为中心，整个经济生活可以被分为三层：一是底层经济，指的是自给自足的经济以及近距离的物物交换和劳务交换；二是中间层次的市场经济，通常表现为自由竞争和公平交换；三是以货币、信贷为特征的资本主义经济。布罗代尔将第二层次的市场经济和第三层次的资本主义经济加以区分，认为前者是"透明的"，而后者是"不透明的"，容易产生垄断和操纵的问题。金融科技尽管是一种新兴的事物，但究其本质而言，仍然属于布罗代尔论述的第三层次的资本主义经济，不透明的特点也如影随形，不容忽视。

资本主义经济"不透明"的特质，结合金融科技本身所具有的普惠、便捷和包容的特点，风险产生后的积聚速度、辐射广度和危害的严重程度也将大大提高。立法者和监管者更需要关切隐藏在金融科技背后的风险量变发展为金融危机的质变，这一问题的本源直指金融科技的透明度。因此，信息透明就成为金融科技重大的主题。

透明度的高低在一定程度上代表着市场的公平、公正和公开性。一般来讲，监管者是按照正比于中小投资者（弱势群体的代表）参与比例的思路对透明度提出要求，中小投资者参与数量越多，对市场透明度的要求就越高（金永军、刘斌，2014）。根据这个原理，具有普惠特征的服务于广大中小投资者的金融科技与传统金融市场相比，会要求更高的透明度。高透明度并不意味着完全透明，透明度越高，公开成本也会越高，一般也会对金融发展产生更多的制约，不利于金融产业的繁荣增长。如何在透明与效率、效益之间保持相对的平衡，找到最佳的平衡点，是本文讨论的重点。

三　金融科技透明度的分类讨论

透明度可以分为对投资者的透明度和对政府的透明度两种。下面，我们将分别探讨金融科技的两类透明度。

1. 对投资者的透明度

目前，大部分 FinTech 业务本质上是被改头换面的传统金融业务，按照技术中立的原则，金融科技遵循"三个不变"，即金融的本质功能不变、风险的本质特征不变、监管的本质要求不变。因此，学者认为在本质上属于同类金融业务的，都应当在现行法律框架下，接受相同的市场准入和持续监管的要求，遵循同等的业务规则和风险管理规则（李文红、蒋则沈，

2017）。这是市场公平竞争的要求，也是保证新兴产业得以发展壮大的根本所在。充分的市场竞争才会培育健康、持续的产业发展，而充分的市场竞争的要件就是市场主体在市场中平等、公平地展开竞争，这种平等从法律上讲就是适用同等的法律规则受到同等程度的监管。所以，从信息披露角度来讲，要求 FinTech 业务向公众披露更多的信息是不正当的。监管机构应当根据 FinTech 业务的本质将其归类，并按照对应的类别要求信息披露义务主体履行信息披露义务，义务主体对所披露的信息的真实性、准确性、充分性和及时性负有法律上的责任。

这种观点具有一定的合理性，但是，我们也必须看到金融科技运用了互联网、人工智能、区块链、生物识别等技术元素，这些技术元素深刻地改变了金融业的供给主体、商业模式、客户对象、风险构成和监管方式（杨松、张永亮，2017）。

宏观来看，当金融与科技结合之后，技术进步影响到被监管机构的安全性和稳健性，甚至改变潜在的宏观经济和宏观金融动态，进而带来巨大的风险。传统金融风险在金融科技背景下，由于技术的驱动，变得更加分散而且风险传染性更大。以互联网金融为例，2018 年 4 月以来，发生了多家 P2P 网贷平台实际控制人跑路事件，包括 P2P 平台唐小僧的实际控制人邹再平 6 月 16 日跑路，旺财猫的实际控制人上海盐商集团有限公司的董事长吴友建失联，抢钱通平台的运营商上海脉麟金融的实际控制人于宜泓失联，等等。这些跑路事件很大程度上是由信息披露不当和监管者没有及时发现披露的信息中存在的问题所造成的，最终给广大投资者和社会造成了较大的损失，严重损坏了行业声誉，网贷行业也因为投资者信心下降而迎来产业发展的寒冬（杨东，2017）。相较于传统的理财业务，互联网金融理财涉及人数广、资金额度大、转入转出业务频繁，这些特点也决定了按照传统理财产品信息披露的要求披露相关信息是不适合的。

微观来看，金融科技相较于传统金融，在供给主体方面，一般主体是新兴的企业、投资者，在资本充足方面大多无法与传统金融公司相提并论，而且由于新的金融科技诞生之初国家在相关金融监管方面的规定并不明确，大部分网贷公司在成立伊始并没有取得金融牌照，所以事前监管严重不足；在商业模式方面，金融科技的商业模式属于典型的集腋成裘、聚沙成塔的普惠模式，特别是互联网金融大大降低了金融投资的门槛，尽管单个中小投资者的经济实力很微小，但在投资者数量的补充下，金融科技产品聚集资金的能力超过了传统金融；在客户对象方面，尽管不同的金融科技产品有其独特的受众，但是金融科技产品的多样性使得整体上大多数人能被视为金融科技产品的潜在客户；在风险构成方面，金融科技的客户对象数量大，使得金融科技风险分散、覆盖面广，金融科技产品多样，使得金融科技风险多样，包括个人信息风险、账户安全风险、洗钱风险，以及隐蔽在后端的金融科技带来的技术系统风险等。

上述差异性启示我们，与传统金融相比，具有不同客户对象、风险构成的普惠金融恰恰要求我们对金融科技信息披露转变思维，在金融科技产品进行披露时多考虑产品客户对象的真实需求，考虑其具体的风险构成。例如，英国金融行为管理局（FCA）提出并正在实施的"更智能消费者沟通计划"，就是旨在改变信息传达和传递给消费者的方式，目前的具体行动包括鼓励和促进有关金融产品和服务的消费者参与决策，原来的一些披露文件和模板被删除掉，因为这些披露文件和模板在向消费者提供适当信息方面不如设想的那么有效。① 因为金融科技产品面对的更多的是未掌握专业金融知识的普通金融消费者，而非强大的机构投资者，所以有必要特别注重披露的有效性。采用专业术语和计算数据的披露文件，一方面内容冗长，另一方面不易为普通消费者所理解。所以这就要求金融科技市场主体采用普通金融消费者易于理解的通俗的语言表达，以及确保文件的简明概括，从而保证披露的实质有效性。

金融科技中的一些产品、业务因为创新性突出而无法被归类为传统的金融业务，对于这种新兴的金融类别，是没有先例可循的，但并不能因为它们是新事物，就可以游离于监管范围外，创新脱离了监管就可能埋下金融危机的种子。因此，特别需要立法者、监管者在实践认识中抓住这类业务的特点和风险所在，将其纳入法律规范和监管的范围中，其中很重要的一项是信息监管，对新兴的金融类别产品提出相应的适当的信息披露要求。在这一点上，英国已经领先其他国家许多。根据英国财政部《监管创新计划》第2.2条："在竞争发布以及市场管理局（CMA）进行零售银行市场调查后，支持行业对应用程序编程接口（API）制定一个开放的银行

---

① HM Regulatory Innovation Plan，2017，4，https://www.gov.uk/government/publications.

业务标准。开放式银行业务标准将创建一个生态系统，允许授权第三方访问银行数据，允许交付符合客户需求的创新服务。这样可以让客户更好地利用他们的财务数据，更容易比较金融产品和服务。市场管理局要求 9 家最大的英国银行在 2018 年第一季度制定和采用全面开放的应用程序编程接口银行业务标准。"① 在这份文件中，英国财政部要求几家英国银行通过开放编程接口来提高对公众的信息透明度，这是有别于传统信息披露的一种更深层次的信息披露形式和要求。对于全新的金融科技，监管者和立法者要根据其特点在信息披露上做出特别的要求，以确保信息披露可以实现设置时的目的——矫正交易双方的信息不对称状态。

总之，在金融科技中，对消费者的透明度在质和量上都有更高的要求，但这种要求完全是基于金融科技的普惠性和创新性特点所产生，因而具有充分的正当性基础，当然在具体操作的时候也要适度考虑和保证市场主体公平竞争这一相关因素。

2. 对政府的透明度

金融监管机构对金融风险的控制，实质上是通过采集足够的信息摸清资本市场上风险的产生和积聚情况，提前采取相关措施做好事前防范、事中应对和事后弥补。因此，监管的核心是政府要求金融机构提供给它们足够的信息，往往这种披露是强制性的。

对于当下的金融科技创新，巴尼·弗兰克说："现在有很多金融方面的产品是完全没有受到监管的。它们起了一些非常聪明的名字，没有任何人知道它们到底是什么东西。"基于此，金融科技需要能够提供给政府足够的透明度。根据上文所述的透明度的定义，我们可以看到广义的透明度是指与价格有关的信息、财务数据和临时公告。但是，一般而言，基于监管要求，金融机构往往需要提供给监管者相较于公众更多的信息，所以弗兰克这里所指的透明度并不仅限于财务、价格类型的信息，还包含了金融科技的业务模式、运作机制、机构设置、危机应对等内部信息。那么这里的政府更多指向的是金融监管者。

在实践中，金融科技提供给政府更高的透明度已经有迹可循。英国政府 2015 年提出了监管沙盒（Regulatory Sandbox）的概念。英国金融行为监

---

① HM Regulatory Innovation Plan，2017，4，https：//www. gov. uk/government/publications.

管局认为"监管沙盒"是一个"安全空间"，在这个安全空间内，金融科技企业可以测试其创新的金融产品、服务、商业模式和营销方式，而不用在相关活动碰到问题时立即受到监管规则的约束（胡滨、杨楷，2017）。监管沙盒，对于金融科技企业而言，可以尽快熟悉相关的监管法规，测试其产品、服务等；同时对于英国金融监管机构而言，也有利于它们及时、迅速地掌握相关金融科技企业的商业模式、产品和服务，摸清有关的风险，在不阻碍金融创新情况下制定相应的监管规则和要求，控制操作风险、系统性风险等金融风险。

此外，根据英国财政部发布的《监管创新计划》，在 2016 年 6 月英国央行成立了自己的金融科技加速器团队，加速器通过和金融科技公司合作，帮助它们利用金融科技技术创新申请中央银行业务。英国央行和 9 个公司在 8 个概念证明方面进行了合作，包括数据脱敏和计算机安全等。通过概念证明的运行，英国央行一方面享受到了新型科技带来的好处，另一方面也降低了一些相关风险。更广泛地来说，英国央行正在尝试的是一种新的应对金融科技发展的方法，也就是通过与企业合作的方式观察这些金融科技创新对金融系统的影响，以备在适当的时候采取适当的行动。[1] 据统计，金融科技加速器已经研究了 150 多个初创企业，参与了 25 个会议，并与 80 多个组织举办了圆桌会议。

英国的实践做法的本意是希望将英国作为一个吸引技术公司和金融服务的有吸引力的市场。它的任务是培育新的金融服务供应商，并"向那些有新想法的人敞开大门，告诉他们如何提供金融服务"，并以一种安全、可持续的方式做到这一点（Michael Verta，2018）。所以，我们可以看到无论是监管沙盒还是金融科技加速器，都不具有强制性，而是由金融科技企业自行决定是否加入，为了保证有大量的金融科技企业加入，政府往往会提供技术、人才、监管等各方面的有利条件来增强沙盒或者加速器的吸引力，包括圆桌会议在内的一系列英国政府的举措无不体现这种高度的自由性和引导性。在此过程中，政府、监管机构分别扮演着组织者、服务者的角色，这是与传统的强制性监管方式完全不同的一点。这种诱导型的新监管模式完全符合"法无授权不可为"的现代行政法理念，用给付行政的方

---

[1] HM Regulatory Innovation Plan，2017，4，https://www.gov.uk/government/publications.

式替代负担行政，其实是监管的一种进化。同时，这种不额外增加金融科技企业的义务和负担的做法也保证了市场主体享有公平的竞争环境。

但是，尽管有广泛、灵活、自由的监管方法，沙盒或者加速器可能并不适合或者无法吸引所有类型的未授权或受管制的金融科技公司加入。对于那些没有加入沙盒或者创新计划加速器的企业，政府对它们的透明度是难以控制的。是否要对所有的金融科技企业或者业务都施加透明度强制性要求，是一个值得思考的问题，当然，在事物发展的初期，监管滞后在一定程度上可以减少对创新事物发展的阻碍。

金融科技带来的巨大风险却提示我们，特别是金融监管机构，要对金融科技保持足够的警惕和防范。2018 年开年，对比特币、莱特币等电子货币全球监管加强，韩国对比特币交易所开始监管，澳大利亚发布监管指导方针，2017 年中国七部委发布《关于防范代币发行融资风险的公告》明确指出，代币发行融资是指融资主体通过代币的违规发售、流通，向投资者筹集比特币、以太币等所谓"虚拟货币"，本质上是一种未经批准、非法公开融资的行为，涉嫌非法发售代币票券、非法发行证券以及非法集资、金融诈骗、传销等违法犯罪活动。① 这说明金融科技的创新产物并非全部都是好的。但是采取完全禁止的态度也是矫枉过正的，正确的做法应该是保持技术中立的原则，在金融科技创新伊始，不禁止，但是要加强监控，采用多种非强制性手段提前了解新兴金融科技的具体情况，例如圆桌会议、约谈、监管沙盒或者加速器，加强对金融科技企业的信息监管，通过提升透明度来发现风险、控制风险。

四 两种透明度的比较

保证金融科技对投资者的透明度，目的是矫正金融科技业务、产品等交易中的信息不对称，为投资者做出投资决策判断提供必要的支持和依据，揭示金融投资的真实风险状况，保护金融消费者的合法权益。对政府的透明度，特别是对金融监管机构的透明度，往往是与监管机构的职能相关联，监

① 中国人民银行、中央网信办、工业和信息化部、工商总局、银监会、证监会、保监会：《关于防范代币发行融资风险的公告》，中国证监会网：http://www.csrc.gov.cn/pub/newsite/zjhxwfb/xwdd/201709/t20170904_323047.html，最后访问日期：2018 年 6 月 30 日。

管机构需要发现、处理、降低金融市场中的系统性风险，及时对各种危机状况做出应对，面对金融科技中的创新，为了更好地管控市场风险，必然要求监管机构对金融科技业务、产品、运作模式等相关信息全面掌握，从而发现风险所在，加以监控和应对，甚至制定相应的监管政策，采取监管措施。

对两种透明度的目标进行比较，对投资者的透明度和对政府的透明度之间存在较大的不一致，表现为以下方面。

（1）是否具有强制性。市场经济中，发挥资源配置主导作用的是看不见的手，政府这只看得见的手只有在市场失灵的地方才发挥作用。对投资者的透明度，政府的干预和监管是必要的，具有浓厚的强制性色彩，这是因为金融科技企业和投资者之间存在严重的信息失衡，本质上属于市场失灵，单凭市场自身难以解决，因此需要政府和监管者的干预，在法律上设定强制的信息披露义务，并由监管者对信息披露的真实性、全面性、完整性和及时性进行监管。而对政府的透明度，是一种事前的防范，是对风险信息的排查和掌握，此时市场失灵尚未发生，如果政府强制干预的话就会产生政府失灵。所以，政府尽管希望得到更多的有关金融科技的信息，但是并不会强制要求金融科技企业进行信息披露，而是采取更为自由、灵活的方式，如监管沙盒等。

（2）透明度所指向的信息不同。这一点其实在上文中有所提及，投资者需要掌握的信息和政府掌握的信息存在一定的重合，但是也有不同。投资者需要的是与价格、财务相关的信息，从而进行价格的比较、风险的判断，最终做出相应的投资判断和决策。政府监管者除了上述信息外，更需要金融科技创新的模式、机制以及企业治理方面的信息，很多涉及了金融科技企业的商业秘密，掌握这些信息的目的是定位金融科技的性质，了解风险所在，防范金融危机。

除了以上不一致外，两种透明度也存在一致的地方，包括都有政府监管机构的参与、都与信息披露密切相关、都在一定程度上对传统的金融市场及监管造成了冲击和颠覆。

五 结论：金融科技透明度的本质

究其本质，金融科技的透明度，不论是对投资者的透明度，还是对政府的透明度，都是信息的流动，金融科技企业是信息的原始所有人，而政府和投资者是利益相关者。立法和监管既要保证信息流动的真实和适量，又要保证信息不能过度也不能缺乏。同时信息的传递方式要密切结合信息的特征和信息主体的地位来加以确定，并在此过程中保证信息的真实性和安全性，这是确定金融科技透明度的本质所在。

参考文献

〔法〕费尔南·布罗代尔：《15 至 18 世纪的物质文明、经济和资本主义（第一卷）》，顾良、施康强译，生活·读书·新知三联书店，1992。

胡滨、杨楷：《监管沙盒的应用与启示》，《中国金融》2017 年第 2 期。

金永军、刘斌：《债市监管：透明度及市场分层间的平衡》，《证券市场导报》2014 年 8 月 10 日。

李文红、蒋则沈：《金融科技发展与监管：一个监管者的视角》，《金融监管研究》2017 年第 3 期。

廖岷：《全球金融科技监管的现状与未来走向》，《新金融》2016 年第 10 期。

〔加〕马克·卡尼、宋晶、宋莹：《金融科技的发展及影响》，《中国金融》2017 年第 14 期。

许多奇：《信息监管：我国信贷资产证券化监管之最优选择》，《法学家》2011 年第 1 期。

杨东：《防范金融科技带来的金融风险》，《红旗文稿》2017 年第 16 期。

杨松、张永亮：《金融科技监管的路径转换与中国选择》，《法学》2017 年第 8 期。

赵文龙：《保险透明度监管的相关理论及文献研究综述》，《金融理论与实践》2012 年第 3 期。

Michael Verta, "UK FCA Regulatory Sandbox：What Lessons for EU", *Journal of International Banking Law and Regulation*, 2018.

论我国区块链应用及其法律问题研究

肖 飒 王 淼[*]

摘 要 区块链是作为比特币等数字加密货币的底层技术而逐渐兴起的一种全新的去中心化基础架构与分布式计算范式。但随着其在生活中的应用落地，区块链技术的安全性和法律风险问题也越来越受到人们的重视。第一部分，引言；第二部分，文章基于宏观角度对区块链技术的概念、特点、分类进行概述；第三部分，立足我国区块链产业发展状况，介绍我国区块链技术的发展现状；第四部分，列举区块链应用的法律风险，提出相应的应对措施；第五部分，通过对区块链新规的解读，预测其发展前景和未来趋势；第六部分，点明区块链项目落地必须注意的问题，警惕在项目应用中存在的法律风险，并提出切实可行的意见；第七部分，结语。

关键词： 区块链；比特币；区块链项目；区块链应用；法律风险

一 引言

区块链作为一项席卷全球的颠覆性技术，具有去中心化、去信任化、不可篡改性等特征，能够很好地解决生活中现存网络安全风险大、信用

---

* 肖飒，北京大成律师事务所合伙人。王淼，中国政法大学刑事司法学院刑法学专业2017级硕士研究生。

低、法律监管缺失、支付成本较高等问题，因而引起了政府部门、金融机构、科技企业和资本市场的高度重视与广泛关注。对一些朋友而言，区块链不仅仅是技术，更是理想，但在理想与现实之间，横亘着各个国家的法律法规，要想发展区块链技术，将这种新型生产方式植入寻常百姓家，确实需要智慧与勇气。

我们必须承认，区块链正在使人类社会的联系由信息互联向价值互联转化，这不仅仅是一种技术创新，更可能引发人类社会制度体系的变革。区块链的应用可以增强社会共识与社会信任，降低社会合作的成本，提高办事效率，未来可能会应用于数字货币、票据、清算与结算、股权交易等各个领域。但任何事物的发展都是曲折前进的，区块链技术在造福人类社会的同时，也不可避免地附带相应的法律风险，可能面临被滥用于从事洗钱、恐怖融资、逃税、非法集资和集资诈骗、盗窃、敲诈勒索等犯罪活动的风险。因此，为了更加有效地防控区块链法律风险、维护金融稳定和金融安全，我国有必要在对目前区块链数据分析研究中存在的不足和展望未来的研究方向以及面临的挑战中，深化对区块链的法律风险认识，积极参与国际监管规则的拟定，进一步完善国内监管策略。

二　区块链概述

（一）区块链的概念

区块链是 21 世纪最前沿的概念，对很多朋友而言，区块链不仅仅是技术，更是理想，作为一种颠覆性技术，它将在世界范围内引导新一轮的技术变革和产业变革。众所周知，区块链技术首先应用在比特币中，作为比特币的底层技术，它在本质上是一种去中心化的分布式账本技术。

中本聪在 2008 年发表的《比特币：一种点对点的电子现金系统》这篇论文中首次提出区块链的概念。英国政府在 2016 年初发布的报告《区块链：分布式账本技术》中指出，"区块链是数据库的一种。它拥有大量的记录，并将这些记录全部存放在区块内（而非整理在一页纸或表格中）。每个区块通过使用加密签名，连续到下一个区块"（大数据战略重点实验室，2017）。由此可见，区块链就是一种链式数据结构，它将数据区块通过顺序相连的方式组合而成，并用密码学的方式保证不可篡改和不可伪造。

（二）区块链的特点

1. 去中心化

中心化的好处是认证、管理机制明确统一，效率高；但是弊端在于管理、仲裁工作庞杂，机制上的任何缺陷都会造成整体的受损，同时缺少权利的制约，从而出现不堪重负或者集中力量办坏事的情况（井底望天等，2018）。所以就有了去中心化来加以弥补。

区块链作为众多数字货币的构建基础，有效解决了上述问题。如同《经济学人》所说："区块链是一个制造信任的机器。在任何需要信任的领域，区块链都有用武之地。"区块链是一个由所有用户的节点共同组合在一起的以对等网络为基础的不需要中心管理机构的网络，它通过加密技术、点对点通信技术、分布式共识技术实现去中心化。

2. 去信任化

区块链的系统中所有的用户节点之间的验证方式都是通过数字签名得以进行的，如果不满足系统规定则无法顺利进行，在此过程中，并不会出现什么欺骗行为，就算交易的双方素昧平生也完全不需要因对方的信用问题而担忧（张乘源，2018）。

3. 不可篡改性

新信息一旦经过确认更新到区块链就会被永久储存起来，随后整个系统中每一个用户的节点都会即时拥有最新的完整的数据库拷贝。由于区块链独有的机制，目前没有任何办法能够通过同时控制整个系统中半数以上的节点进行对数据库的修改，因此区块链具有非常稳定的不可篡改性。

举例而言，如果保险公司需要理赔盗抢险，那么我们怎么证明自己有被盗抢的行为呢？还是要将他人的行为进行描述，把这个描述转化成链语言，然后在法庭需要的时候提取出来。但这只能保证从一个描述上链开始没有被篡改过，并不能证明事实确实发生过。与其如此，还不如捡到现场丢失的"一把螺丝刀"上面有嫌疑人的指纹更有说服力。

（三）区块链分类

如果将区块链技术置于各类应用中，首要任务便是明确它究竟该用"哪个链"。根据参与节点的范围不同，区块链分为私有链、公有链以及联盟链（也称行业链）三类（大数据战略重点实验室，2017）。

1. 私有链

私有链是指仅利用区块链的总账技术进行记账，主体不论是公司还是个人仅独享该区块链的写入权限，其本质与其他分布式的存储方案相近。

2. 公有链

公有链是指任何个体都可以发送交易，所有节点都能够加入其中，并能得到区块链的有效确认。

我们谈及的区块链是指公有链，具有代表性的是以太坊，很多数字货币也是基于此产生。公有链的优点在于规模普遍较大，不易被攻击，所以安全性较高。但也正基于此，其会带来交易复杂、时间迟延等问题。

3. 联盟链

联盟链则指预先指定多个节点作为记账主体，各区块的产生由所有的预选指定的节点共同决定，除了预先指定的节点可以参与交易外，其他节点也可以参与交易，但不能参与记账过程，同时，任何人可以通过联盟链的开放部分进行限定查询。

与公有链相比，联盟链规模较小，权限易控制，因此从交易的性能上看比公有链更高；但与此同时，规模上的不足会造成可信度的下降，在运用中更容易遭受攻击，因而一般需要机构的背书来加以保障。

三　我国区块链产业发展状况

（一）我国区块链产业生态初步形成

1. 产业呈现高速发展，企业数量快速增加

不论是从区块链产业新形成的公司还是从股权投资来看，2014～2018年，由于区块链概念的快速普及，以及技术的逐步成熟，区块链创业步入高峰期，很多创业者涌入该领域。同时区块链领域的投资热度出现明显上升，涉及区块链公司股权投资的事件数量同步上升，市场在技术落地速度加快的同时，也更加趋于理性，股权投资人也更倾向于在有具体落地前景的项目上投入资金。

2. 区块链产业链条脉络逐渐明晰

区块链的上游产业包括安全服务、平台服务和硬件制造，下游产业主要指技术应用服务，所以无论是从上游产业还是从下游产业，抑或是媒体与人才服务等后备保障来看，我国区块链产业链条已经明晰，各领域公司协同发展，共同推动产业前进。

3. 互联网巨头涌入推动区块链产业快速发展

区块链技术在被创业企业青睐的同时，众多互联网巨头也纷纷关注，并积极拓展区块链业务，推动我国区块链产业的快速发展。目前，以腾讯、阿里巴巴、百度、京东等互联网巨头为代表，竞相加入区块链技术的研究中去，积极打造企业级区块链基础服务平台。这极大地推动了供应链金融、医疗、数字资产、物流信息、法务存证、公益寻人等项目的落地（工业和信息化部信息中心主编，2018）。

（二）地域分布相对集中，产业集聚效应明显

在谈及中国区块链公司的分布时，北上广浙四地合计占比约为 80%，始终还是区块链创业的集中区域，产业聚集效应十分明显。除此以外，中国区块链创业活跃度前十名的省份还包括江苏、四川、福建、湖北、重庆、贵州。随着区块链技术和应用的快速更迭，区块链与传统行业结合的进程将进一步加快，地域分布将更为广泛。

（三）区块链应用多元化

由于区块链技术具备去中心化、去信任化、不可篡改性的特征，这种高透明和可追溯的性质，非常符合金融系统业务的需求。区块链 1.0 时期主要是虚拟货币、相关交易及支付结算；区块链 2.0 时期主要是各类经济活动，主要包括金融领域的各项业务，以及证券回购、股票、债券交易等事项；区块链 3.0 时期落脚点在非经济领域，如政府管理、健康、法律、艺术、通信、科教文卫等，目前来看很多应用仍处于论证或早期研发阶段。具体而言，目前已在支付清算、信贷融资、金融交易、证券、保险、租赁等细分领域落地应用（工业和信息化部信息中心主编，2018）。

（四）区块链技术应用不当引发部分产业风险

尽管区块链技术作为未来颠覆性技术的效力正在显现，但是产业发展过程中仍然伴随该技术出现了一系列不可忽视的风险。作为比特币的底层技术，在经历了首次代币发行的狂潮之后，区块链与 ICO 似乎被捆绑在一起。自 2017 年 9 月 4 日《关于防范代币发行融资风险的公告》发布后，

ICO 便被定性为未经批准非法公开融资的行为，同时，涉嫌非法发售代币票券、非法发行证券以及非法集资、金融诈骗、传销等违法犯罪活动。因而给区块链技术的应用带来了合规性风险。

四 区块链应用的法律风险

（一）区块链项目与 ICO

1. ICO 的法律定义

2017 年 9 月 4 日央行等部委发布了《关于防范代币发行融资风险的公告》，将代币发行定义为："本质上是一种未经批准非法公开融资的行为。"2018 年 1 月 16 日晚间，深交所、上交所表示将强化区块链概念炒作进行监管，如果发现有利用区块链概念进行炒作和误导投资者的违规行为，将及时采取纪律处分措施，涉嫌违法的，报证监会查处。

2. ICO 的法律风险

刑法第 179 条为擅自发行股票或公司、企业债券罪。ICO 在美国等国家通过豪威测试后，大多数 coins/tokens 被认定为"证券"，在我国也有类似倾向，如果把发币看成一种企业发行类股票的有价证券进行融资，那么在我国境内 ICO 有可能涉嫌刑法第 179 条。

除此之外，从现有的司法实践来看，刑法第 176 条非法吸收公众存款罪、第 192 条集资诈骗罪以及第 224 条之一的组织、领导传销活动罪，都是 ICO 涉刑的重灾区。

尤其是部分投机分子借着区块链、数字货币等概念火热之际，大肆炒作其为了实施犯罪行为而创造的"空气币"，即不存在任何实体运用价值的"概念币"，有些行为人甚至没有任何技术背景，仅凭一封看似团队背景极为深厚的白皮书就开始卖币、炒币。这样的行为在我国的法律体系中有极大的可能被评价为诈骗行为，即通过虚造事实、隐瞒真相骗取他人财产。[①]

3. 区块链与 ICO 的关系

但这是否就意味着国家对区块链持否定态度？就目前司法实践而言，

---

① 兰立宏：《论虚拟货币的犯罪风险及其防控策略》，http://kns. cnki. net/kcms/detail/44. 1479. F. 20181011. 1014. 002. html。

确实组织、领导传销活动罪在代币类犯罪中占比较高，但是分析此类案例不难发现，区块链与各类代币其实只是作为吸引他人参与传销活动的"诱饵"，区块链技术本身与传销活动其实并无联系。如果不是以融资、炒作币值为目的，发币行为本身是中性的。如果区块链的某项应用在一个电商体系之内，或者在一个游戏、制作途径等范围内，用称为"币"的东西来进行客户积分、会员服务等，我们认为未尝不可。

（二）区块链项目是否可以进行跨国汇兑

1. 我国外汇管制的法律规定

外汇管制在很多国家都存在，我国亦然。1998 年 12 月 29 日通过的《关于惩治骗购外汇、逃汇和非法买卖外汇犯罪的决定》是我国现存的单行刑法，对外汇管制做出了各项规定；同时，刑法第 190 条①，对于违反国家规定擅自将外汇存放境外或将境内外汇非法转移到境外的做法，也规定为犯罪。

区块链创业团队如果想要将区块链技术运用到金融科技领域，建议首先选择持牌金融机构的互联网化，而不是直接到市场上满足其需求，毕竟金融业务需要牌照化管理。对于汇兑类业务，尤其需要谨慎，虽然资金出海是热点，但这个热点很难通过一个单纯的技术来全部解决。

2. "跨国汇兑"应警惕非法经营罪

使用互联网平台，在国内持有人民币的客户和国外持有外币的客户之间提供居间撮合服务，实质上是非法从事资金支付结算业务。2013 年、2014 年就有传统互金企业开始尝试跨国汇款，采取"对敲"方式，协助国内资金大户将资金转移到海外诸国。在沿海地区，尤其是深圳，还出现了一些案例，这些帮助别人完成国际汇兑的平台，最终罪名是涉嫌非法经营罪。

区块链技术兴起，比特币在一些国家被认可为支付工具，在跨国交易

---

① 《中华人民共和国刑法》第 190 条逃汇罪：公司、企业或者其他单位，违反国家规定，擅自将外汇存放境外，或者将境内的外汇非法转移到境外，数额较大的，对单位判处逃汇数额百分之五以上百分之三十以下罚金，并对其直接负责的主管人员和其他直接责任人员处五年以下有期徒刑或者拘役；数额巨大或者有其他严重情节的，对单位判处逃汇数额百分之五以上百分之三十以下罚金，并对其直接负责的主管人员和其他直接责任人员处五年以上有期徒刑。

中起到了作用（也包括一些非法贸易），我国自 2013 年的通知起，将比特币认定为一种"特定的虚拟商品"，但不认可其支付手段地位和一般等价物性质。因此，如果主观上想要向海外转移资产，或者试图通过比特币等方式逃避外汇管制，其间协助其转移资产的平台，极有可能会以非法经营罪被指控。

3. 区块链进行跨国汇兑的法律边界

根据前置法《中华人民共和国外汇管理条例》①，即便独立于金融体系之外，再开第二渠道帮国内企业、个人转移外汇、资金等，在我国还是法律"负评价"的。现在能做的就是协助有外汇结算、销售功能的机构，提高其工作效率，确保数据真实，留存证据等。

（三）区块链"市场预测"，在我国是否合法

1. 预测市场的逻辑

预测市场是一种参与者以合同形式进行交易，而其赢亏取决于未知的未来事件的金融市场。由不同知识背景、教育背景的人共同猜测一个问题，往往更接近答案，这是一种假说，但似乎有一定的道理。据此，某些区块链团队就想到利用区块链技术锁定猜测结果，再利用科学分析办法得出的结论与事件发生后的结果相互印证，一旦印证成功即给予猜中的人 token 奖励。

2. 预测市场是否为赌博

我国刑法第 303 条第 2 款规定了开设赌场罪，条文中并没有对"营利目的"的要求，所以在我国，即便是没有在互联网上赚钱，仅仅开设赌场让人赌博的行为也是犯罪。市场预测的商业模式，能够激发参与者的热情，更像是一种游戏，是否也会被法律打击，值得商榷。一般而言，企业会辩称其只是为了宣传产品，促进销售，并非真的从中"抽头"获利，但是，这种解释可能会招来另外一种法律风险，即"不正当竞争"，并将依照《反不正当竞争法》进行规范。

综上，市场预测这种商业模式，在我国也许不会单纯当作"射幸合同"来处理，但是会考虑参与人的赌性和对人类社会的影响，用刑法或行

---

① 未经批准擅自经营结汇、售汇业务的，由外汇管理机关责令改正，有违法所得的，没收违法所得，违法所得 50 万元以上的，并处违法所得 1 倍以上 5 倍以下罚款；没有违法所得或者不足 50 万元的，处 50 万元以上 200 万元以下罚款，情节严重的，由有关主管机关责令停业整顿或者吊销业务许可证；构成犯罪的，依法追究刑事责任。

政法的手段加以规制。

（四）区块链应用与"反洗钱"

1. 区块链应用的"反洗钱"边界

隶属于经合组织的金融行动特别工作组（Financial Action Task Force）是专门致力于国际反洗钱和恐怖融资的政府间国际组织。它有个类似黑名单制度，只要上了黑名单，来自五大洲的经济和道德压力扑面而来。这个特别行动组，在各国进行了解和调研，如今比特币等非法定虚拟币蔓延，对于反洗钱工作提出更大挑战。跨国区块链金融项目务必关注该行动组的约定和黑名单，谨防成为资助毒品、人口交易、战争、恐怖行动等的网络通道。

同时，非金融机构也有反洗钱义务。监管机构不仅将银行等传统金融机构拉上反洗钱战车，而且会计师事务所、律师事务所、税务师事务所都具备相应的反洗钱义务。当然，虚拟币交易所概莫能外。如果明知资金来源不明，还接受其资金或等价物在自家平台进行自由交易，收取手续费或免费为其提供交易服务，则有可能构成我国法律项下的洗钱罪。

2. 区块链应用，应对"反洗钱"措施

反洗钱工作是国际区块链金融项目必备工作，不仅要做好 KYC，而且要做到 CBD，也就是从了解你的客户"升级"为勤勉尽责调查，从形式审查到实质审查。

北大法学院王新教授曾说："反洗钱就是反情报。"反洗钱工作实际上需要大量的信息和了解情况，需要尽职调查，只有了解更多情报才能获得较为准确的结果。我们建议具备能力的优质团队，考虑配备专业的反洗钱师，对于防范、识别、调查、打击洗钱行为，有更专业的知识，防止其成为各国政府监管部门的重点盯防对象（闻燕娟，2017）。

五　区块链项目的发展前景

（一）区块链新规解读

1. 确立监管机构

此番，国家互联网信息办公室的发声，使行业内对于监管机构的确定有了更明确的认识。作者认为，对于技术标准还是归工业和信息化部管理；虚拟币原理及探索，还在央行研究所进行研究；各地网信办会成为地方监管机构。

2. 采取备案制

摒弃"许可制"，采取"备案制"，是行政管理机关的科学选择。许可制往往会对行业监管过严，放任自流又会导致不可预估的风险，取用"备案制"，监管机构希望区块链行业既有规矩又有活力。

3. 特别授权并行不悖

并非取得备案就万事俱备，从事特定行业信息服务，还需要其他监管机构的特别授权或许可。基于区块链从事新闻、出版、教育、医疗保健、药品和医疗器械等互联网信息服务，在履行区块链备案手续前，应该先取得前述主管部门的批准。

4. 重视信息内容安全

作者建议设"专岗"从事网络安全和内容合法的审核和确保工作，以防区块链社区成为不受法律规制的"法外之地"。

5. 确保用户投诉通畅

区块链创业，应当自觉接受社会监督。同时，信息服务提供者应当记录用户（使用者）发布内容和日志等信息，记录备份应当保存6个月，并在执法机关依法查询时予以提供。其实就是说，区块链社区不是法外之地，也被界定为公共场合。

6. 行政处罚是缓冲带

与网贷等行业初期不同，区块链行业的初期监管就开始重视"行政处罚"。传统法律规制中，民商法普遍发达，刑法保底功能突出，行政法往往缺位。本次区块链新规，将行政处罚明确列出，有利于处理尚不构成犯罪的违法行为及时"悬崖勒马"，不至于直接进入刑事案件身陷囹圄。但是，构成犯罪的，依法追究刑事责任，这表明了发布者即监管机构的态度：违者可入刑。

（二）区块链项目未来发展趋势

1. 程序员成为"盯防主角"

从法律实践看，在通常违法犯罪案件中，IT技术人员都不是法律打击的主要对象。但是，本次"区块链信息服务提供者"被专门点出来，也就是说即便只输出区块链技术的团队也受本规管理。这将影响区块链应用技术合规的主要思路。因此，程序员务必知悉自己的技术输出给谁，会做怎样的运作和维护，如果明知是诈骗而提供技术支持，那么大概率会被认定为共犯。

2. 备案，倾向于形式审查

就作者从事行业服务第一线的感受，目前区块链行业呈现"沙漏式"趋势，一方面 BAT 及各大银行的区块链尝试很积极，也出现了一些优质项目；另一方面空气项目、传销币依然大量存在，投机者血本无归。处于中间地带的项目很少，几乎可以"肉眼"判断属于沙漏的上半部还是下半部。抓紧制定审查标准，按照标准审核项目，地方监管机构（省级网信办）在收到齐全的备案材料后，将在 20 个工作日内予以备案，并向社会进行公示，打破监管"黑匣子"，有利于杜绝腐败等。

3. 社区言论，并非法外之地

互联网从来不是法外之地，区块链同理。区块链项目的社区将成为法律上的"公共场所"，任何人不得编造假消息，也不得以讹传讹。这就要求项目方设立专门的检查岗位，区块链服务者应当记录用户发布内容和日志等信息，记录备份应当保存 6 个月，并在执法部门依法查询时予以提供。这些发布内容和日志信息，其实就是"证据"，这点必将影响某些区块链项目的合规，对于参与社区管理，达成共识的过程，其实都需要"留痕"，以便监管或自证清白。

（三）未来，区块链项目的分化

1. "沙漏式"结构明显

优质项目和"骗子"项目，都会大量涌出。以腾讯等为代表的"实践应用派"将持续发力，在未来我们期待看到技术本身继续服务"人"这个要素，我们相信区块链票据、基于区块链技术的庭审、智能合约会真实地走进日常生活和商务活动。

同时，"空气币"也会大量出现。以目前二、三线城市的代币销售火爆程度，项目方、私募转卖方持续借助"地推团队"（类传销组织）进行各级分销，最终销售给 C 端炒币人。

2. 海外监管趋严，回流项目增多

观察新加坡、日本等国的监管趋势，它们表面鼓励，真实打压的局面逐渐浮现。外部监管趋严，有些华人伪"出口"的 ICO 项目势必回流，此时，一定要警惕"组织、领导传销活动罪"发生的风险，不要直接或间接授意一些组织或社区参与币的销售活动。

3. 场外交易，地下"币"庄

如今的场外交易行为，包括合法行为但也有部分违法行为。如果某币持有者不想再持有该币，则可以通过场外交易交割给其他持有者。如果上述行为是偶发的、自发的行为，我国法律不认为是非法行为；如果某人或某交易所以此为业，专门帮忙交换各种币（或长期提供撮合服务），那么该类行为可能涉嫌非法经营罪。

六　区块链项目落地需要注意的问题

（一）区块链"存证"，如何落地

1. 不可篡改性，不等于真实性

诚然，证据要想被采信必须符合三个性质：真实性、合法性、关联性。众人对区块链技术的期待是：用区块链技术在时间上给予确定的表达，在内容上不可篡改。但是不可篡改只是"真实性"的一个或有条件，在举证时比较容易被各方认可，但并非充分必要条件。

证据的作用是证明事实的存在或者行为的发生，如果全世界都在链上生存，如互联网一样，那么用区块链的办法来进行取证是最好的办法。但这只能保证从一个描述上链开始没有被篡改过，并不能证明事实确实发生过。因此，如若使用技术存证，务必打破技术崇拜，要注意证明的事实确有其事。

2. 合法性是重点

做区块链的存证，切勿触及法律红线。一是刑法第 285 条非法侵入计算机信息系统罪[①]；二是刑法第 253 条之一侵犯公民个人信息罪[②]。

---

① 《中华人民共和国刑法》第 285 条非法侵入计算机信息系统罪：违反国家规定，侵入国家事务、国防建设、尖端科学技术领域的计算机信息系统的，处三年以下有期徒刑或者拘役。违反国家规定，侵入前款规定以外的计算机信息系统或者采用其他技术手段，获取该计算机信息系统中存储、处理或者传输的数据，或者对该计算机信息系统实施非法控制，情节严重的，处三年以下有期徒刑或者拘役，并处或者单处罚金；情节特别严重的，处三年以上七年以下有期徒刑，并处罚金。

② 《中华人民共和国刑法》第 253 条之一侵犯公民个人信息罪：违反国家有关规定，向他人出售或者提供公民个人信息，情节严重的，处三年以下有期徒刑或者拘役，并处或者单处罚金；情节特别严重的，处三年以上七年以下有期徒刑，并处罚金。

3. 取证, 不是侦查权

我国刑事案件的侦查权在公安机关等, 不在民间。侦探所在日本境内是合法的, 但我国不允许个人从事类似侦探行为, 否则构成刑法第 225 条非法经营罪。破案的技术和能力在现有条件下, 一般民企很难获得 (具有海外架构的更不可能让你获得)。我们也许可以跟一些司法机关合作, 输出技术, 但不宜进行社会实验, 否则有触犯红线之忧。

(二) 区块链项目落地的细节

1. 存量区块链项目, 上新应用、功能应该进行安全评估

旧有区块链应用项目, 首先要按照新规定在省级网信办进行备案, 20 个工作日后获得备案, 取得备案编号; 或者 20 个工作日后不予备案, 说明不备案理由。旧项目随着市场发展和用户需求的更迭, 如果需要增加新应用、新功能, 还需要第二步手续, 即在省级网信办 (异地办公的, 可选择给予备案的那个网信办) 进行新应用等安全评估, 防止创新部分出现信息传播和交换的 "法律真空"。

2. 虚假备案信息, 后果严重

可以预见, 一线城市将成为区块链应用项目集中备案的地区。为了能够尽快获得备案, 一些项目方可能会外包给所谓 "能人" 协助备案, 我们建议项目方一定严格审核自己上交的资料, 切勿填报虚假备案信息。对于服务提供者、服务类别、服务形式、应用领域、服务器地址等信息, 务必填写正确。填写虚假备案信息的法律后果是: 国家和省、自治区、直辖市互联网信息办公室依据职责责令暂停业务, 限期整改; 拒不整改的, 注销备案。

3. 国际化项目, 注意内容合法

我们发现, 在一些非理性维权的事件中, 区块链项目的社区成了 "沟通新渠道"。特别对于国际化的项目, 如果出现内容违法, 可能会导致涉众风险和国际舆论影响, 因此, 要想做好区块链应用落地项目, 请务必对于信息内容进行一定的规制, 设立专人专岗, 甚至 AI 机器人进行内容筛选和处置。

七 结语

区块链就是一种新型技术的应用, 由于其分布式记账的方式被社会广泛认同, 在此基础上, 各种场景、创新纷繁复杂, 其中一定会有伟大的企

业诞生，但也不乏不法分子从中渔利。无论如何，新事物都值得等待，新技术不是洪水猛兽，它拥有自己的价值观和现实可能性。只要合理善用，区块链技术必然会有效服务于实体经济，在公共治理、智慧城市、商业运营、金融服务等众多领域全面落地，从而为各行各业持续输出区块链技术解决方案，推动我国社会的进步与发展。区块链也许是一场技术革命，但区块链不是万能的，替代不了法律法规，同时，我们也应当保持清醒的认识，未来是美好的，但当下也不能跨越红线，法律的严肃性不容置疑，在遵循以往传统行业监管体系的前提下，对于区块链信息服务内容进行严格管理，达到预防风险、提前管理的目的。

参考文献

蔡恒进：《智能时代为何需要区块链技术》，《第一财经日报》2018 年 10 月 16 日。

曹畅：《区块链在信息经济领域应用前景分析》，《现代管理科学》2018 年第 11 期。

陈东敏：《区块链技术原理及底层架构》，北京航空航天大学出版社，2017。

陈伟利、郑子彬：《区块链数据分析：现状、趋势与挑战》，《计算机研究与发展》2018 年第 9 期。

大数据战略重点实验室：《块数据 3.0》，中信出版集团，2017。

工业和信息化部信息中心主编《中国区块链产业发展报告 2018》，经济日报出版社，2018。

井底望天等：《区块链世界》，中信出版集团，2018。

林晓轩：《区块链技术在金融业的应用》，《中国金融》2016 年第 8 期。

柳叶：《区块链应用现状及安全风险研究》，《科技创新与应用》2018 年第 30 期。

孙兆：《区块链金融"结果"仍需时日》，《中国经济时报》2018 年 10 月 15 日。

王文：《区块链发展亟待有效监管》，《经济日报》2018 年 10 月 11 日。

王锡亮、刘学枫、赵淦森、王欣明、周子衡、莫泽枫：《区块链综述：技术与挑战》，《无线电通信技术》2018 年第 6 期。

闻燕娟：《浅谈金融机构反洗钱管理》，《现代金融》2017 年第 9 期。

吴为：《区块链实战》，清华大学出版社，2017。

熊健坤：《区块链技术的兴起与治理新革命》，《哈尔滨工业大学学报》（社会科学版）2018 年第 5 期。

杨晓晨、张明：《比特币：运行原理、典型特征与前景展望》，《金融评论》2014 年第 1 期。

袁勇、王飞跃：《区块链技术发展现状与展望》，《自动化学报》2016 年第 4 期。

张乘源：《新经济形势下的区块链的发展之路探讨》，《现代商贸工业》2018 年第 32 期。

赵增奎、宋俊典、庞引明等：《区块链重塑新金融》，清华大学出版社，2017。

周仲飞、李敬伟：《金融科技背景下金融监管范式的转变》，《法学研究》2018 年第 5 期。

图书在版编目（CIP）数据

　　"智能＋金融"政策与实践：中国金融科技青年论文：
2019／杨涛，杜晓宇主编. －－ 北京：社会科学文献出
版社，2019.5
　　ISBN 978 - 7 - 5201 - 4770 - 5

　　Ⅰ. ①智… 　Ⅱ. ①杨… ②杜… 　Ⅲ. ①金融 - 科学技
术 - 中国 - 文集 　Ⅳ. ①F832 - 53
　　中国版本图书馆 CIP 数据核字（2019）第 080757 号

"智能＋金融"政策与实践
——中国金融科技青年论文（2019）

主　　编／杨　涛　杜晓宇

出 版 人／谢寿光
组稿编辑／恽　薇　冯咏梅
责任编辑／冯咏梅
文稿编辑／王红平

出　　版／社会科学文献出版社·经济与管理分社（010）59367226
　　　　　　地址：北京市北三环中路甲 29 号院华龙大厦　邮编：100029
　　　　　　网址：www. ssap. com. cn
发　　行／市场营销中心（010）59367081　59367083
印　　装／三河市龙林印务有限公司

规　　格／开　本：787mm × 1092mm　1/16
　　　　　　印　张：21　字　数：338 千字
版　　次／2019 年 5 月第 1 版　2019 年 5 月第 1 次印刷
书　　号／ISBN 978 - 7 - 5201 - 4770 - 5
定　　价／98.00 元

本书如有印装质量问题，请与读者服务中心（010 - 59367028）联系